In seinem Lichte

In seinem Lichte

DAS LEBEN DER
MATER REGINA PROTMANN

erzählt von

Sr. Maria Calasanz Ziesche

Fotos:
Archiv der Congregation der Katharinerinnen

Die Deutsche Bibliothek – CIP-Einheitsaufnahme

Ziesche, Maria Calasanz: In seinem Lichte :
das Leben der Mater Regina Protmann /
erzählt von Maria Calasanz Ziesche . –
2. Aufl. – Leipzig : Benno-Verl., 1999
ISBN 3-7462-1293-6

ISBN 3-7462-1293-6

© St. Benno Buch- und Zeitschriftenverlags-
gesellschaft mbH Leipzig
2. Auflage 1999
Umschlaggestaltung: Ulrike Vetter, Leipzig
Satz: Kontext – Satz & Layout, Lemsel
Druck und Binden: Tiskárny Vimperk

Inhalt

Wer sich von Gott gehalten weiß,
darf sich den Menschen nicht entziehen.

Dazu hat Gott euch in die Welt gesandt,
daß ihr durch Wort und Werk von seiner
Stimme Zeugnis gebt.

Franz von Assisi

Gott kennen und Gott lieben
ist aus Gott leben.

Leo Tolstoi

So müssen auch wir manchmal
niedergebeugt und gedemütigt werden,
und danach uns fröhlich und freudig
wieder aufrichten.

Elisabeth von Thüringen

In eigener Sache:

Mir, der Schreiberin, sei ein kleines Vorwort gestattet. Es war ein ehrenvoller Auftrag, aus dem Leben der Mater Regina Protmann zu erzählen, aber es war auch kein einfacher Auftrag. Ich mußte mir die Person der Regina Protmann zu eigen machen, mich in sie hineindenken, in ihre Zeit, in ihre Umwelt, in die Menschen, die mit ihr lebten: die Familie, die Freundinnen, die Reichen und die Armen, die Mitschwestern, die Patres der Gesellschaft Jesu, die Bischöfe des Ermlandes...

Ich habe es redlich versucht, Fakten mit einer Erzählung zu verknüpfen und Regina Protmann als liebenden und leidenden Menschen vor unsere Augen zu führen. Ob ich es geschafft habe, weiß ich nicht. Jedenfalls habe ich mein Bestes getan, auch weil ich Regina Protmann liebgewonnen habe.

Rheinbach, den 15. 2. 1998

Sr. Maria Calasanz Ziesche

1
Sturm – 1945

Eisiger Wintersturm heult, faucht und jault um die alte Scheune und rüttelt an ihren morschen Balken. Ein Ächzen und Stöhnen geht durch das Gebälk, so als wolle die Scheune dem Drängen des Sturmes nachgeben und zusammenbrechen. Schnee fegt durch die vielen Spalten und Ritzen in den brüchigen Seitenwänden. Ab und zu wird es draußen still, als sammele der Sturm neue Kraft zu einem noch heftigeren Angriff. Das Schweigen ist unheimlich und drohend. Im Schweigen lauscht sie auf das immerwährende Grollen, Donnern und Rollen im Osten. Meint sie das in ihrer Angst nur, oder kommen die furchtbaren Geräusche des Krieges nicht näher und näher heran, wenn der Sturm verstummt? Gibt es überhaupt noch deutsche Soldaten, die dem Vordringen der Roten Armee Widerstand leisten, letzten, verzweifelten Widerstand? Sie weiß es nicht, und sie wagt auch nicht, sich auszumalen, was geschehen wird, wenn niemand mehr da ist, der Schutz gewähren kann. Wie in einem endlosen Film ziehen die Bilder des Grauens durch ihren schmerzenden Kopf. Sie kann die rasende Folge nicht abwehren. Die Bilder sind furchtbar und bedrängend. Im Geiste sieht sie noch einmal die mächtige Kirche von Braunsberg, die Kirche der heiligen Katharina von Alexandrien. Sie vermeint ihre Glocken zu hören, die über die Stadt hinaus weit über das schöne, flachwellige Land an den Ufern der Passarge, über die Wiesen, Wälder und Äcker tönen. Geliebte Heimat! Welcher Hort des Friedens war das Mutterhaus, ihr Mutterhaus! Wie gerne und oft war sie durch die stillen Gänge gewandelt und hatte dankbar Frieden und Geborgenheit empfunden und in der Kirche vor dem Allerheiligsten und dem Bild der Jungfrau Maria gebetet!

Aber dann mit einem Male haben Sirenen und Marschbefehle jäh die Ordnung zerrissen, das Liebgewordene genommen. „Wir müssen fliehen! Die Russen kommen!" Überhastetes Packen, Tränen und Abschiedsweh. „Aufwiedersehen!" Kann und wird es jemals ein Wiedersehen geben? Sie hoffen darauf und glauben nicht daran, die Katharinenschwestern von Braunsberg. Ein letzter Blick auf Kloster und Stadt... Neue Bilder steigen auf. Langsam wälzt sich der Strom der Flüchtlinge voran. Wie ein Wurm kriecht er durch die winterliche Ebene der ermländischen Landschaft. Wohin? Die Wege zum Haff sollen schon abgeschnitten sein. Westwärts, westwärts, wo irgendwo vielleicht Sicherheit sein könnte. „Wenn wir bis zu den Amis kommen", murmelt ein Alter. „Die sollen nicht so schlimm sein." Wenige Männer befinden sich im Flüchtlingstreck. Meist sind es Greise oder Kriegsversehrte. Auf den Wagen und Karren sitzen Frauen und Kinder. Die armen Tiere, alte Gäule, müssen sich schwer ins Geschirr legen, denn jeder Wagen ist hochbeladen mit Habseligkeiten, die man noch retten möchte. Die drei Katharinenschwestern haben sich selbst vor einen leichten Wagen gespannt, mit dem sie in Braunsberg die Wäsche vom Armenhaus zum Kloster befördert haben oder vom Hospital bis in die Waschküche des Mutterhauses. Jetzt birgt der Wäschewagen ihre ganze Habe, Kleidung, Decken und Proviant. Die

10

Schwestern stapfen wie die meisten ihrer Leidensgenossen zu Fuß über verschneite und vereiste Straßen, durch dichten Flockenwirbel und peitschenden Wind. Manchmal müssen sie zur Seite weichen, treten in einen der schneegefüllten Gräben, weil ein Auto mit wildem Hupen an ihnen vorbei will. Den Menschen, die darin sitzen, folgt so mancher böse Fluch: „Das sind Nazis, die sich in Sicherheit bringen!"

Die erste Nacht verbringen sie im dichten Unterholz eines Wäldchens, das wenigstens etwas Schutz vor dem eisigen Wind bietet, obwohl nur an den Brombeersträuchern ein paar braun-grüne Blätter hängen. Sie alle sind müde, durchnäßt und von einer nicht zu beschreibenden Trauer erfüllt. Ab und zu schenkt ihnen eine Art Halbschlaf Stunden des Vergessens. Verstört blinzeln sie am Morgen in das helle Licht eines klaren Tages. Vor ihnen liegt ebenes, baumloses Land. „Fliegerwetter!" konstatiert der alte Mann. „Die Russen werden es zu nutzen wissen. Sollen wir nicht lieber hier in Deckung bleiben, bis es dämmert?" Die Leute protestieren heftig: „Weiter! Weiter! Westwärts!"Zunächst geht alles gut. Die Füße schmerzen, aber sie setzen mechanisch Fuß vor Fuß. Gegen Mittag erspähen die ersten Flüchtlinge in der Ferne ein Wäldchen. „Dort können wir rasten!" Unwillkürlich beschleunigen Menschen und Tiere ihre Schritte. Bald wird man wieder in Deckung sein... Aber es ist Fliegerwetter. Die klare Wintersonne scheint auf das gemarterte und geschändete Land nieder und läßt im Schnee tausende kleiner Kristalle aufblitzen.

Sie haben keinen Blick für die Schönheit der Winterlandschaft, verschließen die Ohren vor dem Weinen der Säuglinge und dem Greinen der Alten. „Weiter! Voran! Zum Wäldchen..." Im Vorwärtshasten kauen

11

sie mühsam an einer Kante trockenen Brotes, an einem Stück Speck oder Käse. Ein Stoßgebet, ein Kreuzzeichen, das muß reichen. Die Worte des Morgenlobes wollen sich nicht einstellen bei den Katharinenschwestern. Wie die andern stolpern und keuchen sie voran. „Wir haben es bald geschafft", stößt der alte Mann an der Spitze des Elendszuges hervor. Das schützende Wäldchen ist zum Greifen nahe. Ja, zum Greifen nahe, aber nicht nahe genug…

Ein Pfeifen, ein Heulen, ein Donnern hoch über ihnen. Im Sonnenlicht leuchtet der rote Stern auf den Flugzeugen. Die Menschen stieben auseinander, werfen sich in den Schnee, versuchen sich einzugraben oder davonzulaufen. Wie der Adler auf seine Beute stürzen sich die Russen im Tiefflug auf den Flüchtlingstreck. Maschinengewehre rattern und Splitterbomben explodieren zwischen den Wagen. Gellende Schreie von Menschen und Tieren mischen sich in das Dröhnen der Schüsse. Wenige erreichen das rettende Wäldchen. Die meisten Flüchtlinge liegen tot, sterbend oder verwundet im Schnee und färben ihn rot, seltsam verrenkt wie zerbrochene Puppen. Bretter und Hausrat werden umhergeschleudert; Koffer und Taschen mit letzten Andenken an ein glückliches Daheim liegen zerborsten im Schnee. Weiße Federn stieben aus zerschossenen Oberbetten, schweben einen Augenblick wie schwerelos in der Luft und senken sich sanft auf das schreckliche Chaos im Schnee nieder Die Russen drehen ab. Ihr Werk ist getan. Im Fliegerhorst warten Boretsch und Wodka auf sie, eine Anerkennung für ihren herrlichen Sieg!

Die drei Katharinenschwestern gehören zu den wenigen, die das Wäldchen erreichen, noch während die russischen Flugzeuge niederstoßen, um ihr schauriges Werk zu vollenden. Der Wäschewagen mit ihrer

Habe hat die Flucht nicht überstanden. Er liegt mit all ihren ohnehin spärlichen Besitztümern zerschossen im Schnee. Sie haben nur das, was sie gerade in den Händen hatten: eine von ihnen eine Decke, die andere einen kleinen Beutel mit Brot und sie, die älteste Schwester, die jetzt wach auf ihrem Strohlager in der zugigen Scheune liegt, hat leere Hände. Sie hasten voran, kämpfen sich durch dichtes Gestrüpp und rankende Dornen, keuchend und stöhnend, stolpernd, fallend und wieder aufstehend. Es wird dunkel und beginnt zu schneien. Da bleiben sie stehen und lauschen. Keine Schritte, keine Stimmen. Sie haben die andern verloren, falls es außer ihnen überhaupt noch andere geben sollte. „Müssen wir nicht zurück? Helfen?" keucht die jüngste Schwester. „Wie wollen wir den Weg finden, und womit könnten wir helfen?" seufzt ihre Gefährtin. Nun ist die Entscheidung bei der ältesten Schwester. Am liebsten würde sie sich einfach in den Schnee fallen lassen und resignierend aufgeben. Mit einem Male bemerkt sie zwischen den Stämmen ein Licht, schwach nur, beinahe nur ein zarter Schimmer. „Licht!" stammelt sie und preßt ihren dicken Fausthandschuh fest auf die Brust, wo unter ihrem Gewand die Burse mit dem Allerheiligsten ruht. Die beiden Schwestern sehen es jetzt auch. Sie stolpern los in die Richtung, wo sie es gesehen haben. War es nur eine Täuschung? Nein, da ist es wieder! Licht! Ihr Weg kommt ihnen endlos vor. Der Wind heult bereits wieder sein grimmiges Lied, als sie die Umrisse eines Hauses erkennen. Ein Haus am Waldrand… Ob dort barmherzige Menschen wohnen, die ihnen Obdach geben, einen Platz am Feuer und ein schützendes Dach? Sie wissen gar nicht, daß diese Aussicht neue Kräfte in ihnen weckt. Sie hasten und eilen in der ängstlichen Sorge, ein wenig Schutz und Geborgenheit zu finden – und sei es auch nur für ein paar Stunden. Sie müssen mehrmals anklopfen, ehe die Türe geöffnet wird und eine tiefe Männerstimme fragt: „Wer ist denn da draußen?" „Drei Katharinenschwestern aus Braunsberg", lautet die matte und heisere Antwort. „Bitte, lassen Sie uns um der Liebe Christi willen ein!" „Katharinenschwestern? Mach' die Türe auf, Mann! Die armen Nonnen", ruft von drinnen eine Frauenstimme. In der ärmlichen, sauberen Wohnküche treffen sie auf eine besorgt aussehende, jüngere Frau, deren gewölbter Leib verrät, daß sie ein Kind erwartet, und einen etwas mürrischen Mann, einen Kriegsversehrten, dessen linker Rockärmel leer niederbaumelt. Die Frau begrüßt sie herzlich und hilft ihnen sogar, sich der schweren, nassen Mäntel zu entledigen, die sie zum Trocknen auf eine dicke Holzstange über den Herd hängt. Sie sagt und fragt nichts mehr, bis die Schwestern auf der Küchenbank vor einem Teller dicker Kartoffelsuppe mit Speck und Wurstscheiben sitzen. Haben sie je etwas Köstlicheres gegessen? Erst als sie gesättigt sind, stellt der Mann seine Fragen. „Woher Sie kommen, wissen wir, aus Braunsberg … aber wo wollen Sie hin, drei Schwestern allein?" Zögernd und bruchstückhaft berichten sie von ihrer Flucht, von dem großen Treck und vom Tiefangriff der russischen Flieger. „Sie kennen kein Erbarmen", murmelt die Frau und legt ihre Rechte wie schützend auf den gewölbten Leib. „Wir müssen fort, Mann!" Mit einer ruckartigen Bewegung hebt er den Kopf, als wolle er ihr widersprechen, aber er schweigt.

Die Schwestern sind so müde, daß sie die kleine Szene nicht weiter beachten. Sie dösen mit halbgeschlossenen Augen vor sich hin und wehren sich nicht mehr gegen das zunehmende Gefühl der Benommenheit, das alles ausschließt – auch das Grauen. Sie fahren mit einem Ruck aus ihrem Dahindämmern auf, als die Bäuerin zu ihnen sagt: „Wir können Ihnen zum Schlafen nur unsere Scheune anbieten, Heu und Stroh sind reichlich vorhanden, denn unsere Tiere, Kühe und Ziegen, hat mein Mann schon vor längerer Zeit in Sicherheit gebracht. Nur ein alter Gaul und wir sind noch hier." Die Stimme der Frau hat einen bitteren und vorwurfsvollen Klang. Es ist offensichtlich, daß er den kleinen Hof nicht verlassen möchte.

In der Scheune kuscheln sich die Schwestern mit den geborgten, harten Pferdedecken tief in ihre Lagerstätten aus Heu und Stroh. Trotz der schadhaften Scheune haben sie es in ihren Höhlen bald warm und gemütlich. Die beiden jüngeren Schwestern schlafen ein. Wenn der Sturm eine Pause einlegt, vernimmt ihre Mitschwester die ruhigen gleichmäßigen Atemzüge. Ja, sie können schlafen und das Elend wenigstens für eine Weile vergessen. Sie kann nicht schlafen, obwohl ihr erschöpfter Körper dringend danach verlangt. Sie möchte beten und preßt ihre Rechte auf die Burse mit dem Allerheiligsten, das ihr der alte Pfarrer in der kleinen Dorfkirche anvertraut hat. „Die heiligen Gefäße habe ich vergraben. Nehmen Sie diese letzten konsekrierten Hostien mit. Retten Sie unseren Herrn vor den Russen, kommunizieren Sie, wenn es nottut. Ich bleibe hier. Ich bin zu alt, um zu fliehen." Dann hat er sie mit zitternder Hand gesegnet. Inzwischen ist er wohl schon daheim im ewigen Frieden Gottes. Wäre es mit ihr auch soweit! „Herr, erbarme Dich meiner!" Mehr Gebetsworte wollen sich nicht einstellen. Die Flut der Bilder wogt unablässig durch ihren armen Kopf. Sie möchte sie wegschieben, beseitigen, verdrängen, aber sie vermag es nicht. Da ist Braunsberg, das geliebte Mutterhaus, die herrliche Katharinenkirche, das Grab der Gründerin Mater Regina Protmann, an dem das Kind, die Heranwachsende, die Novizin und die Professe oft gebetet hat. Bilder aus dem Klosterleben formieren sich... Festliche Stunden der Andacht mit Kerzenglanz und Orgelbrausen. Ja, das Wüten und Heulen des Sturmes um die alte Scheune am Waldrand tönt beinahe wie das Brausen der Orgel, einer gewaltigen Orgel, die der Herr aller Herren selbst spielt, eine schauerliche und zugleich erhabene Melodie zum Untergang menschlicher Hybris! Menschen hatten sich selbst Gott gleichgesetzt, ihre Gebote an die Stelle der zehn Gebote gesetzt und absolute Verehrung gefordert. Die Katharinenschwestern waren ihrem Gott treu geblieben und hatten dem Moloch nicht geopfert. Wie heilig waren ihr die Gelübde gewesen! „Herr, ich will Dir bedingungslos folgen. Ich will Dir alles geben, was ich bin und was ich habe. Dir soll all mein Tun, mein Lieben und Leiden gehören!" Wie oft hat sie diesen in heiliger Begeisterung gesprochenen Schwur im Laufe ihres Ordenslebens in St. Katharina und in der Klosterkirche erneuert! Bedingungslos alles geben, was ich bin und habe... Mit einem Male setzt sie sich aufrecht hin, streift die Decke und Heu und Stroh von sich ab. Bedingungslos nachfolgen ... alles geben, was ich bin und habe? Wie leicht war ein solches Versprechen, wenn es in Sicherheit und Geborgenheit abgelegt wurde! Und nun? Jetzt fordert der Herr dieses Versprechen von ihr ein. Hat sie da ein Recht, einfach aufzugeben, zu resignieren, nicht weiterzugehen, auch wenn der schmerzende und erschöpfte Leib solches verlangt? Ihr Leben und ihr Sterben gehört dem Herrn. Und in Seinem Namen wurde ihr die Weisung zuteil: „Gehe in den Westen!" Ihr muß und wird sie folgen.

16

Die Nacht ist lang. Die Schwester zittert in der kalten Luft, welche durch die Ritzen dringt. Sie vernimmt auch immer wieder das ferne Donnergrollen der Geschütze von der Front, wenn der Sturm einmal innehält. Ja, der furchtbare Sturm der Roten Armee, der Sturm aus dem Osten, kommt so sicher wie das Amen in der Kirche. Die elende Lage, in der sie sich befinden, wird auch zur Versuchung. „Gib es auf", flüstert eine Stimme in ihrem Innern. „Setze die sinnlose Flucht nicht fort! Wozu nimmst du diese übermenschlichen Strapazen auf dich? Bis in den Westen kommst du doch nicht. Vielleicht finden die Russen bei ihrem ungestümen Vorwärtsdrängen diesen Kleinbauernhof am Waldrand gar nicht, und du kannst später, wenn der Krieg zuende ist, mit den Schwestern wieder heim nach Braunsberg ins Mutterhaus zurückkehren! Die Versuchung ist heftig und bedrängt sie, zumal ihre Fantasie ihr ein unversehrtes Kloster vorgaukelt. „Herr, Herr, was willst Du, das ich tun soll?" flüstert sie voller Not und umklammert die Burse.

Sie weiß nicht, wie lange sie so im Stroh hockt, die Burse umklammert, die Knie angezogen, Tränen in den Augen. Sie merkt es nicht mehr, als ihr übermüdeter Körper endlich nachgibt. Ohne zu wissen, was sie tut, schiebt sie sich tief in ihr Lager aus Heu und Stroh. Sie wispert: „Guter Herr, was willst Du, was ich tun soll?" Dann schließen sich ihre Augen.

Im Traum ist sie daheim, daheim im Mutterhaus zu Braunsberg. Sie geht durch die altvertrauten Gänge und wundert sich nur darüber, daß es dort ganz still ist. Keine Schwester begegnet ihr. Wo mögen sie nur alle sein? Sie fürchtet sich nicht. Nein, sie genießt diese Stille nach dem Sturm. Nach dem Sturm? Welcher Sturm war das denn? Irgendwo in der Ferne lauert eine böse Erinnerung. Sie will sie nicht näherkommen lassen. Mit einem Male schreitet eine Ordensfrau auf sie zu. Eine Mitschwester? Nein, sie trägt nicht die Tracht der Katharinenschwestern Anno Domini 1945. Aber zweifellos ist es eine Ordensfrau. Kenne ich sie nicht? Bin ich nicht oft an ihrem Bild vorübergegangen? Und mit einem Male weiß sie, wer diese Frau mit dem vergeistigten, klugen und gütigen Antlitz ist. „Mater Regina", stammelt sie bewegt und kniet nieder. Sie wundert sich nicht darüber, daß die Gründerin, von der sie manches Jahrhundert trennt, mit freundlichem Lächeln vor ihr steht. „Ja, ich bin es, meine liebe Tochter in Christo. Wie deine Mitschwestern trägst du ein Licht weiter, das mir der Herr Jesus Christus in seiner unbegreiflichen Gnade einst geschenkt hat, als er mir den Auftrag gegeben hat, die Gemeinschaft der Katharinenschwestern zu gründen. Trage es weiter, liebe Schwester, damit es anderswo in neuer Kraft und Stärke hell aufleuchte und brenne zur Ehre unseres Herrn und zum Dienst an den Menschen! Es ist sein Licht der Liebe." Mater Regina ist nicht mehr zu sehen; dafür aber das große Kreuz in St. Katharina: „Folge MIR! Geh voran! Ich bin bei dir!"

Als sie aus diesem beglückenden Traum erwacht, ist es still, ganz still. Der Wind schweigt. Sie lauscht angestrengt. Die Kanonen sind verstummt. Dabei ist heller Tag. Sonnenlicht dringt durch die Spalten und Ritzen der Scheunenwände. „Wir gehen weiter!" denkt sie im Erinnern an die seltsame Nacht zwischen Wachen und Träumen. „Wie Du willst, Herr!"

Ja, wie Gott will! Dieses Wort der Mater Regina spricht sich leicht – aber es lebt sich schwer. Die Schwester weiß, daß sie trotz ihrer Begegnung mit Mater Regina im Traum oft versagen wird. Sie kann das Licht von Braunsberg nur weitertragen, wenn sie sich immer wieder auf den harten und schweren Weg besinnt, den ihre Gründerin gegangen ist. Das Mädchen Regina Protmann besaß einmal alles, war reich und geborgen. Um das Licht Christi zu den Menschen zu tragen, mußte sie sich von allem trennen und ganz arm werden.

Sie selbst nun, ihre Mitschwester im Jahr 1945, mußte auch alles loslassen, sich von allem trennen und ganz arm werden. Sie betet: „Mater Regina, sei Du mit mir, bei mir, damit ich in Treue und entsagender Liebe Deinen Weg gehen und das Licht weitertragen kann. Ich vertraue mich Deiner fürbittenden Liebe an. Amen."

Einige Zeit darauf ruft die Bäuerin die drei Schwestern zum Frühstück. Sie richten ihre Kleider, streifen Heuhalme und Stroh von ihnen ab und säubern Gesicht und Hände unter der Pumpe. In der Wohnküche staunen sie über das reiche Mahl, das ihnen geboten wird: Eier, Wurst, Käse, Schinken, Butter, Brot. Sogar ein Hauch von Bohnenkaffee zieht durch den Raum. „Wir müssen uns gut stärken. Streichen Sie sich auch noch einige Brote und belegen Sie sie gut. Genießen Sie den heißen Kaffee. Wer weiß, wann wir wieder etwas Warmes bekommen! Ja, wir haben heute nacht unseren großen Schlitten vollgepackt mit dem, was wir von unserer Habe am wenigsten entbehren können. Ich spanne unsere alte Isa davor. Meine Frau und ich, wir gehen mit Ihnen westwärts. Mir sind hier alle Wälder und alle Schleichwege vertraut", sagt der Bauer mit ruhiger und dennoch trauriger Stimme. Die Frau hat Tränen in den Augen. Wie schwer wird es diesen biederen Leuten, ihr bescheidenes Heim, ihre Heimat zu verlassen! „Gott ist bei uns", sagt die älteste der Schwestern. Sie weiß, daß es nicht nur eine Redensart ist. Ein weiter und gefahrvoller Weg liegt vor ihnen. Sie werden ihr Ziel erreichen. Das Licht von Braunsberg wird nicht verlöschen.

2

„Levt und lovet" – 1569

Die Stadt Braunsberg in den sanft welligen Hügeln nicht weit vom Haff im Ermland gelegen, hat mancherlei schlimme Zeiten überstanden. Der hohe, massige Turm ihrer Kirche St. Katharina hat viel Not und Elend gesehen, Zeiten der Pest, des Krieges und des drohenden Glaubensabfalls. Die stolze Hansestadt Braunsberg hat sich durch den gläubigen Mut ihrer Bürger, den Fleiß und die kluge Umsicht ihrer Handelsherren immer wieder aus den Niederungen und Nöten erhoben. Nun scheint sie fest, stolz und ungebrochen wie der Turm von St. Katharina. Ihre jungen Menschen haben bereits vieles von dem vergessen, was sie an Elend miterlebt haben. Sie wollen das Leben kennenlernen und für sich erobern, wie die jungen Menschen aller Zeiten.

Regina Protmann verharrt eine Weile auf der Schwelle ihres stattlichen Elternhauses, ehe sie die reichverzierte Türe hinter sich schließt. Gedankenverloren blickt sie zum Rathaus hinüber. Dort verkündet die kleine Glocke soeben die zehnte Stunde. Ein Lächeln huscht über Reginas Gesicht. Sie weiß, welcher Spruch auf der Rathausglocke eingraviert ist. Onkel Bartel, Ratsherr der Stadt Braunsberg, hat ihn ihr einmal gezeigt und zugleich erklärt. „Levt und lovet", das ist der Wahlspruch unserer Stadt. „Freut euch des Lebens und lobet den Schöpfer!" Ja, das will sie, Regina Protmann, tun. Ein tiefer Atemzug dehnt ihre Brust. Wie liebt sie ihre Heimatstadt, der das strahlende Licht einer milden Frühlingssonne heute einen besonderen Glanz verleiht! Auch der mächtige Turm der St. Katharinenkirche hat im milden Licht viel von seiner Wucht verloren. Er schwebt beinahe über den Dächern der Stein- und Fachwerkhäuser, und seine Mauern aus roten Backsteinen wirken so, als wären sie von innen her erleuchtet.

Geht nicht von dieser Kirche ein Segen aus über die ganze Stadt? „Wenn stolz St. Katharinen steht, Braunsberg niemals untergeht", hat die alte Magd Gunda einen volkstümlichen Spruch zitiert. Sie liebt solche Sprüchlein und findet in Regina oft eine aufmerksame Zuhörerin. Unwillkürlich lächelt das Mädchen auf der Schwelle des Elternhauses vor der geschlossenen Türe. Welch seltsame Gedanken ihr manchmal kommen: St. Katharina von innen her erleuchtet...

Der Vater liebt es, wenn seine schöne Tochter statt oberflächlichem Geplauder besinnliche Gedanken äußert. Frau Regin, seine Gattin, runzelt dann wohl die hohe Stirne unter der mit Spitzen verzierten Frauenhaube. Sie, die praktisch veranlagte, unermüdlich tätige Hausherrin, hat mit diesem Kind ihre Schwierigkeiten. Müsse sich Regina, die nun sechzehn Jahre alt ist, nicht langsam ernste Gedanken über ihre Zukunft machen und sich auf ihr Leben als Ehefrau vorbereiten? Anspielungen darauf schlägt Regina lachend in den Wind. „Ach was, vielleicht heirate ich überhaupt nicht!" Sie geht der Mutter willig zur Hand und zeigt sich geschickt in häuslichen Arbeiten, horcht aufmerksam, wenn die Mutter ihr überlieferte Rezepte für den Kochherd und für die Bereitung von Wundsalben und Tees aus Heilkräutern verrät. Sie schreibt sie sich sogar sorgfältig auf und probiert an geduldigen Mägden das Anlegen von Verbänden aus. „Willst du etwa ein weiblicher Medicus werden? Das wäre erstmalig in der Geschichte der Heilkunst", hat der Vater einmal gutmütig gespottet. „Erstmalig?" hat ihm die kluge Tochter schlagfertig geantwortet. „Ihr irrt, Herr Vater. Es gab schon eine derartige Frau, vor der auch die Ärzte die größte Hochachtung hatten: Hildegard von Bingen." „War das nicht eine Nonne? Du wirst ja wohl nicht vorhaben, eine solche zu werden, Regina? Dann wäre ein gewisser junger Mann sehr traurig." Die Tochter weiß, auf wen er anspielt: Gottlieb Scheibler, einen der Söhne und Erben des reichen Tuchhändlers aus Frauenburg. Er stellt sich auffallend oft im Hause Protmann ein und wirbt offensichtlich um das junge Mädchen. Sie behandelt ihn nicht anders als ihre Brüder. „Ich mag ihn gut leiden, aber heiraten will ich ihn nicht!" hat sie der Mutter erwidert, als diese ihr in ihrem Stübchen ernste Vorhaltungen gemacht hat, weil sie so gar nicht auf die Besuche des jungen Mannes eingehe. „Sie bedeuten mir nichts, Frau Mutter", hat sie achselzuckend erwidert und sich ihrem Spiegelbild zugewandt. Aus dem Spiegel sieht ihr ein wohlgeformtes, schmales Antlitz entgegen mit großen blauen Augen und lichtbraunem Haar über der hohen, klaren Stirn, ein schönes Gesicht und ein waches, kluges Gesicht, dessen Mund und Kinn innere Festigkeit verraten.

Regina hebt mit der ringgeschmückten Rechten behutsam den langen Rock aus kostbarem Seidenstoff an, ehe sie die steinernen Stufen hinabsteigt. Sie müßten einmal wieder gefegt werden. „Bleib' nicht zu lange aus, Regina!" ruft die Mutter aus dem offenen Fenster des Wohngemachs. „Keine Sorge, Frau Mutter", ruft das Mädchen und winkt ihr grüßend zu. In den vielen, vielen blanken Butzenscheiben des Patrizierhauses spiegelt sich die Sonne blitzend und fast schmerzhaft grell glänzend. „Viele, viele kleine Sonnen", ruft das Mädchen und fügt hinzu: „Barbara, Elisabeth und Ingeburg kommen eben um die Ecke. Wir wollen einen kleinen Spaziergang an der Passarge machen. Das ist Euch doch sicher recht!" Frau Protmann lächelt und seufzt. Warum kann sie der Tochter nie etwas abschlagen? Darin ist sie wie ihr Mann Peter. Wie sachlich, fest und manchmal auch barsch geht er, der reiche Handelsherr mit seinen anderen Kindern, mit seinen Angestellten und mit seinen Arbeitern um! Von seinen Anweisungen streicht er kein Jota ab und überwacht mit großer Sorgfalt etwa die Schiffahrt auf der Passarge, das Ent- oder Beladen der Schiffe am großen Speicher der Protmanns. Regin Protmann ist stolz auf ihren tüchtigen und angesehenen Gatten und ihre wohlgeratenen Kinder. Nur Regina, die älteste Tochter, macht irgendwie eine Ausnahme, und Peter Protmann hat eine gewisse Schwäche für sie. Erst gestern hat er ihr von der Ostsee eine neue Bernsteinkette mitgebracht. Dabei quillt das Schmuckkästchen aus Zedernholz beinahe über von all den Ketten, Broschen, Spangen und Ringen. Regina schmückt sich gerne damit. Sie liebt schöne Kleider und Wohlgerüche. „Gönn' ihr die Eitelkeiten unbeschwerter Jugend, meine liebe Regin, denn der Ernst des Lebens kommt für sie immer noch früh genug. Und was eine Heirat anbetrifft, möchte ich dir sagen, daß Regina frei nach ihrem Herzen wählen darf", hat er ihre milden Vorhaltungen zurückgewiesen. „Aber das hat noch Zeit, viel Zeit!" Hat er vergessen, daß sie, die Regin, bereits mit knapp sechszehn Jahren seine Ehefrau geworden ist?

„Dürfen wir das gnädige Fräulein aus seinen Frühlingsträumen wecken?" vernimmt Regina die helle, harte und herausfordernde Stimme der Ingeburg Thalberg. Sie zuckt zusammen, wendet sich aber lachend den drei Freundinnen zu. „Einen Taler für deine kostbaren Gedanken, meine Liebe! Gewiß dreh'n sie sich um den getreuen Knappen Gottlieb aus Frauenburg." Nun lacht Regina fröhlich und beantwortet damit den etwas bitter klingenden Spott des mageren, rothaarigen Mädchens. „Aber nein, liebe Ingeburg. Im Gegenteil – ich bin froh, daß er endlich wieder einmal abgereist ist. Hoffentlich hält es ihn dieses Mal etwas länger daheim! Schön, daß ihr gekommen seid, Ingeburg, Barbara und Elisabeth! Habt ihr auch Freude an einem kleinen Spaziergang die Passarge entlang? Meine Frau Mutter hat mich für eine Weile beurlaubt. Wer möchte bei solch herrlichem Wetter in der Stube hokken?" „Die Ufer des Flusses haben dich immer angezogen, Regina, nicht wahr?" fragt die schwarzhaarige Elisabeth Wolter, und die blonde Barbara Bessmer fügt hinzu: „Wir konnten kaum laufen, da wollte Regina zum Wasser." „Weil ihr Herr Vater sie maßlos verwöhnte und auf seinen Schultern mit zu seinem Speicher an der Passarge nahm", sagt Ingeburg mit jenem leisen Unterton des Neides. Ihr eigener Vater kennt nur seine beiden Söhne. „Ja, ihr habt recht. Es zog mich immer zum Fluß. Wie glücklich war ich, als der alte Fährmann mich einmal ans andere Ufer brachte, obwohl ich keinen Heller bei mir hatte! Ein Matrose, der über die Weltmeere segelt, kann nicht glücklicher sein, als ich es damals war. Die Welt jenseits des Ufers kam mir fremd und märchenhaft vor. Der alte Fährmann war mein Freund." War mein Freund… Ein Schatten huscht über das Gesicht des jungen Mädchens. Im Jahre 1564 ist dieser Freund ihrer Kindertage der Pest zum Opfer gefallen und mit ihm seine ganze Familie. Man hat die alte Hütte verbrannt. In der neuen Fährmannshütte haust eine neue Familie, und der Fährmann ist ein mürrischer und grober Kerl.

Energisch schüttelt Regina die bedrückte Stimmung wieder ab. Die Welt ist schön und wie neu erstanden nach dem langen und harten Winter an diesem Frühlingsmorgen. Büsche und Bäume, Äcker und Wiesen schmücken sich mit hellem, frischem Grün. Vögel zwitschern und trillern in den Zweigen, oder sie tragen mit unermüdlichem Eifer Halme und Ästchen für ihre Nester zusammen. Auf dem klaren Wasser der Passarge führen Wasservögel, Enten und Bleßhühnchen ihre winzigen Jungen dahin. Leben, neues Leben überall, Grünen und Blühen... Wer mag da an Tod und Vergängnis denken? „Heute sieht das Wasser so sauber aus, als habe es sich gewaschen", wundert sich Regina. Spöttisch schüttelt Ingeburg ihre rötlichen Locken. „Aber, Regina, du bist wirklich eine Spinnerin! Wie soll Wasser sich denn waschen – etwa mit Wasser?" „Oh, ich weiß, was Regina meint", kommt ihr Barbara zu Hilfe. „Du siehst es doch selbst, Ingeburg. Die Passarge ist selten so klar wie heute. Man kann ohne weiteres bis auf den Grund sehen und könnte jeden einzelnen Stein abzeichnen." Ingeburg lacht sie aus. „Und was hättest du von solch einem Bild, das lauter Steine zeigt? Höchstens das Bild einer einfachen Mauer. Ein Bild aus Steinen! Hat man so etwas je gehört?" Barbara errötet bis in ihr blondes Gelock. Regina will die Freundin verteidigen. Sie dreht sich zur Stadt hin und fordert ihre drei Gefährtinnen auf: „Schaut bitte zurück, dann seht ihr ein Bild aus Steinen!" Ihre schmale Rechte mit den blitzenden Ringen weist auf den hohen Turm der Kirche St. Katharina. „Da hast du ein Bild aus Steinen. Stein an Stein zusammengefügt zur Ehre Gottes. Immer, wenn ich diesen mächtigen Turm sehe, der die Dächer unserer Stadt überragt, ergreift mich ein eigenartiges Gefühl der Sehnsucht, so als müsse auch ich höher hinauf, emporsteigen aus dem engen Gewirr der Gassen und dem gleichmäßigen Ablauf des alltäglichen Lebens. Manches Mal beneide ich sogar die Turmfalken..." Ingeburg verzieht spöttisch die Lippen. „Ausgerechnet du, du eitles Erdenkind, das Putz und Feste so liebt und genießt, willst nach oben? Sind das etwa fromme Gedanken? Oder willst du nur auf uns Erdenwürmer aus deiner Höhe herabschauen? Welchen Reichtum bietet dir euer Haus. Was fehlt dir denn zu deinem Glück? Hast du nicht alles, was du willst?" Neid schwingt in den Worten des Mädchens mit. Protmanns gehören nun einmal zu den reichsten Patrizierfamilien der Stadt. Keine der Freundinnen stammt aus einem Elternhaus, das sich mit ihnen messen kann. Regina schweigt. Sie bückt sich nieder und pflückt Blumen, Vergißmeinnicht, Margeriten und Butterblumen, und ordnet sie mit ein paar größeren Blättern zu einem Sträußchen. Sie will es der alten Magd Gunda mitbringen, die sich kindlich daran erfreuen wird. Nach einer ganzen Weile antwortet sie nachdenklich, leise und wie zögernd: „Ich kann dir darauf keine rechte Antwort geben, Ingeburg. Ich weiß auch nicht, warum es so ist, aber ich meine manchmal, daß es ein Mehr geben müsse, ein Mehr, das weiter, freier, stärker und schöner ist als das reiche Leben einer Kaufmannsfrau, so wie meine Mutter es führt. Gibt es auf Erden denn nichts anderes als das stete Gleichmaß der Dinge, ein Leben im Wohlstand Tag für Tag, Jahr für Jahr bis zum sicheren Tode?" Nun protestiert auch die sanfte Barbara. Unwillkürlich greift sie nach dem Arm der Freundin und hindert sie am Weitergehen. „Was redest du denn für ein dummes Zeug, Regina! Deine Mutter, Frau Regin Protmann, ist bestimmt eine der glücklichsten Frauen von Braunsberg. Sie hat einen guten Ehemann, gesunde Kinder, treues Gesinde und ein reiches, wohlbestelltes Haus. Außerdem ist sie angesehen und wegen ihrer Wohltaten in Braunsberg sehr beliebt. Sie ist eine gütige und fromme Frau. Meinst du wirklich, du könntest etwas Besseres werden?" Regina sieht ihre Freundin mit unsicherem Blick an. Barbaras Wangen sind gerötet, ihre Augen blitzen. Wie temperamentvoll kann die sonst so Zurückhaltende werden, wenn sie über etwas empört ist! Begütigend legt Regina ihre Hand auf die Rechte der Freundin. „Vielleicht habe ich mich dumm ausgedrückt, Barbara. Mein Wunsch nach einem Mehr hat nichts mit Verachtung oder auch nur Geringschätzung dessen zu tun, was meine Mutter ist, hat oder tut. Im Gegenteil, ich achte sie hoch, ja, ich verehre sie wegen all der Dinge, die du genannt hast: Sie hat mir in einer stillen Stunde selbst anvertraut, daß ihr all das zuteil geworden ist, was sie vom Leben erwartet hat, aber…" Sie stockt und macht eine verlegene Geste mit den schmalen Händen. Sie möchte etwas sagen, findet jedoch nicht die richtigen Worte dafür. „Aber, aber?" bohrt Ingeburg mit einem spöttischen Seitenblick auf die Zögernde. „Ist das Los der Mutter vielleicht doch nicht gut genug für das Fräulein Regina Protmann? Willst du nicht insgeheim doch Besseres erreichen, höher hinauf? Du hast es eben selbst gesagt. Will Fräulein Regina etwa einen Königssohn, der sie auf seinem stolzen Schimmel in sein Schloß entführt und sie zu seiner Königin – Regina heißt ja schließlich Königin – krönt?" Es soll wie ein Scherz klingen, hat aber einen scharfen Unterton. Regina möchte das Gespräch beenden und macht nun ihrerseits einen Scherz. „Aber, Ingeburg, wie kommst du denn darauf? Du weißt doch, daß ich keine Schimmel leiden kann. Wenn du ihn wenigstens auf einen feurigen Rappen gesetzt hättest." Nun müssen die vier Mädchen lachen. Sie schlendern gemütlich weiter auf dem

Uferweg. Ein leichter Frühlingswind weht. Weiße Wolken segeln am Himmel so eilig dahin, wie Schiffe, die möglichst bald einen fernen Hafen erreichen wollen. Barbara sieht ihnen nach und sagt: „Als Kind habe ich ihnen stundenlang zugeschaut und dabei allerlei wunderbare und wunderliche Figuren in ihnen gesehen – Drachen, Hexen, Burgen... Und ich wäre gerne mit ihnen gezogen über die Hügel, die Wälder, die Städte und Dörfer und hätte mir alles von oben angeschaut." Ingeburg seufzt. „Wir haben viele Träume und Wünsche. Was wird sich in unserem Leben davon wirklich erfüllen?" Was wird sich wirklich erfüllen? Sie alle sind gespannt und voller Erwartung. Das Leben liegt ja noch vor ihnen, denn sie sind jung.

Plötzlich ruft Elisabeth aus: „Wenn ich mich nicht irre, kommen dahinten Planwagen mit fahrendem Volk. Wollen wir nicht besser umkehren? Man weiß nie, was solche Leute vorhaben." In Reginas Augen blitzt ein mutwilliges Funkeln. „Ach", meint sie gedehnt, „fürchtest du dich etwa vor ihnen, Elisabeth? Ich finde es aufregend, diesen Fahrenden zu begegnen. Sind sie in ihrer Armut nicht wunderbar frei? Sie können ungebunden umherschweifen und wandern einfach von Ort zu Ort." Ingeburg schnauft empört. „Sie leben nicht selten von dem, was sie den Leuten in den Dörfern und Städten stehlen... Wäsche von der Leine, Hühner vom Hof. Anständige Leute verdienen ihr tägliches Brot durch ihrer Hände Arbeit." Regina wirft ihr einen schelmischen Blick zu. „Hm, und was tun wir? Verdienen wir vier unser tägliches Brot etwa durch unserer Hände Arbeit?" Die drei Freundinnen starren sie an. Ihr schönes Antlitz wirkt mit einem Mal stolz und herrisch. „Wir leben auch auf Kosten anderer. Unsere Geldgeber sind unsere Eltern, und die harte Arbeit verrichten Mägde und Knechte für uns. Wir haben den Fahrenden nur voraus, daß unser tägliches Brot gesichert ist." Warum hat sie solche Worte gesagt? Sie sind wahr, aber irgendwie zugleich hart und verletzend in ihrer Ehrlichkeit. Die andern Mädchen sehen sich an. Darüber hat nie eine von ihnen nachgedacht. Keine wendet etwas dagegen ein. Langsam entspannt sich Reginas Gesicht wieder. Sie lächelt den anderen zu und fragt: „Nun, wer hat den Mut, mit mir auf die Fahrenden zu warten? Gehen wir ein wenig auf die Stadt zu, bis wir in der Rufweite der Männer sind, die an unserem Speicher ein Schiff entladen! Ehrlich gesagt, bin ich recht neugierig darauf, diese Menschen einmal aus der Nähe zu sehen. Früher hat mich meine Frau Mutter stets ins Haus getrieben, wenn ihre bunten Wagen nahten. Von weitem scheinen sie bunt und fröhlich zu sein. Ob die Menschen in ihrer Armut aber fröhlich sein können?"

Die vier Mädchen begeben sich in die Nähe des Speichers und treten ein wenig vom Wegrand zurück. Unter den Arbeitern der Protmanns erkennt Regina den alten Andreas, den vertrauten Freund ihrer Kindertage. Er hat ihr die ersten Weidenflöten geschnitzt und eine lustige Holzpuppe dazu, die sie noch jetzt in einer ihrer Laden verwahrt. Sollten die Fahrenden unangenehm werden, braucht sie ihn nur zu rufen. Natürlich geben die Mädchen sich so, als ob sie nicht warten und keineswegs neugierig sein würden. Sie sind mit dem Binden von Blumenkränzen beschäftigt. Die Wagen mit den bunten Flickenplanen kommen näher. Zottige, ungepflegte und magere Pferdchen ziehen sie mühsam voran. Oft genug knallen die braunhäutigen Männer mit ihren langen Peitschen, rollen die dunklen Augen und fluchen in einer unverständlichen Sprache. Frauen in fantasievollen bunten Lumpengewändern und mit großen Ringen in den Ohrläppchen gehen mit wiegenden Schritten neben den Wagen einher. Sie werfen den vier vornehm gekleideten Jungfräulein kurze und scharf musternde Blicke zu und schürzen die tiefroten Lippen oder schütteln das lange schwarze Haar. Sie scheinen sich ihrer bunten Lumpen und nackten Füße nicht zu schämen. Eine der braunen Frauen hockt neben dem Fahrer und reicht einem Säugling unbefangen die üppige Brust. Kinder starren zwischen den Planen hervor auf die schönen Fremden. „So, als wären wir die Armen", murmelt Ingeburg, verwirrt durch die stolzen und trotzigen Blicke der fahrenden Leute. Ihre Hand tastet nach dem Geldbeutel, den sie in einer Rockfalte verborgen hat. Barbara und Elisabeth weichen ein paar Schritte weiter zurück. Sie fürchten sich. Mit schweren Schritten naht der alte Andreas vom Protmann'schen Speicher her. „Werden die Fahrenden dreist zu den Herrinnen, rufe ich euch!" hat er den anderen Arbeitern gesagt und stützt sich betont und nachdrücklich auf seinen schweren Knotenstock. Er kann auch ohne ihn gehen. Regina Protmann hat ihren Platz nicht verlassen. Sie ist völlig unbefangen. Ihr klares Antlitz verrät weder Erstaunen noch Furcht, und ihre großen blauen Augen blicken zugleich aufmerksam und freundlich. Keiner der Fahrenden richtet ein Wort an die Städterinnen. Mit raschen Blicken, denen nichts entgeht, mustern sie die vier und den alten Mann mit dem Knotenstock. Das geschieht so schnell und beinahe unauffällig, als hätten sie niemanden bemerkt. „Ob der Rat der Stadt Braunsberg ihnen erlauben wird, auf ihrem Gelände zu lagern und den Leuten ihre Kunststücke vorzuführen?" überlegt Regina. „Sie scheinen müde und hungrig zu sein. Oder ob sie sofort weiterziehen müssen, nachdem die Braunsberger Hühner, Gän-

30

se und Enten und ihre Kinder in die Häuser getrieben und alle Türen und Tore vor ihnen verriegelt haben? Wie wird sich Onkel Bartel entscheiden? Ist er nur streng und gesetzestreu, oder kann er auch barmherzig sein? Wie würden Vater und Mutter in diesem Falle entscheiden? Ich wünsche mir, daß sie ihr Herz sprechen ließen."

„Schönes Kind, habt Ihr nicht eine kleine Gabe für eine arme alte Frau?" sagt plötzlich eine rauhe, tiefe Stimme neben ihr. Das Mädchen schrickt zusammen und starrt in das braune, mit Falten und Fältchen durchzogene Gesicht einer alten Frau. Unter einem fadenscheinigen, ehedem rotbunten Kopftuch lugen zottige weiße Haarsträhnen hervor. Rücken und Schultern der Alten sind krumm und gebeugt. Aber ihre kleinen schwarzen Augen haben einen stechenden, wachen Blick. Ihre schmutzige Hand mit den gichtknotigen, krallenartigen Fingern hält sie dicht vor Reginas Gesicht. Dabei schaut sie unverwandt und beinahe hypnotisch in Reginas Augen. Das Mädchen fühlt sich wie benommen, tastet nach der Geldtasche am Gürtel und legt, ohne zu zählen und hinzuschauen, mehrere Münzen in die fordernde Hand der Alten. Blitzschnell sind sie verschwunden. „Gott wird Euch Eure Güte lohnen, edles Fräulein! Nun tut mir noch einen Gefallen und zeigt mir Eure linke Hand." Die letzten Worte hat sie mit leiser und einschmeichelnder Stimme gesprochen. Unwillkürlich hält ihr die Patriziertochter die offene Linke hin. „Ein schönes Händchen, ein edles Händchen, aber es wird nicht immer so schön bleiben... Die Linke kommt von Herzen. Euer Herz wird ihr viel zu tun geben!" murmelt die Alte und starrt auf die Hand nieder, ohne sie zu ergreifen. Was hat die Alte vor? Andreas umklammert seinen Knotenstock fester, und die Freundinnen nähern sich neugierig. Regina wendet den Kopf ein wenig zur Seite, um dem sauren Atem der Alten zu entgehen. Endlich grinst deren zahnloser Mund. Ihr Gesicht scheint nur noch aus Falten und Fältchen und Runzeln zu bestehen. „O, ich sehe Gutes für Euch, meine Tochter, viel Gutes. Ihr werdet Euch mit dem reichsten, edelsten und mächtigsten aller Herren verbinden. Ihr werdet Häuser haben und Töchter. Ihr werdet reich sein und dennoch bitterarm. Ihr werdet verachtet sein und dennoch bewundert. Ihr werdet ohnmächtig sein und dennoch mächtig. Ihr werdet Herrin sein und dennoch Dienerin bleiben." Nach diesen Worten verneigt sich das alte Weib tief und beinahe demütig vor Regina. Dann humpelt es eilig davon hinter den bunten Wagen her. Wie aus einem Traum erwachend, zieht das Mädchen seine Hand wieder an den Körper und verbirgt sie in den Falten ihres Kleides. Sie schüttelt sich, als müsse sie sich von einem Bann befreien. „Wurde auch höchste Zeit, daß die Alte sich davonmachte. Ich wollte ihr gerade mit dem Knotenstock eins überziehen", brummt der treue Andreas. „Hat man jemals einen solchen Unsinn gehört wie das, was die Alte geschwätzt hat?" ereifert sich Ingeburg mit roten Flecken der Empörung und Erregung im Gesicht. „Oder hast du, Regina, Frau Königin, das etwa geglaubt, daß du den edelsten, reichsten und mächtigsten aller Herren heiraten wirst? Am Ende wird es Seine Majestät der Kaiser persönlich sein… Königin oder Kaiserin Regina!" Die Worte des Mädchens klingen so bitter, daß der vermeintliche Scherz zur höhnischen Bosheit, zum Spott wird. Regina, Barbara und Elisabeth schweigen. Sie lenken ihre Schritte rasch zur Stadt hin. Die Freude am Frühlingsspaziergang ist ihnen gründlich vergangen. Warum reagiert Ingeburg immer so verletzend? Schließlich kann sie das

In der Mitte des 16. Jahrhunderts haben die Menschen Mitteleuropas das Bewußtsein, in einer „neuen Zeit" zu leben. Es sind die Jahrzehnte großer Entdeckungen und des Aufstiegs der Habsburger zur Weltmacht. Wirtschaft und Handel blühen auf. In den Städten leben wohlhabende Bürger. Glaubensfragen durchziehen das Jahrhundert wie ein roter Faden.

Stadtbild von Heilsberg. Das kleine Fachwerkhaus am Wasser (linker Bildrand) existiert noch aus den Jahren von Mutter Regina. Hier haben zu ihrer Zeit die Schwestern gewohnt. Heute ist es ein kleines Haus-Museum. Durch Heilsberg fließt die Alle.

Schweigen der anderen nicht mehr ertragen. „Glaubt ihr denn etwa an den Unsinn, den die Alte da eben verzapft hat?" Elisabeth schüttelt entschieden den Kopf. „Das tun wir gewiß nicht. Zudem hat sie sich dauernd versprochen oder besser widersprochen – reich und arm, bewundert und verachtet. Das war doch ein Durcheinander, einfach sinnloses Geschwätz." Regina äußert sich nicht. Ihr Gefühl mag sie täuschen, aber könnte nicht irgendwie ein Körnchen Wahrheit in dem wirren Gerede der Alten enthalten sein? „Vergessen wir den ganzen Unsinn!" bittet sie die Freundinnen und spürt dabei ein inneres Widerstreben. „Ihr teilt sicher meine Meinung, daß man ein solches Geschwätz in unserer Stadt nicht breittreten soll, nicht wahr?" Alle drei versichern es eifrig. Barbara und Elisabeth werden schweigen, aber Ingeburg wird das Geschehene mit mancher Ausschmückung weitererzählen. Davon ist Regina nach ihren bisherigen Erfahrungen mit ihr leider überzeugt. Ingeburg könnte nur dann schweigen, wenn sie einen persönlichen Vorteil davon hätte.

„Habt ihr einen schönen Spaziergang gemacht?" fragt Frau Regin Protmann freundlich, als die Tochter ins Haus kommt und ihr auch ein Sträußchen Frühlingsblumen überreicht. Regina murmelt und nickt dabei ein wenig geistesabwesend: „Bei dem Wetter mußte es ja draußen schön sein. Am Speicher entluden unsere Männer gerade ein Schiff. Später sind wir fahrendem Volk begegnet, wahrscheinlich Gauklern, die in Braunsberg auftreten wollen." Frau Protmann verzieht ihr Gesicht. „Gaukler? Dann sag' Anna schnell, daß sie das Hoftor gut verschließen soll und die Hühner in den Stall scheuchen! Wäsche haben wir ja nicht mehr auf der Leine..." Würde Regina ihrer Mutter von der alter Frau und ihren seltsamen Worten über ihre Zukunft erzählen, würde sie nur zornig reagieren. Dagegen würde Berta, ihre ehemalige Kinderfrau, das ganze Geschwätz für bare Münze nehmen. Regina beißt sich auf die Lippen. Sie will und wird das Gerede rasch vergessen. Dennoch verspürt sie ein leises Unbehagen. Ob die Alte wirklich die Gabe des zweiten Gesichtes gehabt hatte? Sie soll den mächtigsten und edelsten Herrn heiraten? Das ist doch einfach Unsinn und leeres Gerede. „Hilfst du mir, die Winterkleidung richtig unterzubringen?" bittet die Mutter. Mit Sorgfalt und Geschick legt Regina die Wolldecken zusammen, faltet die schafwollenen Tücher und Jacken, Röcke und Umhänge. Säckchen mit duftenden Kräutern werden dazwischengelegt, und so Lage für Lage in den großen Eichentruhen verwahrt. „Bis zum nächsten Winter", sagt Frau Protmann zufrieden und klappt die letzte Truhe zu. „Regina wird einmal eine gute Hausfrau! Sie arbeitet umsichtig und überlegt. Wenn sie sich nur bald entscheiden würde! Gottlieb Scheibler ist ein charaktervoller und liebenswerter Mensch und dazu aus gutem Hause. Bei ihm wäre sie geborgen", denkt die Mutter. Sie kann nicht ahnen, daß ihrer fleißigen Tochter trotz inneren Widerstrebens die Worte der Alten wie eine unerwünschte Litanei durch den Sinn gehen, all die widersprüchlichen und unmöglichen Voraussagen von Häusern und Töchtern, reich und arm, bewundert und verachtet, mächtig und ohnmächtig, Herrin und Dienerin... Schließlich macht Regina eine energische Handbewegung und stößt zornig hervor: „Schluß mit dem Unsinn!" Verdutzt hält Frau Protmann in ihrer Beschäftigung inne, weitere kleine Säckchen mit duftenden Kräutern zu füllen für die Wintersachen ihres Gesindes. „Wieso Unsinn, Kind?" wundert sie sich. „Der Duft wehrt die Motten ab. Das Rezept stammt von meiner Großmutter und hat sich immer bewährt." Jetzt lacht Regina laut und fröhlich. „Ach, Frau Mutter, ich habe andere Motten verscheuchen wollen, dumme Gedanken, die durch meinen Kopf schwirren. Die Mutter sieht sie mißtrauisch an. „Welche dummen Gedanken, meine Tochter? Willst du sie mir nicht erzählen? Vielleicht kann ich dir helfen, diese Motten zu vertreiben." Nun berichtet Regina von der wirren Rede der Alten. Die Mutter schüttelt den Kopf und lacht herzlich über den Unsinn. „Eine sogenannte Voraussage der Frau wird durch die nächste aufgehoben. Sie wollte dich irgendwie verwirren, Kind. Außerdem hat sie scheinbar deine Intelligenz nicht sehr hoch eingeschätzt." Beide Frauen lachen miteinander über die ‚Prophetin von der Passarge'. Regina fühlt sich wie befreit. „Vater wird seinen Spaß daran haben, wenn er heimkommt."

Am Abend hockt der alte Andreas in der Küche vor einem Schmalzbrot und einem Humpen Bier. „Die Fahrenden dürfen draußen vor der Stadt auf der Gänsewiese ihre Gaukeleien vorführen. Der Rat hat es ihnen erlaubt. Wollt ihr da nicht hingehen? Das ist sicher etwas für euch Frauenzimmer. Köchin, du mußt unbedingt zur Gänsewiese und dir aus der Hand lesen lassen, wann dein Freier kommt! Bei den Fahrenden ist nämlich eine Frau, die wahrsagen kann. Ich habe es mit eigenen Ohren gehört, was sie der jungen Herrin Regina geweissagt hat." Genußvoll beißt er in sein Schmalzbrot und beobachtet schmunzelnd, daß die Knechte und Mägde näherrücken und voll gespannter Aufmerksamkeit sind. „Nun erzähle schon, Andreas", drängt die Köchin Anna. Er trinkt gemächlich seinen Humpen leer. „Wenn ihr meine trockene Kehle anfeuchtet, wird es zum Erzählen reichen." „Du alter Gauner", brummt Anna, gießt aber den Humpen rand-

35

voll. „Nun laß' dich aber nicht länger bitten!" Langsam und bedächtig und mit mancherlei ausschmückendem Beiwerk erzählt Andreas von den fahrenden Leuten und der dreisten Alten, die sich an die Herrin Regina herangemacht hat. „Bei den drei anderen hat sie nicht gebettelt. Nun, dem Fräulein Regina steht die Güte im Gesicht geschrieben. Wir erleben es ja auch täglich. Natürlich gab sie der Alten, ohne hinzuschauen. Wahrscheinlich war es nicht wenig, denn nun begann die Alte, ihr die Zukunft vorauszusagen. Es war reichlich wirres Zeug. Ich habe vor allem behalten, daß sie den mächtigsten und edelsten Herrn heiraten wird…" Er gibt weitere Einzelheiten zum Besten, die in ihrer Widersprüchlichkeit nur Kopfschütteln und Gelächter auslösen. „Hat man solchen Unsinn je zuvor gehört?" lacht eine der Jungmägde. Die alte Gunda in ihrer Herdecke äußert sich nicht. Sie schweigt, und kein Lachen verzieht ihren Mund. „Nun, wie ist es, liebe Anna, wirst du zur Gänsewiese gehen nach dieser Kostprobe?" scherzt Andreas. Anna starrt ihn mit hochroten Wangen an. „Wer weiß! Wer weiß!" murmelt sie abergläubisch. „Wahrscheinlich hast du, Einfaltspinsel, manches falsch verstanden, und es ist doch etwas daran. Schließlich heißt das gnädige Fräulein Regina." „Und die Herrin heißt ebenso. Das wissen wir, seit die älteste Tochter des Herrn getauft worden ist", stellt der Pferdeknecht fest. Die dicke Köchin stemmt ihre Arme in die Hüften. „Du bist ein Dummkopf, Baltes! Regina heißt in unserer Sprache Königin."

3
Im Leben ist nur eines gewiß

Wohlgefällig beobachten die würdigen Ratsherren der Stadt Braunsberg in ihren prächtigen Festgewändern und ihre reichgeschmückten Gattinnen die jungen Menschen, die sich nach den langsamen Klängen der Musik im Reigen drehen, sich voreinander verneigen, knicksen, auseinanderstreben und mit fröhlichem Lächeln wieder zueinanderfinden. Manche der ältlichen Matronen trägt nur eine Maske des Wohlwollens, hinter der sich ein gewisser Neid verbirgt. „Wäre man selbst doch noch einmal so jung und unbeschwert, aber das Leben geht unerbittlich voran!" Auch Frau Regin Protmann ist nicht ganz frei von dieser Sehnsucht nach der verlorenen Jugendzeit. Aber ihr Blick folgt mit mütterlichem Stolz den Bewegungen ihrer anmutigen Tochter Regina. Sie tanzt heute mit Gottlieb Scheibler. Sie lächelt ihn freundlich an. Ach, würde Regina das ausdauernde und doch vornehm zurückhaltende Werben des wohlhabenden Jungmannes aus Frauenburg endlich erhören! Ein wenig unruhig spielt Frau Protmann mit der reichverzierten Schließe, die ihren Samtumhang zusammenhält. Wer sie so sieht, die Tochter, freundlich und anmutig, rank und schlank, vornehm gekleidet, reich geschmückt, ein liebes Lächeln im schmalen Antlitz unter dem feinen Spitzenhäubchen, der könnte meinen, sie würde einfach ihr Ja sagen. Mit Zuneigung und Ehrfurcht schaut der stattliche Kaufmannssohn auf seine Partnerin nieder. Er liebt sie von Herzen. Das hat er mit seinem geduldigen Werben hinreichend bewiesen. Würde er sich sonst ein solch langes Hinhalten gefallen lassen? Und welcher Segen wäre es für das Handelshaus Peter Protmann, wenn der tüchtige Kaufmann, der zweite Sohn des reichen Scheibler, einheiraten würde! Frau Protmann stößt einen tiefen Seufzer aus. Manches Mädchen hier im Festsaal wäre glücklich, wenn es einen solchen Freier haben würde. Sie bemerkt nicht zum ersten Mal, daß die hoffärtige Ingeburg Gottlieb schöne Augen macht. „Der Geldsack ihres Vaters wird ihr gewiß einen Bräutigam verschaffen", murmelt sie leise vor sich hin. Sie mag diese spitznasige, kritische Person nicht besonders gerne. Sie wirft ihrem Mann einen verstohlenen Seitenblick zu. Auch seine Augen beobachten gespannt bei dem Fest das Auf und Ab der Tanzenden, das der Rat der Stadt Braunsberg alljährlich für die Patrizier gibt, wenn keine drückende Not wie eine Kriegsgefahr oder eine Seuche die Stadt an der Passarge bedrohen. Ratsherr Bartel Protmann ist darüber nicht besonders glücklich. „Diese jungen Leute glauben wohl, das Leben sei eitel Sonnenschein. Dabei häufen sich die Sorgen und Probleme zu wahren Bergen an. Der Kampf um den alten Glauben gegen die Neuerer ist noch längst nicht ausgestanden. Wer weiß, was da auf uns zukommt in den nächsten Jahren! Für manchen Fürsten ist Martin Luther gerade rechtzeitig gekommen, um ihn aus der Botmäßigkeit gegenüber dem Kaiser zu lösen. Wir hier im kleinen Ermland zwischen dem katholischen Polen und dem lutherischen Ostpreußen haben schon viel mitbekommen. Nicht einmal die Elbinger, unsere Nachbarn, wollen mehr etwas von uns wissen. Sind wir nicht wie ein Samenkorn, das zwischen zwei großen Mühlsteinen zermahlen wird?" Peter Protmann hat das düstere Gerede seines Bruders nur mit halbem Ohr gehört. Von Kindesbeinen an hat Bartel immer Schlimmes kommen sehen. Widerwillig löst er seine Blicke von den Tanzenden und wendet sich ihm zu. Ruhig sieht er in sein breitflächiges, bärtiges Gesicht. Die Sorgenfalten auf der Stirn haben sich gemehrt und vertieft. Eine Weile schweigt Peter Protmann und überlegt, ehe er ihm ruhig antwortet. „Du siehst wieder einmal allzu schwarz, lieber Bruder. Das hast du von jeher getan. Hat uns der Herr bisher nicht immer aus den Gefahren gerettet und unser liebes Braunsberg im Glauben bewahrt? Wir haben ernste und bedrängte Zeiten durchstehen müssen, so damals, als Schloßhauptmann Peuckert und seine Gefolgschaft uns die neue Lehre aufzwingen wollten. Sie hatten manche Ratsherren dafür gewonnen, aber dann ist unser Kardinal Stanislaus Hosius gekommen und hat persönlich den Kampf aufgenommen. Danach hat er uns die trefflichen Väter der Gesellschaft Jesu in die Stadt gebracht. Willst du bestreiten, daß es seitdem wieder aufwärts geht mit unserem Glaubenseifer und mit dem Besuch der Andachten und heiligen Messen in St. Katharina? Was noch geschehen wird, Bruder, das weiß ich ebensowenig wie du. Aber ich weiß eines: es kostet wieder Mut, sich zum katholischen Glauben zu bekennen. Früher war es üblich, katholisch zu sein, und daher reichlich bequem und gefahrlos. Gefahrlose Gewohnheit macht oberflächlich und irgendwie gleichgültig. Man trottete einfach gedankenlos mit und tat manches gedankenlos, weil es halt so üblich war. Das ist nun anders geworden…"

Bartel Protmann streicht über seinen kurzen, graumelierten Bart. „Ich bin baß erstaunt, Peter. Niemals hätte ich hinter dem biederen Handelsherrn einen

Abenteurer vermutet, der Freude an der Gefahr hat", wundert er sich und blinzelt bei seinen Worten mit den graugrünen Augen unter den dichten Brauen. „Abenteurer? Hm", antwortet Peter gedehnt. „Wir wollen nicht übertreiben. Ein Abenteurer bin ich wohl kaum. Ich liebe klare, übersichtliche Verhältnisse und geordnete Abläufe. Dazu bin ich seßhaft und solide. Aber es reizt mich, daß es mehr und mehr zum Wagnis wird, sich offen zum katholischen Glauben zu bekennen. Darauf beschränkt sich meine Abenteuerlust. Für Gott nehme ich das Risiko auf mich. Doch genug der ernsten Gespräche. Wir können sie ein anderes Mal fortsetzen. Vorhin hast du unseren jungen Menschen ihre Unbeschwertheit und Lebenslust verübelt... Bartel, Bartel, waren wir etwa anders in unserer Jugend? Auch wir wollten nicht grübeln und uns keine Sorgen um die Zukunft machen. Wir wollten einfach leben und das Leben genießen. Unsere Rathausglocke gibt die rechte Anweisung dazu: ‚Levt und lovet'!" Bartel Protmann findet keine Antwort, aber seine Brauen bleiben gerunzelt. Der Blick, mit der er seine übermütig lachende Nichte Regina betrachtet, ist nicht frei von Vorwurf.

Die Musikanten legen ihre Instrumente zur Seite. Sie brauchen dringend eine Pause, um die trockenen Kehlen anzufeuchten. Auch die Tänzerinnen und Tänzer bemühen sich, um einen erfrischenden Trunk aus den tönernen, gläsernen, zinnernen Krügen mit Obstsaft, Most, Wein oder Bier zu nehmen. „Tanzen macht durstig", sagt Regina ein wenig atemlos zu ihren Freundinnen Barbara und Elisabeth. Sie leeren ihre Becher in durstigen Zügen. „Wollen wir nicht eine Weile mit dem Tanzen aussetzen?" schlägt Elisabeth vor. „Mir tun die Füße weh." Langsam schlendern die drei Mädchen aus dem Festsaal in den langen Rathausflur, den Kerzen auf hohen Leuchtern nur schwach erhellen. „Wird Gottlieb nicht traurig sein, wenn du beim nächsten Tanz fehlst, Regina?" neckt Barbara und hakt sich bei ihr ein. Mit einer lässigen Geste wehrt Regina ab. „Ach was, Ingeburg wird sich seiner annehmen." „Das hast du gemerkt?" staunt Elisabeth. „Scheinbar möchte sie ihn erobern. Er könnte in das elterliche Tuchgeschäft einheiraten." „Das mag sie tun, Elisabeth. Ich hoffe sogar, daß es ihr gelingt. Dann hört meine Frau Mutter endlich damit auf, mir seine vortrefflichen Eigenschaften vorzuhalten. Hoffentlich wird er glücklich mit ihr..." Regina löst sich von Barbaras Arm und breitet weit ihre Arme aus. Dann dreht sie sich einmal rasch um sich selbst, daß ihre langen Röcke raschelnd fliegen. Die Kerzen drohen zu verlöschen. Sie zieht die erstaunten Freundinnen mit sich durch das Rathausportal ins Freie. Drüben im Haus Protmann ist noch Licht in der Küche. Die treue Gunda wacht und wartet auf die Heimkehr ihrer Herrschaft, während Köchin Anna längst im Federkissen ruht, mit dem sie ihr Strohlager verschönert hat. Gute alte Gunda!

Ein hoher Sternenhimmel wölbt sich über der Stadt Braunsberg. Die Nachtluft ist kühl und rein. Die Mädchen atmen tief durch. „Wie gut das tut – die Stille nach all dem Lärm, die reine Luft nach all den süßen und fettigen Düften! „Manches Mal ist mir das alles zuwider. Geht es euch auch so? Ich meine dann, ich könnte all das Geschwätz, das Gerede über Kleider und Schmuck nicht länger mehr aushalten!"

Elisabeth und Barbara blicken die Freundin an, deren Gestalt sie im schwachen Licht des Mondes und der Sterne nur umrißhaft wahrnehmen können. „Aber, Regina, du liebst doch Schmuck und schöne Kleider. Ich war dabei, als du gestern lange vor deinem großen venezianischen Spiegel gestanden hast und dein schönes neues Kleid bewundert hast!" ruft Barbara aus. „Ehrlich gesagt, es wurde mir beinahe langweilig, als du dich vor dem Spiegel wendetest und drehtest und dir offensichtlich gefielst." „Bin ich wirklich so eitel, ihr beiden? Sagt es mir ehrlich, wie du es gerade getan hast, Barbara! Freundinnen müssen einander die Wahrheit sagen, auch wenn diese nicht so angenehm zu hören ist." Elisabeth macht aus Verlegenheit einen Schritt zur Seite. Regina hält sie an den Schultern fest. „Bin ich eitel?" Als erste gibt Barbara der drängenden Frage nach. „Ich will es dir sagen, auch auf die Gefahr hin, daß du mir dann böse bist! Ja, du bist eitel, Regina, eitel und stolz." „Wenn ich nur wüßte, für wen du dich so schön machst? Es ist offensichtlich, daß du dich nicht für Gottlieb Scheibler schmückst", fügt Elisabeth hinzu. Regina läßt die Schultern der Freundin los. „Und auch für keinen anderen. Ich weiß eigentlich gar nicht, für wen ich das tue. Ich weiß auch nicht warum. Manchmal langweilt mich geradezu, daß mein Vater mir alle Wünsche erfüllt. Seltsam, daß ich dennoch auf mehr warte, und wenn ich es habe, bin ich unzufrieden und unausgefüllt. Manches Kleid und manches Schmuckstück schaue ich kein zweites Mal an. Ja, ich weiß, daß ich undankbar bin..."

Ratlos murmelt Elisabeth: „Warum bist du nur so, Regina? Viele Mädchen in unserer Stadt wären glücklich, wenn sie einen solch freigiebigen Vater hätten und in deiner Lage wären." Die so Gefragte schüttelt den Kopf, senkt ihn tief und hebt erst nach einer Weile nachdenklichen Schweigens ihr Gesicht zum Nachthimmel empor. Dort zieht gerade eine Sternschnuppe ihre leuchtende Bahn. „Ich wünsche mir ... ich wünsche mir ...", flüstert die Achtzehnjährige nach Kinderart. In Gedanken fügt sie still hinzu: „Endlich zu erfahren, zu wissen, worauf ich eigentlich warte!"

Die Morgensonne blinzelt hell zwischen den Linnenvorhängen hindurch in die Stube. Leise und beinahe verstohlen öffnet Frau Regin die Zimmertüre. Gewiß will die Älteste sich ausschlafen nach dem Tanzfest des Braunsberger Rates, das bis in die frühen Morgenstunden gedauert hat. Aber Reginas Zimmer ist leer und bereits ordentlich aufgeräumt. Das Bett ist gemacht. Festkleid und Schmuck sind im Schrank verwahrt. „Als wäre gar kein Fest gewesen", wundert sich Frau Protmann. Sie begibt sich in die Küche. Dort säubert Gunda, die alte Magd, das Geschirr. „Gunda, weißt du vielleicht, wohin Fräulein Regina gegangen ist? Die alte Frau brabbelt mit dem zahnlosen Mund: „Das Fräulein ist vor einer ganzen Weile mit der Köchin Anna aus dem Haus gegangen." „Regina mit der Köchin … zum Markt?" fragt Frau Protmann ungläubig, ohne eine Antwort zu erwarten. Ihre Tochter ist nie freiwillig und gern zum Einkaufen gegangen. Sie ist auf dem Markt ruhelos von einem Stand zum anderen getändelt, hat geschaut und gestaunt und mit den Bauersfrauen gescherzt. Sie hat wenig Interesse gezeigt, wenn die Mutter sie in das wichtige Geschäft des richtigen Einkaufs einführen wollte. Sie hat stets mehr Eifer für die Zahlenkolonnen im Büro des Vaters gezeigt und die Berichte und Briefe aufmerksam gelesen, die mit dem Handel des Kaufmanns zusammenhingen. Was soll sie von der plötzlichen Begeisterung für den Wochenmarkt halten? Hat sich Regina etwa gestern nacht entschlossen, eine brave Ehefrau zu werden und ihre Kenntnisse in der Haushaltsführung zu erweitern? Frau Regin Protmann kann sich über ihre Tochter im allgemeinen nicht beklagen. Sie besitzt eine beachtliche Anzahl hausfraulicher Fertigkeiten.

Stricken, Weben, Spinnen, Sticken und Flicken – all das geht ihr leicht von der Hand. Sie hat sich von der Wäscherin in die Geheimnisse des Waschens einführen lassen. Sie hat Beeren eingekocht, Mus bereitet, Brot gebacken und Fleisch gebraten. Zwischendurch war sie allerdings oft beim Vater, wenn der nicht gerade auf Reisen war. Der sonst leicht ungeduldige Kaufmann hat ihr Lesen, Schreiben und Rechnen beigebracht und sogar eine einfache Art der Buchführung. Er hat sie mit in den Speicher genommen und ihr gezeigt, wie man eine Bestandsaufnahme macht, wenn Schiffe ent- oder beladen werden. „Schade, daß du kein Junge geworden bist!" hat er wiederholt schmunzelnd gesagt. „Dir könnte ich unsere Firma getrost übergeben. Dein kleiner Bruder scheint mir nicht so klug zu sein wie du, meine Älteste." Ja, die Mutter kann es nicht leugnen, daß Regina ein kluges und schönes Mädchen ist. Wie es um ihre Frömmigkeit bestellt ist, weiß sie nicht recht. Regina fügt sich mit der gleichen Selbstverständlichkeit, mit einer gewissen Leichtigkeit und beinahe mit Anmut in das religiöse Leben und Brauchtum ein, wie in alles, was man von ihr erwartet. Ob sie aber von Herzen fromm ist, so fromm, daß sie nicht heiraten und Begine werden will? Bei dem Gedanken muß Frau Protmann lachen. Nein, das ist eine unmögliche Vorstellung, ihre schöne Tochter als alte Jungfer im häßlichen Gewand einer Begine? Nein, das ist zu unwahrscheinlich. Das kann und will sie sich nicht ausmalen. Aber warum will Regina nichts von der Ehe wissen? Stellt sie zu hohe Ansprüche und träumt insgeheim von einem Märchenprinzen? Hatte die Fahrende an der Passarge nicht so etwas vorausgesagt? Träumt das Mädchen von einem Glück ohne Trübung und Makel, ein leichtes Leben wie ein Tanz unter blauem Sommerhimmel?

So etwas gibt es nicht. Glück, das ist eigentlich immer nur ein Augenblicksgeschenk, und Zufriedenheit will durch Opfer und Verzicht erkauft werden. „Frau Mutter, warum schaut Ihr so nachdenklich drein?" Reginas fröhliche Stimme läßt sie von ihrer Stickerei aufschauen. Sie betrachtet die Tochter. Auch das schlichte Gewand kann die Anmut ihrer Erscheinung nicht beeinträchtigen. „Wo warst du so lange, Regina?" fragt die Mutter mit gespielter Strenge. „Köchin Anna ist längst wieder daheim." Rasch setzt sich Regina auf einen Schemel zu Füßen der Mutter und legt ihre schmale Hand auf deren Schoß. „Ich war in St. Katharina und habe dort der Frühmesse beigewohnt. Pater Placidus hat sie gefeiert und die Gelegenheit wahrgenommen, gegen die Putzsucht der Frauenzimmer zu wettern. Ob ihm das gestrige Fest dazu die Anregung gegeben hat?" Sie lacht fröhlich. Die Mutter kann ein Lächeln nicht unterdrücken. Pater Placidus ist berühmt wegen seiner donnernden Bußpredigten. Regina erzählt völlig unbefangen, als habe sie mit der Putzsucht der Frauenzimmer gar keine Schwierigkeiten. „Die Predigt hat mir nicht besonders gefallen. Sie schenkte keine Freude. Von Gottes Liebe und Barmherzigkeit war darin keine Rede. Darum wollte ich mir ein wenig Trost bei der freundlichen Muttergottes im Franziskanerkirchlein holen. Diese Madonna ist so lieblich und mütterlich. Bei ihrem Anblick geht mir immer das Herz auf. Vor der Statue brannten viele Lichter. Mancher Betrübte wird seine Sorgen zur Gottesmutter bringen. Ich betete dort einen Rosenkranz und sah dabei immerfort in ihr Antlitz. Man hat das Gefühl, als könne Unsere Liebe Frau dem Beter geradewegs ins Herz schauen. Als ich das Kirchlein verlassen wollte, entdeckte ich rechts neben dem Ausgang ein Bild, das dort jemand neu aufgehängt

45

hatte. Man konnte im Halbdunkel kaum erkennen, was es darstellen sollte. Neugierig, wie ich nun einmal bin, habe ich mir eine der kleinen Kerzen von der Muttergottes geliehen und in ihrem Schein das Bild betrachtet. Es war nicht sonderlich gut gemalt. Es erinnerte mich an Onkel Bartels Malversuche. Vielleicht hat er es heimlich dort aufgehängt." Wieder kann Frau Portmann ein Lächeln nicht unterdrücken. Die dilettantischen Malversuche des Schwagers waren beliebte Gesprächsthemen und Scherze in der ganzen Familie Protmann. Bartel ließ sich dadurch nicht beirren, sondern frönte seiner Malleidenschaft mit viel Energie und wenig Geschick weiter. „Was sollte dieses Bild denn darstellen?" fragt die Mutter ohne besonderes Interesse. Wahrscheinlich war es wieder einer der mehr oder minder mißglückten Versuche, eine oder einen Heiligen darzustellen mit eckigen Gesichtern und buntem Farbgemisch. Mit einem Male weicht das Lächeln aus Reginas Antlitz. Sie hebt schaudernd die Schultern. Schließlich murmelt sie: „Einen Totentanz, Frau Mutter – Männer, Frauen und Kinder seltsam verrenkt und alle miteinander verbunden. Darüber stand in schwarzen Lettern ‚Im Leben ist nur eines gewiß'. Auf diese Worte deutete mit widerlichem Grinsen ein gelbliches Skelett." Ärgerlich zieht Frau Protmann ihre Brauen zusammen. „Wahrhaftig – das sieht nach einem Machwerk meines Schwagers aus. Er kennt und liebt nur die dunkle Seite des Daseins und sucht geradezu nach Unheil und Plagen. Dieser arme Mensch lebt eigentlich gar nicht richtig. Ein Glück, daß seine Ehefrau Jutta genau zu ihm paßt, und daß beide keine Kinder haben!" Wenn sich Regina über diesen offenen und beinahe heftigen Ausbruch ihrer meist beherrschten Frau Mutter wundert, gibt sie es nicht zu erkennen.

Wie beschämt über ihre Worte wendet sich Frau Regin
mit Übereifer wieder ihrer Stickerei zu, aber sie zerrt
ungeduldig an einem Faden, der sich verknotet hat.
Ihre Tochter erhebt sich langsam von ihrem gepolster-
ten Schemel. Nachdenklich betrachtet sie ihre Mutter.
„Wenn das Bild von Onkel Bartel sein sollte, Frau
Mutter, und das wissen wir ja nicht, so hätte er damit
doch eine Wahrheit aussagen wollen: ‚Im Leben ist
nur eines gewiß.‘" Frau Protmann hebt jäh den Kopf,
will Einwände machen, zornig protestieren und muß
sich schweigend vor der Wahrheit beugen. ‚Im Leben
ist nur eines gewiß.‘ Regina hat als Kind die Schrecken
und Ängste der Pest in Braunsberg miterlebt. Der
furchtbaren Seuche sind unterschiedslos Arme und
Reiche zum Opfer gefallen. Als sie hörte, daß ihr
Freund, der Fährmann an der Passarge, an der Pest gestorben war, hatte sie die seltsam altkluge und beun-
ruhigende Frage gestellt: „Leben wir nur, um zu sterben?"
Kurze Zeit später hat sich bei Regina eine überschäumende Lebensfreude eingestellt; hat sie nach
schönen Kleidern, nach Tanz und Festen geradezu
gierig Ausschau gehalten und sich den erlaubten Ver-
gnügungen ganz hingegeben. War es damals und ist
es heute eine Art des Vergessen- und Verdrängen-
wollens all der Schreckensbilder von Tod, Krankheit
und Vergänglichkeit? Manches Mal hat Frau Protmann ihre Tochter zwischendurch in stiller Besinn-
lichkeit, ja beinahe in Melancholie angetroffen. Waren das nur die wechselnden Stimmungen und die
Unausgeglichenheit des jungen unreifen Menschen?
Oder ging bei Regina all das tiefer, gehörte es zum
Fundament ihres Wesens? Wieder nimmt Frau Protmann ihre Stickerei auf. Sie ist durchaus nicht so ruhig,
wie es äußerlich den Anschein hat. Es betrübt sie,

daß sie ihre Tochter im Letzten, im Eigentlichen nicht versteht. Soll sie mit Peter darüber sprechen? Aber der nüchterne, tatkräftige Handelsherr wird die Bedenken seiner Gattin nicht teilen, sondern sie als weibliches Hirngespinst lachend zurückweisen. „Das legt sich, wenn Regina verheiratet ist!" würde er wie gewöhnlich antworten.

Von innerer Unruhe getrieben, hat sich Regina eine Weile in ihrem freundlichen Erkerstübchen aufgehalten. Sie hat Schränkchen und Laden geöffnet und gleich wieder geschlossen. Sie hat blicklos vor dem großen Spiegel gestanden und hat ihr eigenes gutgeformtes Antlitz gar nicht bewußt wahrgenommen. Dann hat sie das Fenster geöffnet und über die sommerliche Stadt geschaut bis zum stattlichen Turm der Kirche der heiligen Katharina. Sie vernimmt lustiges Lachen, lautes Reden, Hundegebell und Hühnergackern, Räderrollen auf holperigem Kopfsteinpflaster, Peitschen knallen und Fuhrknechte fluchen. Alles ist wie immer, und doch ist alles anders. Sie kühlt ihre Hände und ihre glatte Stirn. Sie wischt sich über die Augen, als wolle sie ein lästiges Bild vertreiben. ‚Im Leben ist nur eines gewiß' – aber das Leben muß auch einen anderen Sinn haben, einen wirklich tiefen Sinn, für den es sich zu leben lohnt.

Hastig steigt sie treppab in die Küche. Die alte Magd Gunda hebt erstaunt den Kopf mit den wenigen Haarsträhnen. Ihre gichtigen Finger schieben Erbsen aus frischen Schoten in eine Schüssel, langsam und bedächtig. Sie ist einmal wieder allein in der Küche. Anna ruht sich vom Einkauf aus. Für Gunda gibt es keine Ruhepause. Sie ist wahrscheinlich froh darüber, daß sie sich noch betätigen kann und bei Protmanns bleiben darf. In anderen Häusern werden alte Knechte und Mägde ins Armenhaus abgeschoben. „Sucht Ihr

Den Mittelpunkt Braunsbergs bildet eine weiträumige Hallenkirche,
die der heiligen Märtyrerin Katharina von Alexandrien geweiht ist.

Nicht weit von der Katharinenkirche liegt das Haus der Familie Protmann. Peter Protmann ist ein angesehener Kaufmann. In einhundert Jahren haben sich die Protmanns aus einem einfachen Handwerkergeschlecht zu wohlhabenden Patriziern emporgearbeitet.

etwas, Fräulein Regina?" fragt sie mit zittriger Greisenstimme. „Nein, ich wollte dich nur etwas fragen, Gunda", antwortet Regina und setzt sich vorsichtig auf einen der klobigen Holzschemel, um die alte Magd nicht zu erschrecken. „Sag', hast du je darüber nachgedacht, warum man lebt?" Vor Erstaunen bleibt der eingefallene, schmallippige Mund der Magd offen. Dann schüttelt sie den Kopf. „Nein, Herrin, nie. Wozu sollte das gut sein?" Regina trommelt mit der gepflegten Rechten ungeduldig auf die saubere, frisch gescheuerte Platte des Küchentisches. „Aber, Gunda, du warst doch auch einmal jung und hast sicher Wünsche und Träume gehabt und Pläne gemacht für dein Leben." Unermüdlich schieben die knotigen Finger die Erbsen aus den Schoten. „Ja, ich wollte gerne eigene Kinder haben", murmelt Gunda zögernd. „Ich hab' ihn lieb gehabt, den Hannes. Er war Pferdeknecht bei Eurem Herrn Großvater. Die Elbinger haben ihn eines Tages umgebracht. Danach hab' ich an nichts anderes mehr gedacht als nur an die Arbeit." Regina sieht auf die unermüdlich tätigen Hände der Magd nieder. War das ein Leben, ein sinnvolles, ein lebenswertes Leben, wie es Gunda und mit ihr viele, viele Arme in Braunsberg führten und führen? Die Patriziertochter will mehr von Gunda wissen. „Hast du nichts Schönes erlebt, woran du dich gerne erinnerst." Die Alte lächelt und nickt. „O doch, Herrin! Einmal durfte ich mit dem Hannes über Land fahren bis nach Rößel. Die Wiesen standen hoch und waren voller Blumen. Ich weiß es noch, als wäre es heute gewesen. Ich trug mein neues Kleid, das ich zu Martini bekommen hatte. Die Sonne schien, und die Vögel sangen. Wir waren jung, der Hannes und ich, und machten Pläne für unsere Hochzeit. Die Herrschaft war damit einverstanden. Das war schön, einfach schön…" Die trüben Augen der greisen Magd leuchten auf. Ihre weiteren Worte werden unverständlich. Ihre Hände ruhen im Schoß. Die Erinnerung hält sie gefangen. Eine Spazierfahrt vor Jahrzehnten mit dem Liebsten, der sterben mußte. Nein, Regina wird nicht weiter fragen. Ihre Augen brennen. Leise verläßt sie die Küche, zieht aber die Türe kräftig hinter sich zu, damit das Geräusch die alte Magd aus ihrer Erinnerung reißt. Anna, die Köchin, darf sie auf keinen Fall müßig antreffen. Eben kommt sie, die stattliche Vierzigerin, mit polternden Schritten treppab. „Habt Ihr etwas in der Küche gesucht, gnädiges Fräulein?" fragt sie unterwürfig und forscht mit ihren scharfen Vogelaugen in Reginas Gesicht. Es hat noch nicht seine hochmütige Gelassenheit zurückgewonnen. „Habt Ihr Euch über Gunda geärgert? Sie wird täglich langsamer und wunderlicher. Sie leistet fast gar nichts mehr. Ich habe Eurer Frau Mutter vorgeschlagen, sie ins Armenhaus zu bringen." Blut schießt in Reginas Antlitz. „Nein!" ruft sie scharf und schroff. „Gunda hat uns ein Leben lang treu gedient. Unser Haus war und ist ihr einziges Zuhause. Sie soll hierbleiben, auch wenn sie nichts mehr tun kann. Ein Mensch ist kein alter Gaul, den man zum Abdecker bringt, wenn er den Wagen nicht mehr ziehen kann." Anna preßt beleidigt die Lippen zusammen. Rasch sagt sie: „Ein seltsamer Vergleich … eine alte Magd und ein Gaul!" Die junge Herrin ist bereits treppauf gestiegen. Sie sieht mit einem kalten Blick auf Anna nieder und meint gedehnt: „Bei deiner Einstellung dürfte beides nicht weit auseinanderliegen." Boshaft murmelt die Köchin: „Hochmütige Pute! Wehe, wenn die hier jemals das Regiment führt!"

4
Gloria in excelsis Deo

Aus der Küche steigen die verschiedensten guten Düfte auf und ziehen durch das große Haus des Peter Protmann am Rathausplatz. Der Kamin stößt unablässig Rauchwolken in die kalte Winterluft. Anna, die Köchin, waltet mit hochroten Wangen ihres Amtes. Sie vertreibt die jüngeren Kinder des Hauses, die schnell einmal naschen wollen von den Nüssen, Mandeln oder Rosinen, energisch aus der Küche. Der Knecht schleppt mit dem Pferdejungen Körbe mit Holz herbei. Die vielen Öfen im Haus wollen alle versorgt werden. Ab und zu gönnen sich die beiden eine kleine Verschnaufpause in der warmen Küche, in der es so herrlich riecht nach Gebäck, nach Braten und nach Gesottenem für das nahe Weihnachtsfest. Manches Mal gibt Anna ihrem Herzen einen Stoß und gibt ihnen eine kleine Kostprobe.

In den schmalen Dienstbotenkammern unter dem Dach gibt es keine Öfen. Die Mägde müssen die dünne Eisschicht auf ihren einfachen Waschschüsseln morgens zuerst zertrümmern, ehe sie müde und frierend ihre Katzenwäsche machen. Reginas Erkerstübchen ist immer angenehm warm. Sie braucht nicht zu frieren. Morgens bringt ihr Tina, die jüngste Magd, mit einem freundlichen Gruß einen Krug mit warmem Wasser. Auch heute dankt ihr Regina mit einem lieben Wort. „Man soll keinen Dienst geringschätzen", hat ihr Pater Paulus, ihr Beichtvater, gesagt, „keinen Dienst und keinen Menschen, der dient." Aber das hat sie eigentlich nie getan. Die Patriziertochter ist dem Gesinde wohlgesonnen, besonders der alten Gunda. Die Köchin Anna kann das nicht verstehen. Die alte Magd ist zur Arbeit kaum noch zu gebrauchen. Eben nimmt Tina einen Armvoll gebrauchter Wäsche auf, um sie ins Waschhaus zu tragen. Fräulein Protmann kann sich jeden Morgen in frische, sorgfältig gepflegte Wäsche kleiden und eines ihrer vielen schönen Kleider anziehen, die eine bucklige Alte, eine Näherin, säubert und bügelt. „Ich werde verwöhnt wie eine Prinzessin", denkt Regina. „Ich habe es viel zu gut. Ab und zu will die Frau Mutter meine Hilfe. Der Haushalt ist mir vertraut, aber ich brauche nur etwas zu tun, wenn ich es möchte. Keiner drängt mich, keiner befiehlt mir…" Tina will mit einem schüchternen Knicks die Stube verlassen, als Reginas Stimme sie aufhält. „Wie alt bist du, Kleine?" Verlegen errötet das Mädchen. „Herrin, ich weiß das nicht genau. Wir sind daheim so viele. Ich könnte zwölf Jahre alt sein und bin seit zwei Jahren hier im Dienst." Verwundert fragt Regina weiter: „Wie, ihr habt daheim nie an deinen Geburtstag oder Namenstag gedacht, Tina?" „Nein, das ist sicher nur etwas für feine Leute." Aus ihren Worten klingt kein neidischer Unterton. „Du heißt Tina. Das kommt sicher von Martina. Dann ist Martin von Tours dein Namenspatron." Die kleine Magd beißt sich auf die Lippen. „Ich weiß davon nichts, Herrin", murmelt sie und verläßt mit hastigen Schritten die Stube des gnädigen Fräuleins. Was hat das Fräulein nur für seltsame Ideen? In der Küche sprechen sie oft von ihr. Regina Protmann sei anders als die Töchter der anderen reichen Leute in Braunsberg. Sie wolle keinen der Freier, die sich oft einstellen, um das Herz der schönen Patriziertochter zu gewinnen.

Ihr langjähriger Verehrer, der Sohn des reichen Tuchhändlers Scheibler, habe nun endlich seine vergebli-
chen Bemühungen um ihre Gunst aufgegeben und
sich ihrer Freundin Ingeburg zugewandt. Diese Ingeburg sei ein hochfahrendes, mürrisches Frauenzimmer. Sie würde mit ihrem demnächstigen Gemahl im
Elternhaus Wohnung nehmen und regiere bereits jetzt
mit eiserner Strenge. Ihre Knechte und Mägde hätten
ein schweres Los.

„Welches Glück habe ich, daß ich bei Protmanns
im Dienst bin", freut sich die kleine Magd. Sie trägt ihr
Bündel ins Waschhaus. Dort wird sie von der ‚Wasch-
Marga‘ knurrend begrüßt: „Wo bleibst du solange mit
der Wäsche, Mädchen? Hast du bei der Gnädigen
oben Wurzeln geschlagen? Los, gib her! Ich möchte
auch vor Weihnachten noch fertig werden."

Regina zögert das Anziehen hinaus. Zunächst stößt
sie eines der Fenster mit den Butzenscheiben weit auf
und atmet die kalte Luft tief ein. Die weht in ihr Zimmer und verdrängt die dumpfe Wärme der Nacht.
Während sie sich wäscht und anzieht, will ihr die
kleine Magd nicht aus dem Sinn gehen. Zwölf Jahre
alt – vielleicht – seit zwei Jahren im Dienst bei Protmanns. Sie weiß nichts von ihrem Namenspatron. Ob
sie viel von Gott, von Jesus Christus und von der Gottesmutter weiß? Wer soll ihr davon erzählt haben?
Protmanns sorgen dafür, daß ihr Gesinde am Sonntag
zum Gottesdienst geht, natürlich zur Frühmesse. Meist
zelebriert dann ein älterer Priester ohne besondere
Feierlichkeit. Er murmelt die Gebete hastig herunter
in einem unkorrekten Latein und hält für die Anwesenden eine kurze Predigt, in der er gegen die Sünde
wettert und mit Sündenstrafen droht. Aus einer Laune
heraus hat Regina einmal diese Frühmesse besucht.
Sie hat sich nur gelangweilt. Wie sollen die Mägde

und Knechte Gott lieben lernen, wenn sie nie etwas von seiner Güte und Barmherzigkeit erfahren? Ob Gott für diese armen Menschen irgendwie identisch ist mit ihrem Dienstherrn: entweder gütig und gerecht oder launisch und hart? Dann haben die Dienstboten der Protmanns wenigstens einen freundlichen ‚Gott‘, denkt Regina und erschrickt sogleich über ihre eigenen Gedanken. Wie kann sie ihren Vater nur mit Gott vergleichen? Aber wäre es nicht die Pflicht der Dienstherren, ihr Gesinde über Gott, sein Wesen, seine Größe und seine Liebe zu den Menschen zu unterweisen? Ihr Blick richtet sich auf das Kreuz. Was wissen die Armen von Jesus Christus und von seinem Opfer für die Menschen, für einen jeden Menschen, auch für die ärmste Dienstmagd, für den Bettler am Wegrand und für die Insassen des Armenhauses? Sie wissen wenig oder gar nichts! Ist das nicht furchtbar und trostlos für diese Wesen? Müßte man ihnen nicht von Gott erzählen, sie im Glauben unterrichten? Diese Frage stellt Regina später ihrer Mutter, als sie ihre Milchsuppe ißt, die mit Honig gesüßt und mit Brocken weissen Brotes angereichert ist. Befremdet schaut Frau Protmann die Tochter an. „Was hast du heute morgen nur wieder für neumodische Ideen ausgebrütet, Kind! Wir Protmanns erfüllen unseren Leuten gegenüber wahrhaftig unsere Christenpflicht. Wir halten sie an, die Sonntagsmesse regelmäßig und in ordentlicher Kleidung zu besuchen. Wir schränken die Arbeit an Sonn- und Feiertagen auf das Notwendigste ein. Wir achten darauf, daß sie ihre Osterbeichte nicht versäumen. Sie erhalten regelmäßig ihren Lohn und zu Martini ein neues Gewand. Außerdem schenke ich jeder Magd, die neu bei uns eintritt, einen geweihten Rosenkranz und bringe ihr bei, wie sie ihn beten soll. In jeder ihrer Kammern hängt ein Kreuz. Was willst du mehr, Regina? Wenn es ans Sterben geht, sorge ich dafür, daß ein Priester zu ihnen kommt. Ich betreue sie, wenn sie krank sind. Genügt dir das nicht?" Bei dem letzten Satz hat die Stimme von Frau Protmann unwilliger und erregter geklungen, so als müsse sie sich gegen einen Ankläger verteidigen. Ihr Blick ist den blauen Augen der Tochter ausgewichen, und ihre Wangen sind gerötet. Regina will nicht ungerecht sein. Sie weiß durch ihre Besuche in anderen reichen Häusern, daß es die Dienstleute hier bei ihnen vergleichsweise sehr gut haben, zudem braucht niemand die Abschiebung ins Armenhaus zu fürchten. „Gehören unsere Leute denn nicht zu unserer Familie?" meint die Mutter nun mit einem deutlichen Vorwurf in ihrer sonst meist sanften und ruhigen Stimme. Das Mädchen denkt nach. „Ja und nein", antwortet Regina. „Sie leben mit uns, aber nur am Rande. Sie haben an manchem teil, aber an dem Wichtigsten nicht." Nun fährt Frau Protmann zornig auf. Ihre Stimme wird schrill. „Was soll das, Regina? Sollen wir sie etwa an unserem Tisch essen und an unseren Festen teilnehmen lassen? Welchen Unsinn hast du dir da wieder einmal ausgedacht!" „Nein, Frau Mutter, das meine ich nicht. Ihr habt mich mißverstanden. Wir müßten ihnen noch mehr Anteil an unserem Glauben geben. Fragt sie, was sie vom Leben unseres Herrn und seiner gebenedeiten Mutter wissen, vom Geheimnis der Heiligen Nacht, von den Worten und Wundern Jesu und vom Sinn seines Leidens und Todes und vom Wesen der heiligen Messe." Frau Protmann lacht laut auf. Es ist ein bitteres und spöttisches Lachen. „Soll ich etwa hier im Hause Protmann eine Bibelschule für meine Knechte und Mägde einrichten? Steht dir danach der Sinn, Tochter?" Die Gefragte nickt ernsthaft, so als habe sie die Ironie und den

Spott nicht bemerkt. „Ja, das wäre wunderbar, Frau Mutter! Wer sich unserem Dienst anvertraut, für dessen Leib und Seele sind wir vor Gott verantwortlich und werden einmal vor dem Herrn Rechenschaft darüber ablegen müssen. Ungläubig starrt Frau Protmann in die begeisterten Augen ihrer Tochter. Regina meint das wirklich ernst. Sie erhebt sich brüsk und sieht beinahe feindselig auf ihr Kind nieder. „Wer hat dir solche Ideen in den Kopf gesetzt, Regina? Es fehlt nur noch, daß du die Gleichheit aller Christenmenschen predigst wie weiland dieser Martin Luther! Sind es etwa die frommen Väter der Gesellschaft Jesu, die dir solche Gedanken eingegeben haben? Wahrscheinlich hast du zu wenig zu tun, um dich bei solchen Torheiten aufzuhalten. Begleite mich in die Vorratskammer! Dort habe ich allerlei Arbeit für dich, die dich von törichten Grübeleien abhalten wird. Wir müssen das Weihnachtsgebäck sorgfältig unterbringen, damit es frisch bleibt. Außerdem wirst du die Geschenkkörbe vorbereiten, die wir gemeinsam zu den Armen und Kranken in unserer Stadt am Tag vor Weihnachten bringen werden. Sonst habe ich nur eine der Mägde mitgenommen. Dieses Jahr wirst auch du mich begleiten." Ein grimmiger und entschlossener Zug liegt um die vollen Lippen der Frau. Sie wird ihrer Tochter die dummen Gedanken austreiben. Das kommt nur davon, weil sie auch mit achtzehn Jahren nicht bereit ist, zu heiraten und eine Familie zu gründen. Nun ist ihre Geduld endgültig zuende. Nach den Festtagen muß und wird eine Entscheidung fallen, auch wenn Peter, ihr Mann, in seinem verblendeten Vaterstolz zum Warten bereit ist und ihr versichert: „Regina hat einen klugen Kopf, einen wachen Geist und ein gutes Herz. Sie wird ihren eigenen Weg finden und ihn dann auch geradlinig gehen. Du wirst es erleben, Frau. Wenn sie sich einmal zu etwas entschlossen hat, kann nichts und niemand sie daran hindern, das als richtig Erkannte zu tun. Schließlich ist sie ja meine Tochter!" Wie stolz ist Peter Protmann auf seine geradlinige Art und auf die Festigkeit, mit der er handelt und die nicht selten an Dickköpfigkeit grenzt! Sein Bruder, der Ratsherr Bartel, ist dagegen umgänglicher, diplomatischer und eher zu Kompromissen geneigt. Er wägt sein Verhalten im Rat danach ab, welche der Parteien die größte Aussicht auf Erfolg hat.

Als Frau Protmann abends ihrem Mann von der Sorge um die Grübeleien und Ideen ihrer Tochter erzählt, lacht der Gatte sie aus. „Ach, was soll das, Regin? Mir gefällt es, daß sie ein warmes Herz für unsere Leute hat und ihnen gut ist. Würdest du sie etwa gegen Ingeburg eintauschen wollen, Frau? Die tyrannisiert Vater und Mutter, das Gesinde und sogar ihren Bräutigam Gottlieb Scheibler Tag für Tag. Sie fordert und fordert und schimpft manchmal wie ein Fuhrknecht." Mit einem lauten Poltern fällt Peters Stiefel auf den Holzboden. Dann folgt der zweite. Er reibt seine kalten Füße. „Und woher weißt du solchen Klatsch, lieber Mann?" fragt seine Gattin mit etwas gekünstelter Freundlichkeit. „Von Gottlieb Scheibler selbst. Er hat es mir bei einem Krug warmen Bieres anvertraut. Er war im ‚Goldenen Ochsen'. Gut, daß unsere Regina einen solchen Schwächling nicht genommen hat! Er ist eine wehleidige Plaudertasche." Peter zieht sein gefüttertes Wams aus und gähnt ausgiebig und laut. „Er trauert übrigens noch immer unserer Regina nach! Freuen wir uns, daß wir eine so schöne, kluge und sanftmütige Tochter haben!" Daraufhin fehlen Frau Protmann zunächst die Worte. Sie schweigt und bläst die Kerzen aus. Als sie später noch einmal ihren Mut zusammennimmt, um mit dem Gatten über Regina zu sprechen, verraten ihr tiefe und gleichmäßige Atemzüge, daß er bereits eingeschlafen ist. Sie starrt mit offenen Augen in die Dunkelheit und liegt lange Zeit wach. Sie lauscht auf den Atem ihres Mannes, und sie vernimmt jede halbe Stunde das Schlagen der Turmuhr von St. Katharina. Sie hört auch den Nachtwächter sein Liedchen singen: „Hört, ihr Leut', und laßt euch sagen …" Was wird aus ihrer Ältesten werden? Wie wird sich ihr Leben gestalten? Im Geiste läßt sie alle Möglichkeiten an sich vorüberziehen, die das Mädchen ausgeschlagen hat, um eine standesgemäße Ehe zu schließen. Ja, Regina hätte höher hinaufsteigen können. Der Sproß einer deutsch-polnischen Adelsfamilie hat sich um sie bemüht und ihr einen Heiratsantrag gemacht. Der verarmten Adelsfamilie wäre der Wohlstand des Hauses Protmann sehr willkommen gewesen – und dem adeligen Jungherrn das schöne Mädchen. Lange nach Mitternacht schläft die Kaufmannsgattin endlich ein.

Am Heiligen Abend schreiten die angesehenen Familien der Stadt Braunsberg durch ein Spalier armer Gaffer zur festlich geschmückten und hell erleuchteten Kirche St. Katharina, deren Portal einladend offensteht. Aufwendige Hauben schützen die Häupter der Frauen und ihrer Töchter. Wollene, pelzgefütterte Mäntel, Umhänge und Gewänder halten die bittere Kälte ab. Von ihnen leidet niemand unter der Kälte wie die Armen der Stadt, die am Portal herumlungern, weil sie hoffen, daß die Reichen am Heiligen Abend besonders gebefreudig sein werden. Durch ihre grobleinenen Jacken und Röcke, ihre fadenscheinigen und löcherigen Umhänge und Tücher dringt der scharfe Nordostwind ohne weiteres durch und läßt ihre mageren, unterernährten Körper erschauern. Einige der schmutzigen

Jungen, die sich um ein paar Münzen balgen, die ihnen die reichen Bürgersfrauen zuwerfen, tragen nicht einmal Schuhe an den Füßen und haben dicke, blaurote Frostbeulen. Regina Protmann steigt die Stufen zum Kirchenportal hinan, als sie einen leisen Zug an ihrem Mantel verspürt. „Herrin, habt Erbarmen mit meiner Not! Es ist heilige Christnacht", winselt eine Frauenstimme heiser. Fackelschein fällt auf ein hageres, unsagbar müdes Antlitz mit dunklen Ringen unter den tiefliegenden Augen. Das zerlumpte Weib preßt unter seinem fleckigen Wolltuch einen Säugling an seine magere Brust. Das Gesicht der Frau, die Regina flehend anschaut, ist von Hunger und Elend gezeichnet. „Mach' Platz, dumme Dirne!" schimpft einer der vornehmen Kirchgänger und versetzt der Bettlerin einen Stoß, der sie taumeln läßt. Unwillkürlich streckt Regina ihre Hand aus, um sie zu halten. „Erbarmen, Herrin", flüstert die Bettlerin. ‚Und sie gebar ihr einziges Kind, wickelte es in Windeln und legte es in eine Futterkrippe, weil in der Herberge kein Platz für sie war…' Dieser Bibeltext kommt Regina in den Sinn. Sie hat ihn gerade heute gelesen, ehe sie sich auf den Kirchgang vorbereitet hatte. Auch das Kind dieser Frau ist ein Kind Gottes. Hastig schiebt sie ihren Mantel zur Seite. Sie greift tief in die Geldbörse aus weichem Wildleder, die sie am Gürtel ihres Kleides trägt. Der Vater hat ihr reichlich Geld für die Weihnachtskollekte gegeben. Nun nimmt sie all die großen und kleinen Münzen aus Kupfer, Silber und Gold und legt sie der fremden Bettlerin in den Schoß. Dann deckt sie das Geldhäuflein sorgfältig mit ihrem bestickten Taschentuch aus feinem Leinen zu. Kein neugieriger Blick soll es erspähen. „Sorge gut für dich und dein Kind!" sagt sie zu der überraschten Frau. „Gott wird Euch segnen, Herrin!" stammelt die Frau bewegt und küßt Reginas Rechte.

Freude erfüllt Reginas Herz, als sie über die Kirchenschwelle schreitet. Es ist, als ob der äußere Glanz auch ihr Inneres erhelle. Die Orgel braust machtvoll auf. Die Chöre singen ihr jubelndes Halleluja. „In dulci jubilo…" Christ ist geboren. Freuet euch, ja freuet euch! Regina erlebt diese Freude der Heiligen Nacht so tief und mitreißend, wie sie sie noch nie erfahren hat. „Gloria in excelsis Deo", singt der Chor, und Regina fällt ein. Später lächelt sie nur, als die Mutter ihr den Korb für die Kollekte zureicht. Sie hat nichts zu geben. Ihr Geldbeutel ist leer. Da besinnt sie sich kurz, streift einen der Ringe ab und legt ihn in den Korb. Der Ring ist mehr wert als die Gabe an die Bettlerin. Frau Protmann wirft ihr einen überraschten Seitenblick zu. Will sie protestieren? „Was soll das, Regina?" zischt sie. Die Tochter hört es gar nicht und reicht den Korb weiter. Aus der Hand des Priesters empfängt Regina den Leib des Herrn mit großer Andacht. Sie kann sich bei der Danksagung der Tränen nicht erwehren. Ihre innere Freude hat ein solches Ausmaß angenommen, daß sie vermeint, ihr Herz könne es nicht mehr in sich bergen.

Mit ruhigem Lächeln hört sie sich daheim die Vorwürfe der Mutter an. „Wie konntest du nur einen deiner Ringe in den Korb tun, Regina!" erbost sich Frau Protmann. „Hattest du nicht Geld genug in deinem Beutel?" Regina schaut sie an. Ihre Augen leuchten. „Ich hatte nicht genug für beides, Frau Mutter. Ich wollte dem Herrn etwas Kostbares geben." Die Antwort verwirrt die Mutter. „Nicht genug für beides? Was soll denn das nun wieder heißen?" Peter Protmann winkt ab. „Laß' es gut sein, Frau! Wir haben Christnacht, und ein Ring läßt sich schließlich ersetzen."

Einige Tage nach dem Weihnachtsfest gibt Ratsherr Bartel mit seiner Frau Jutta wie in jedem Jahr

für seine Verwandten und einige befreundete Famili-
en ein großes nachweihnachtliches Festessen. Das ist
inzwischen Tradition geworden. Die Tische biegen sich
förmlich unter der Fülle des Gebratenen, Gebackenen
und Gesottenen, den verschiedenen Gemüsen, dem
zarten Gebäck, dem weißen Brot, den Käsen und Wür-
sten, den Früchten und Süßspeisen. Dazu gibt es Getränke nach Wahl – roten und weißen Wein, dickflüs-
sigen Likör, scharfen Schnaps, Bier und Obstsäfte.
Bis in den Nachmittag hinein dauert das Schauspiel
der eifrig schmausenden und zechenden Gäste. Die
Stimmen werden lauter. Hie und da gibt es Streit und
Wortwechsel. Regina hat langsam und bedächtig gegessen und wenig getrunken. Noch lebt die Freude
der Heiligen Nacht in ihrem Herzen. Aber sie muß angesichts der üppigen Speisen auch an die Körbe denken, die sie mit ihrer Mutter und Tina in die Hütten
der Armen in den Tagen vor Weihnachten gebracht
hat. In den schadhaften, oft unsauberen Behausungen
der Stadtarmen hat Frau Protmann, wie es der unge-
schriebenen Tradition in der reichen Stadt Braunsberg
entsprach, einen Korb mit Brot, Speck, Wurst, Käse,
Hirse und Salz abgegeben und dazu einen blanken
Taler gelegt. „Gesegnete Weihnachten" hat sie dabei
wie eine Formel gesagt, schematisch und ohne besondere Herzlichkeit. Regina hat gemerkt, wie ängstlich
sie den Rock gerafft hat. Sie hat jede Berührung mit
den Armen sorgfältig vermieden. Die Damen der Stadt
haben die Hütten unter sich aufgeteilt. Die Mutter
hat sichtlich aufgeatmet, als sie ihren Anteil geleistet
hat. „Gott sei Dank! Das hätten wir wieder einmal für
ein Jahr hinter uns", hat Frau Regin erleichtert gesagt und nach ihrem Fläschchen mit Duftwasser ge-
griffen. Zugegeben – die abgestandene, säuerliche und
muffige Luft in den Hütten war widerlich. „Warum

61

tut Ihr das eigentlich, Frau Mutter, wenn Ihr Euch davor ekelt?" hat Regina sie gefragt, als sie beobachtet hat, wie rasch die Mutter sich daheim des schäbigen Mantels und des alten Kleides entledigt hat. Sie bewahrt es eigens für diesen Gang zu den Hütten gesondert von ihren guten Sachen auf. „Weil…", hat Frau Protmann angesetzt und achselzuckend gemeint, „weil es nun einmal üblich ist in Braunsberg. Jedes Jahr bekommen die Armen der Stadt zu Weihnachten einen Korb."

Daran denkt Regina beim Anblick all der köstlichen Speisen im Hause des Ratsherrn Bartel. Die Armen bekommen einmal im Jahr einen Korb mit Nahrungsmitteln, mit derben, einfachen Sachen. Und mit einem Male hat sie wieder das Antlitz der Bettlerin von St. Katharina vor sich, der Frau mit dem Säugling. Wie lange wird das Geld für beide reichen? Sie hat der Frau alles gegeben, was sie bei sich hatte. Aber hat sie wirklich alles gegeben? Unwillkürlich tastet sie nach der breiten Goldkette, die ihr der Vater im Herbst aus Danzig mitgebracht hat. Alles gegeben? Sie spreizt ihre schlanken Hände mit den glänzenden Ringen. Alles gegeben?

„Na, liebe Nichte, du bist heute so still und nachdenklich", ertönt mit einem Male neben ihr das breite, gutmütige Lachen ihres Paten, des Ratsherrn Bartel. „Tut es dir am Ende leid, daß du am Heiligen Abend vor der Kirchentüre die heilige Elisabeth gespielt hast?" Seine dröhnende Stimme läßt manchen der Anwesenden neugierig aufhorchen. Um was geht es da? Voller Stolz und Trotz wirft Regina ihren Kopf in den Nacken. Mit ihrem festen und entschlossenen Blick sieht sie dem Onkel geradewegs in die Augen. „Du guckst mich an wie dein Vater, wenn er sich gegen meinen Rat für ein Geschäft entschieden hat", stellt er fest. „Mich reut nur, daß ich der Armen nicht mehr gegeben habe, Herr Onkel!" Der Ratsherr, der ein wenig benommen ist von dem reichlichen Genuß an Wein und Bier, klatscht in die breiten Hände. „Hört euch das an, Freunde! Hört euch das an! Wer dich einmal heiratet, Mädchen, der muß darauf achten, daß du ihm nicht mehr in deiner Schürze davonträgst, wie er mit einem Wagen in seine Speicher einfahren kann! Woher hast du nur deine Vorliebe für die Armen? Haben dir das die frommen schwarzen Väter der Gesellschaft Jesu eingegeben? Denen müßte man rechtzeitig Einhalt gebieten, ehe sie noch mehr Verwirrung in den Köpfen unserer Frauensleute stiften."

Mit diesen lauten Worten stapft Bartel Protmann mit unsicheren Schritten davon. Ringsum kichern und tuscheln die Leute und starren auf das Mädchen. Ihr ist der Hunger auf das köstliche Gebäck und die Nachspeise gründlich vergangen. Sie erhebt sich und übersieht einfach den gebietenden Blick, den die Mutter ihr von ferne zuwirft. Ihre getreuen Freundinnen Barbara und Elisabeth verlassen mit ihr den Raum. „Komm, Regina, wir gehen nach draußen und atmen etwas frische Luft ein", schlägt Barbara vor. Sie geht nur zu gerne mit. Aber sie hört noch Ingeburgs helle Stimme spöttisch sagen: „Hoffentlich siehst du nun ein, Gottlieb, welches Glück du hast, daß ich deine Braut bin? Die törichte Jungfrau hätte dich arm gemacht." „Warum nehmen die Menschen es übel, wenn man einmal spontan Gutes tun möchte?" fragt Regina, als sie vor dem Haus sind. „Weil es ihnen wie ein Vorwurf vorkommt", antwortet Barbara. „Sie alle und wir auch müßten die Worte Christi ernster nehmen: ‚Wer zwei Röcke hat, der gebe einen dem, der keinen hat.' Tun wir das etwa?" Vorsichtig gehen sie ein Stück über das vereiste Kopfsteinpflaster der Straße. „Nein, das tun wir nicht", gibt Elisabeth ehrlich zu. „Und woher nehmen wir uns eigentlich das Recht, in unserem Wohlstand zu leben, wo es so viel bittere Armut in Braunsberg gibt?" sinniert Regina vor sich hin. Die Freundinnen haben sich eingehakt, um sich ein wenig gegen die Kälte zu schützen, gegen die eine fahle Wintersonne nichts ausrichten kann. Nachdenklich meint Barbara: „Unsere Vorfahren haben hart dafür gearbeitet und sich mühsam emporgearbeitet. So war es, meines Wissens nach, auch bei deiner Familie." Regina bleibt stehen und veranlaßt damit auch die beiden Freundinnen dazu. „Haben die Armen dieser Stadt, wenigstens viele von ihnen, nicht ebenso hart und ehrlich gearbeitet? Wenn ich nur an unsere alte Gunda denke. Sie ist krumm vor Gicht, hat immer nur Arbeit gekannt und ist arm wie eine Kirchenmaus." Zögernd wendet Elisabeth ein: „Gehört nicht auch eine gewisse Bildung dazu, um etwas zu erwerben, festzuhalten und den Besitz zu vergrößern? Die Armen besitzen sie nicht." „Und wer hat sie ihnen vorenthalten, wir Reichen. Wir haben gar keine Anstalten gemacht, sie ihnen zu vermitteln. So bleiben sie in jeder Beziehung arm und benachteiligt. Müßten wir ihnen nicht die Möglichkeit verschaffen, sich zu bilden, statt ihnen aus unserem Überfluß gelegentlich ein paar Brocken zuzuwerfen? Die geben wir auch unseren Hunden." Die Freundinnen kommen nicht dazu, auf die bitteren und scharfen Worte Reginas einzugehen, denn nahe bei ihnen wird das Hoftor, der Nebeneingang zum Haus des Ratsherrn Protmann aufgestoßen. Eine keifende Frauenstimme ruft: „So eine Frechheit, sich beim Festessen des gnädigen Herrn hier einzuschleichen, lästiges Bettelpack! Nichts bekommst du, gar nichts! Lieber schütte ich die gute Suppe in die Gosse und gebe das Brot den Säuen!" Mit einem derben Stoß befördert eine wütende Frau eine schmale Gestalt, wahrscheinlich ein Kind, auf die Straße. Die Gestoßene taumelt, rutscht aus und fällt mit einem Wehlaut auf das vereiste Pflaster. Mit Wucht wird die Hoftüre geschlossen und der Riegel vorgeschoben. „Gloria in excelsis Deo", entfährt es der entsetzten Regina. „Solche Roheit in der Zeit, da man vom Frieden auf Erden redet!" Rasch löst sie sich von ihren Freundinnen und beugt sich zu der Gestrauchelten nieder. „Hast du dich verletzt, mein Kind?" fragt sie behutsam. Die Bettlerin zuckt erschrocken zusammen, will aufspringen und fällt mit einem Wehlaut wieder auf das Pflaster. „Mein Fuß ... aua ... mein Fuß!" jammert eine kindliche Stimme. „Sie kann hier nicht liegenbleiben bei der Kälte. Helft mir, sie aufzuheben! Wir bringen sie ins Haus", ordnet Regina entschlossen an. „Nein, nein, bitte nicht ins Haus!" bettelt das klägliche Kinderstimmchen. Wenn die Köchin mich noch einmal sieht, schlägt sie mich tot." Bei der Übertreibung muß Regina lächeln. „Na, gar so schlimm wird es bestimmt nicht werden. Weißt du was, wir bringen dich in unser Haus." „Sollen wir nicht einen der Knechte rufen", zögert Barbara unbehaglich. „Das dauert viel zu lange. Faßt mit an und fürchtet euch nicht vor ein bißchen Schmutz!" „Dein Kleid", will Elisabeth warnen. Ihre Warnung kommt zu spät. Auf dem rechten Ärmel hat das Festgewand aus Samt und Seide bereits einen großen Flecken, ein Gemisch aus Schnee, Eis, Schmutz und Blut. Die junge Bettlerin stöhnt, als die drei Freundinnen sie behutsam durch Braunsberg tragen. In diesen Nachmittagsstunden sind wenige Leute unterwegs. Sie bleiben stehen und betrachten verwundert die drei jungen Damen mit ihrer menschlichen Last. Niemand bietet seine Hilfe an. „Endlich!" seufzt Elisabeth erleichtert, als das

stattliche Giebelhaus des Handelsherrn Peter Protmann vor ihnen aufragt. Barbara öffnet das seitliche
Hoftor. Der Hund stürzt aus seiner Hütte, bellt
wütend und zerrt an seiner Kette. „Gib Ruhe, Ajax",
befiehlt Regina. Schlagartig verstummt das Gebell. Er
wedelt freudig mit dem Schwanz. Diese Stimme kennt
er. Sie gehört zu der guten Hand, die ihn so manches
Mal streichelt und ihm einen Bissen Brot oder einen
Wurstzipfel zusteckt. Jakob, der alte Stallknecht, hat
sich mühsam von seiner Strohschütte im Pferdestall
erhoben und kommt angeschlurft. Wen bringen denn
die drei jungen Damen da? „Kann ich helfen, Fräulein
Regina?" fragt er. „Öffne uns die Küchentür, Jakob",
bittet Regina.

In der rußigen Küche brennt ein helles Feuer unter
einem Topf mit heißem Wasser, Gunda kauert vor
dem Feuer und nährt es mit Holz und Reisig, wie es
Anna ihr aufgetragen hat. „Sorge, daß das Feuer nicht
ausgeht und immer warmes Wasser da ist! Vielleicht
wollen die Herrschaften sich waschen, wenn sie vom
Ratsherrn kommen." Getreulich befolgt die Alte den
Befehl, derweil die Köchin sich wieder einmal ausruht. Gunda blickt erstaunt auf, als die drei Damen
mit ihrer nicht gerade sauberen Last eintreten. Sorgsam legen sie ihr Bündel, eine jugendliche Bettlerin
in Lumpen, auf die Küchenbank. Dann strecken sie
erst einmal ihre Rücken und atmen tief durch. Neugierig naht die Alte, und auch Jakob ist hereingekom-
men. Alle schauen auf das nicht gerade ansehnliche
Wesen nieder, das mit geschlossenen Augen auf der
Küchenbank liegt. Die Person ist schmutzig, blutig,
hat verfilztes Haar und zerfetzte Lumpen. Niemand
sagt ein Wort, bis Regina, nachdem sie wieder zu Atem
gekommen ist, mit ruhiger Stimme befiehlt: „Bitte,
gib mir eine Schüssel mit warmem Wasser und einen

sauberen Lappen, Gunda! Ich will ihr Gesicht und Hände waschen." Eilig gehorcht die Alte. „Laßt mich das machen, Herrin!" Regina schüttelt den Kopf. „Aber Euer Kleid!" wagt Gunda einzuwenden. Das Kleid hat ohnehin Blut- und Schmutzflecken und einen nassen schmutzigen Rocksaum. „Wollt ihr nicht zum Fest zurück?" sagt Regina zu den Freundinnen. „Ich leihe euch Umhänge, und Jakob kann euch hinbringen." Die beiden lehnen das Angebot ab. Sie bleiben, und sie bewundern, mit welcher Zartheit Regina Gesicht und Hände der Bettlerin reinigt. Ein junges Gesicht kommt zum Vorschein. Es ist beinahe kindlich und von einer rührenden Unschuld. Regina streicht Heilsalbe auf die Schürfwunden an den Händen und auf der Stirn. Gunda brummelt mißmutig: „Herrin, man müßte das ganze Lumpenzeug von der verbrennen und ihre Zotteln waschen, damit wir uns kein Ungeziefer ins Haus holen. Ihr wißt, wie genau Eure gnädige Frau Mutter darin ist." „Heute nicht mehr. Die Kleine ist ganz erschöpft. Ich mache ihr nur noch einen Umschlag um den verstauchten Fuß. Dann gebe ich ihr ein wenig Mohnsirup, damit sie schläft. Haben wir irgendwo eine leere Kammer?" „Oben unter dem Dach ist ein Verschlag mit einem Strohsack und einer Decke." Kurze Zeit später steigen sie miteinander die knarrenden Stufen hinauf: Gunda mit einer Stallaterne, Jakob mit dem Bettelmädchen auf den Armen, Regina mit zwei Laken und ihre beiden Freundinnen mit derben Filzdecken, um ihrem Findling ein möglichst warmes Lager zu bereiten. Regina ist gar nicht aufgeregt. Sie hat das getan, was sie nach ihrem Gewissen tun mußte.

5
Das Scherflein der Witwe

Gegen Abend kehren Peter Protmann und seine Gattin in ihr Haus zurück. Bei Bartel und Jutta hat es einigen Ärger gegeben, weil Regina und ihre Freundinnen eigenwillig das Fest verlassen haben, ohne ihre Mäntel mitzunehmen und ohne jemanden vorher etwas davon zu sagen. So lautet denn auch die erste Frage von Frau Protmann, als sie die Küche betritt: „Ist Fräulein Regina im Hause?" Gunda spielt verlegen mit ihrer sackleinenen Schürze. „Das … das Fräulein war sehr müde und hat sich bereits zur Nachtruhe begeben" murmelt sie und sieht dabei der Herrin nicht in die Augen. „Müde? Da stimmt doch etwas nicht! Los, Gunda, erzähle mir genau, was gewesen ist!" Die Magd möchte gerne ihre junge Herrin schützen, aber sie muß gehorchen. So berichtet sie wahrheitsgetreu von dem Werk der Barmherzigkeit, das Fräulein Regina an der Bettlerin geübt hat. „Hast du dafür Worte, Peter? Sie hat sie mit ins Haus gebracht. Ich werde dieses Bettelweib sofort aus dem Haus jagen!" erzürnt sich Frau Protmann. Er hebt beschwichtigend die rechte Hand. „Gemach, gemach, liebe Frau. Das wirst du nicht tun. Die Bettlerin war verletzt, und draußen ist eine kalte Frostnacht." Sie wirft ihm einen unfreundlichen Blick zu. „Du bist wie immer auf Reginas Seite! Aber du kannst mich nicht daran hindern, daß ich sofort mit ihr spreche." Mit diesen Worten läuft sie zornig treppauf, Reginas

Mantel über ihrem Arm. Das Zimmer der Tochter ist dunkel. Sie scheint wirklich zu schlafen. Frau Protmann tastet sich bis zum Schränkchen, auf dem die Kerze steht. Ach, zu dumm, wie soll sie diese jetzt anzünden? Da kommt Peter und reicht ihr stumm eine Laterne. Der Lichtschein fällt auf die Schlafende. Sie lächelt vor sich hin und hat scheinbar einen angenehmen Traum. Das erbost die Mutter noch mehr. Sie wirft den Mantel ungestüm auf das Bett und sagt mit vor Erregung schriller Stimme: „Was hat mir Gunda eben für eine verworrene Geschichte erzählt, Regina?" Das Mädchen kämpft sich aus dem ersten Schlaf und öffnet mühsam die Lider. Blinzelnd schaut es in das Licht der Laterne. Regina hat die Worte der Mutter zwar gehört, aber ihren Sinn nicht begriffen. „Was meint Ihr, Frau Mutter?" murmelt sie schlaftrunken und stützt sich auf einen Ellbogen. „Willst das Ganze etwa abstreiten? Du und deine Freundinnen, ihr habt in höchst ungebührlicher Weise das Fest bei Onkel Bartel und Tante Jutta verlassen, ohne jemanden zu benachrichtigen. Dann habt ihr irgendwo ein fremdes Weibsstück aufgelesen und es in unser Haus gebracht, eine schmutzige, verlauste Bettlerin!" Die letzten Worte hat sie in ihrer Empörung förmlich gezischt. „Wenn du so weitermachst, Regina, wirst du zum Gespött von ganz Braunsberg." Das scheint die Tochter wenig zu beeindrucken. Sie quält eine andere Sorge, die sie rasch aufspringen läßt. „Habt Ihr... habt Ihr sie etwa aus dem Haus gewiesen, Frau Mutter?" fragt sie ängstlich. Frau Protmann atmet heftig und preßt die Lippen zusammen. Die Laterne in ihrer Hand zittert. „Das hatte ich am liebsten getan. Die Kälte der Nacht hat mich daran gehindert. Morgen werden die Lumpen verbrannt. Anna wird die Bettlerin gründlich säubern. Was dann weiter wird, werden wir sehen." Mit erleichtertem Aufatmen will Regina der Mutter ein Dankeswort sagen, da fällt das Licht der Laterne auf das ruinierte Festkleid mit den nur unvollkommen ausgewaschenen Blutflecken, den Wasserrändern und dem schmutzigen Rocksaum. „Dein Kleid, bei Gott, dein Festkleid, wie sieht das denn aus? Es ist gänzlich verdorben. Wie konntest du nur so achtlos mit dem teuren Geschenk deines Vaters umgehen, Tochter? Er war stolz darauf, wie gut du darin ausgesehen hast." Wütend reibt, zerrt und zieht sie an dem beschmutzten, verknitterten Gewand. „Scheinbar tut es dir nicht einmal richtig leid!" „Doch, Frau Mutter, ich bedauere sehr, daß ich dadurch dem Herrn Vater ungewollt die Freude verdorben habe. Aber ich konnte nicht anders handeln. Auf der Straße lag in Eis und Schnee in der heiligen Weihnachtszeit hilflos ein armer Mensch wie ein überflüssiges Bündel." Haben Reginas ernste und eindringliche Worte auf die Patrizierin Eindruck gemacht? Sie stellt die Laterne hin und verläßt wortlos die Stube.

Am anderen Morgen wäscht sich Regina hastig, faßt ihr schweres Haar zu einem Zopf zusammen, streift achtlos ein Gewand über und eilt treppab in die Küche. Dort rührt die Köchin Anna mit bärbeißiger Miene in einem Topf. Die beiden Küchenmägde hacken Kräuter, und Gunda schabt Mohrrüben ab. In der dunkelsten Ecke kauert eine Gestalt. Verstohlen weist Gunda mit dem Daumen auf sie hin. „Komm mit mir!" fordert Regina die Kauernde auf, jetzt ganz Herrin und stolze Patriziertochter. Gehorsam humpelt die Bettlerin hinter ihr treppauf in das vornehme Schlafgemach. Beim Treppensteigen hat das Mädchen große Mühe, mit dem viel zu langen Rock fertigzuwerden. Das Kleid schlottert um ihren mageren Körper. Wortlos deutet Regina auf einen der Holzschemel. Dort kauert sich die Arme wieder zusammen, als ob sie sich fürchte. Das blasse, sauber gewaschene Gesicht zeigt keine gewöhnlichen, unangenehmen Züge. Es ist ein sanftes und kindliches Gesicht, das Regina irgendwie bekannt vorkommt. „Wer bist du, Mädchen?" fragt sie barscher, als sie es eigentlich gewollt hat. Das magere Mädchen duckt sich, als ob es Schläge erwarte. „Ich bin Sophia, die Tochter des Fährmanns Tobias von der Passarge. Meine Eltern starben beide an der Pest. Ich bin ins Armenhaus gekommen, weil mich niemand aufnehmen wollte", flüstert es tonlos. „Die Tochter des Fährmanns Tobias?" wiederholt Regina und verspürt ein leises Schuldgefühl. Welch guter Freund ihrer Kindertage war der Fährmann Tobias! Wie hatte sie gejauchzt, wenn er sie einmal für Gotteslohn übergesetzt hat! Mit Wohlbehagen hat sie, das verwöhnte Töchterlein aus reichem Haus, in der bescheidenen Hütte des Tobias Milch mit Walderdbeeren verspeist und ihre kleinen Zähne tief in ein Schmalzbrot gegraben, eine Köstlichkeit, die es daheim niemals gegeben hatte! Ja, sie erinnert sich auch an ein kleines Kind, das da in der Hütte herumgekrabbelt ist. Hat es ihr nicht sogar einmal ein Sträußchen gebracht? Gewaltsam verdrängt Regina die Erinnerung. Sie fragt: „Wieso mußt du betteln, wenn du im Armenhaus bist? Die Stadtväter tragen doch Sorge dafür, daß das Armenhaus stets mit allem Notwendigen versorgt wird, auch mit ordentlicher Kleidung." Jäh springt das Mädchen auf. Seine hellen Augen blitzen. „So sollte es sein, Herrin. Es mag auch irgendwo geschrieben stehen. Was uns der Verwalter austeilt, reicht nicht zum Leben und nicht zum Sterben. Er selbst schickt uns in Lumpen zum Betteln aus, damit wir satt werden können." „Setz' dich wieder, Sophia! Dein Fuß tut dir weh. So etwas geschieht also in Braunsberg zur

Weihnachtszeit, während sich in den Bürgerhäusern die erlesensten Speisen und Getränke auf den Tischen häufen? Dann kam auch sicher die Bettlerin mit ihrem Kind am Heiligen Abend aus dem Armenhaus." Nun ist ihr Antlitz so zornig, daß sich das Mädchen wieder zusammenkauert. Regina hat ihre Hände zu Fäusten geballt. Ihre Fingerknöchel treten weiß hervor. Nach einer Weile spricht sie wieder. „Bist du heute morgen satt geworden?" Die junge Bettlerin nickt. „O ja, die alte Gunda hat mir warme Milch, ein Stück Speck und zwei Scheiben Brot gegeben. Das war ein gutes Frühmahl. Im Armenhaus gibt es meist erst zu Mittag etwas zu essen." Mit einem schnellen Griff nimmt Regina zwei rotbäckige Äpfel aus einer Glasschale. „Die ißt du jetzt, während du hier auf mich wartest, Sophia!"

„Über dich hört man ja schöne Sachen, meine Tochter", sagt Peter Protmann mit gerunzelter Stirn. „Deine Mutter ist entrüstet über dein Benehmen." Regina zeigt sich nicht im mindesten zerknirscht. „Und ich bin empört über den ehrenwerten Rat unserer reichen Stadt Braunsberg!" gibt sie erregt zurück. Mit einem Ruck richtet sich Peter Protmann gerade auf und zieht seine dichten Brauen zusammen. „Oho, mein edles Fräulein Tochter, du führst ja eine arg kecke Sprache! Wie kannst du das verantworten? Du weißt, daß ich stets für Offenheit bin und auch Kritik vertragen kann, aber sie muß begründet sein." Er weist auf einen Stuhl. Sie bleibt stehen, das feste Kinn vorgestreckt. Ohne Scheu sieht sie dem Vater in die Augen. ‚Diese Kühnheit hat sie von mir!' denkt er bewundernd und zugleich belustigt. Er läßt sich äußerlich nichts anmerken, sondern er fragt mit ironischer Strenge. „Und was hat das gnädige Fräulein Regina Protmann dem ehrenwerten Rat der Handels- und Hansestadt Braunsberg im Fürstbistum Ermland vorzuwerfen?" Jetzt lächelt er sogar. „Mir ist es nicht zum Scherzen zumute, Herr Vater! Wußtet Ihr, daß der Verwalter des Armenhauses die Leute zum Betteln ausschickt, weil es im Haus angeblich nicht einmal das Lebensnotwendige für die Bewohner gibt? Ich weiß, daß der Rat der Stadt sich feierlich verpflichtet hat, für den Unterhalt des Armenhauses in gebührender Weise Sorge zu tragen, damit niemand Not zu leiden braucht. Onkel Bartel hat mir das lateinische Dokument einmal gezeigt und übersetzt. An Eurem Geburtstag hat er laut darüber geklagt, wie kostspielig für Braunsberg der Unterhalt des Armenhauses wäre." Inzwischen ist die Miene des Vaters finster geworden. „Woher willst du wissen, daß der Rat der Stadt seinen Verpflichtungen nicht in vollem Umfang nachkommt?" Er schlägt mit der Hand auf den Tisch. Regina bleibt ruhig. „Elisabeth, Barbara und ich waren gestern nachmittag Augenzeugen, wie die Köchin des Ratsherrn Bartel ein bettelndes Mädchen roh aus dem Hoftor stieß." Er lehnt sich im klobigen Sessel zurück und kneift seine Augen zu einem Spalt zusammen. „Ach, dann ist das die verlauste Bettlerin, die du zum großen Entsetzen deiner Mutter in unser Haus geschleppt hast? Sie kommt aus dem Armenhaus? Und einer solchen Dirne glaubst du ohne weiteres, was sie gegen den Verwalter des Armenhauses und somit indirekt gegen den Rat vorbringt? Ich hätte dich für klüger gehalten, meine Tochter." „Bitte, sprecht selbst mit ihr, Herr Vater. Ihr werdet in Braunsberg der gerechte Protmann genannt. Überprüft mit dem Rat die Verwaltung des Armenhauses!" Die sachliche und kühne Forderung der Tochter muß er respektieren. Er bewundert ihren Mut. „Hm, einmal angenommen, daß es stimmt, was dieses ... Frauenzimmer behauptet, was soll dann aus ihr werden? Meinst du, man würde sie wieder mit offenen Armen aufnehmen, wenn bekannt wird, daß sie die Ursache für eine Untersuchung des Armenhauses gewesen ist?" Vater und Tochter sehen sich lange an. Beide zucken nicht mit den Wimpern. Es ist wie ein stummes Duell, ein Kampf zwischen zwei starken Charakteren. Endlich gibt Peter Protmann nach. Er brummt widerwillig, denn wer gibt sich gerne geschlagen: „Behalt' sie hier und lehr'sie meinetwegen all das, was ein anständiger Christenmensch wissen muß. Dann kann sie sich später ihr Brot redlich verdienen, ohne zu betteln." „Danke, Herr Vater, danke! Damit habt Ihr mir nachträglich das schönste Weihnachtsgeschenk gemacht! Das Mädchen, es heißt Sophia, ist übrigens das Kind unseres Fährmanns. Er ist mit seiner Frau 1564 an der Pest gestorben."

Sophia wird von Frau Protmann nur auf strenges Geheiß des Gatten im Hause geduldet. Anna, die Köchin, verfolgt sie mit Mißtrauen und Ablehnung, und einige der jüngeren Mägde spotten über das Armenhauskind. Regina nimmt sich ihrer liebevoll an, sonst hätte sie längst das Weite gesucht und die Not draußen der manchmal so bitteren Sicherheit vorgezogen. Sie besitzt nun passende Kleider, Wäsche und Schürzen. Sie lernt Nähen, Stopfen und Flicken. Gunda läßt sie an den Kochtopf, wenn Anna wieder einmal außerhalb ist. Dafür hat Sophia eine natürliche Begabung. Unter ihrer Obhut gedeihen die Pflanzen in Reginas Erker wie nie zuvor. Dort verbringt sie manche Stunde, wenn Regina sie Schreiben, Lesen und Rechnen lehrt. Ihr unverbrauchter, frischer Geist faßt rasch auf. Zudem hat sie ein gutes Gedächtnis. Geradezu begierig vernimmt sie all das, was mit dem christlichen Glauben zusammenhängt. Es wird ihr nie zu lang, wenn die junge Herrin von Jesus Christus und von Maria spricht. Regina Protmann ist glücklich über ihre kluge, wißbegierige Schülerin und vor allem über deren zunehmenden Glauben. Nach einiger Zeit vertraut sie Sophia auch der besonderen Obhut ihres Beichtvaters an. Pater Paulus wird sie auf den Empfang des Bußsakramentes und der heiligen Kommunion vorbereiten.

Seit Regina eine Schülerin hat, die sie im Glauben unterweist, beschäftigt sie sich mehr als früher mit der Heiligen Schrift. Wenn sie ihre häuslichen Pflichten erledigt hat, vertieft sie sich am Abend gerne in die heiligen Bücher. Manchmal öffnet sie das Neue Testament einfach irgendwo, liest einen Abschnitt mehrere Male hintereinander und betet und betrachtet darüber.

Heute ist der Abend still und friedlich. Der Himmel ist hoch und klar, die Luft lind. Mauersegler kreisen um den Turm von St. Katharina. Eine Weile betrachtet Regina müßig das Bild ihrer Heimatstadt. Der abendliche Friede nach einem arbeitsreichen Tag könnte sie zum Nichtstun verleiten. Soll sie mit Barbara und Elisabeth an die Passarge gehen und auch Sophia mitnehmen? Das Mädchen sitzt mit der alten Gunda auf der Bank im Hausgarten. Sophias munteres Geplauder hilft der alten Magd, ihre vielen Schmerzen etwas zu vergessen. Später wird ihr Sophia die gichtigen Glieder mit einer kühlenden Salbe einreiben. Das Bereiten und Mischen von Tees und Salben hat Sophia von ihrer jungen Herrin gelernt, und sie besitzt eine echte Feinfühligkeit gegenüber Menschen, die alt oder krank sind. Hat sie diese besondere Gabe Gottes schon vorher besessen und konnte sie erst jetzt ans Licht kommen? „Die Arme bereitet der Armen das Brot." Dieses Wort will Regina nicht mehr aus dem Sinn gehen, obwohl sie nicht weiß, woher sie es hat.

Sie muß gähnen und lehnt sich müde zurück. Dann reibt sie sich über die Augen und greift nach der Heiligen Schrift, einem kostbaren in Leder gebundenen Band. Der Vater hat das Buch von einer seiner vielen Reisen aus Thüringen mitgebracht. Es ist in deutscher Sprache geschrieben. Herr Protmann wußte nicht, daß es sich um die Übersetzung des ehemaligen Mönchs Martin Luther handelt. Der geschäftstüchtige Drucker hat jeden Hinweis darauf unterlassen. Er möchte nämlich an Katholiken und Lutheraner verkaufen. Einen Augenblick lang ruht das braune Buch mit dem Goldkreuz auf dem Einband auf Reginas Schoß. Dann bekreuzigt sie sich andächtig und öffnet die metallene Schließe. Sie schlägt das Neue Testament auf und verspürt eine Art Neugier. Was will ihr der Herr durch Sein Wort wohl an diesem Abend sagen? Sie beugt sich nieder und liest:

„Als Jesus einmal dem Opferkasten gegenübersaß, sah er zu, wie die Leute Geld in den Kasten warfen. Viele Reiche kamen und gaben viel. Da kam auch eine arme Witwe und warf zwei kleine Münzen hinein. Er rief seine Jünger zu sich und sagte: ‚Amen, ich sage euch, diese arme Witwe hat mehr in den Opferkasten hineingeworfen als alle anderen. Denn sie haben alle nur etwas von ihrem Überfluß hergegeben; diese Frau aber, die kaum das Nötigste zum Leben hat, sie hat alles gegeben, was sie besaß, ihren ganzen Lebensunterhalt.‘"

Mit dem geöffneten Buch auf dem Schoß und gefalteten Händen sitzt Regina still da. Die Worte Jesu sind wie ein grelles Licht in ihre Seele gefallen und leuchten dort mit schmerzhafter Helligkeit. „Sie alle haben nur etwas von ihrem Überfluß gegeben… Viele Reiche kamen und gaben viel … aber von ihrem Überfluß." War es bei ihnen und bei ihr je ein anderes Geben? Sie hat viel und gerne gegeben, aber sie brauchte deswegen nie, kein einziges Mal zu darben oder etwas zu entbehren. Vater und Mutter haben nicht selten gemurrt, weil ihre Tochter allzu großzügig im Verschenken gewesen ist. Aber sie hat das Verschenkte stets reich, überreich neu bekommen, ob es sich um Geld, um Schmuck, um ein Gewand oder einen Mantel handelte. Ja, sie hat mit vollen Händen geben können, weil sie nie etwas zu entbehren brauchte. Nur im Scherz hat Peter Protmann ab und zu gesagt: „Kind, du schenkst uns noch arm." Er hatte nichts dagegen, wenn die Armen von Braunsberg Regina als ihre Wohltäterin priesen. Aber was war denn ihr großzügiges Schenken? War es nicht nur ein geringfügiges Weitergeben vom Reichtum des Handelshauses Protmann? Auch die auf ihren Vorwurf hin erfolgte Sanierung des Armenhauses legte der Familie nur eine geringe Abgabe auf.

„Könnte ich wie diese arme Witwe alles geben, was ich habe, meinen ganzen Lebensunterhalt? Das ist wirklich unmöglich und undenkbar. Ich bin völlig eingebettet in den bürgerlichen Wohlstand meiner Familie, meiner Sippe. Alles geben? Nein, das könnte ich nicht tun!" Gott wird nichts Unmögliches von ihr verlangen, das weiß sie. Im Nachsinnen fällt ihr eine andere Stelle aus dem Evangelium ein. Sie schlägt sie nicht auf, weil es bereits ziemlich dämmerig im Erkerstübchen ist. Wie war das noch? Jesus beruft einen reichen Jüngling und sagt ihm, er könne ihm nachfolgen, wenn er sein Gut verkaufe und den Erlös unter die Armen verteile. „Dann komm und folge mir nach!" Der Jüngling ging traurig fort, denn er besaß großen Reichtum.

Da ist es schon wieder. Alles aufgeben? Ist das nicht ein Hirngespinst, ein Traum, eine Täuschung, wie ein Traumbild, das im Hellen des Morgens zerrinnt, als wäre es nie gewesen? Wohin verirren ihre Gedanken sich nur? Sie erhebt sich so plötzlich, daß die Bibel mit einem dumpfen Aufprall zu Boden fällt. Alles aufgeben? Mit fahrigen Händen zündet sie eine Kerze an und stellt sich damit vor den Spiegel. Sie durchforscht ihr Antlitz Zug um Zug, so als gehöre es einer fremden Person. Es ist ein junges und glattes Gesicht, dem weder die Jahre noch Leid oder Leidenschaft einen Stempel aufgedrückt haben. Lebe ich wirklich? Wofür? Für Wen? Auf welches Ziel hin? Lebe ich, um zu sterben? Lebe ich, um zu lieben? Was sagt mir das Scherflein der Witwe? Alles geben, was sie zum Lebensunterhalt braucht? Das hieße für sie hier, all das aufgeben, worin sie lebt und woraus sie lebt. Das hieße auch Regina Protmann aufgeben, die reiche, angesehene Patriziertochter... Kann sie das? Will sie das? Woher kommen ihr nur solche Gedanken und lassen ihr keine Ruhe? Tut sie denn nicht genug für die Armen? Niemand fordert mehr von ihr, nicht einmal ihr Beichtvater. Was ist das, was sie innerlich nicht mehr zur Ruhe kommen läßt, dieses Drängen, diese lästige Unruhe in ihrem Herzen, dieses fieberhafte Suchen nach Erfüllung und Lebenssinn, nach einem Mehr?

Sie ist nicht die arme Witwe und kann sie nimmermehr werden, aber sie will auch nicht der reiche Jüngling sein, der den Ruf des Herrn überhörte, der davonging, weil er viele Güter hatte. Sie nimmt ihr Schmuckkästchen aus Edelholz vom Tischchen. Auf weichen Samtpolstern ruhen dort goldene und silberne Ketten, Broschen, Armbänder und Ringe. Sie betrachtet ihr Glänzen und Glitzern mit einem fremden, abwägenden Blick. Könnte ich darauf verzichten? Ja, das könnte ich, und es würde mir nicht einmal wehtun. Aber all das ist nicht das Scherflein der armen

Witwe. Sie schließt das Schmuckkästchen, stellt es auf das Tischchen und kniet langsam nieder. Sie birgt ihr Gesicht in beiden Händen. „Herr Jesus Christus! Mein Heiland und Erlöser, bist Du es, der mir dieses Feuer der Sehnsucht und Unruhe in mein Herz gelegt hat? Es brennt und schmerzt. Aber ich kann Deinen Willen noch nicht klar erkennen. Was willst Du, was ich tun soll? Hilf mir, mein guter Herr! Öffne Du die Augen meines Geistes und meines Herzens, damit ich Deinen heiligen Willen erkenne und damit ich auch die Kraft finde, ihn zu erfüllen, wenn Du mich rufst. Herr, sende mir Deinen Heiligen Geist!"

6
Wie Gott will

Langsam wundern sich die eifrigen Kirchgänge-rinnen in Braunsberg darüber, wie oft sie Regina Protmann in St. Katharina antreffen. Gewiß, die junge Patriziertochter hat stets ihre religiösen Pflichten erfüllt, aber besonders fromm schien sie nicht zu sein. „Was ist nur mit ihr los?" rätselt man. „Ob sie um einen guten Ehemann betet, nachdem ihre Freundin Inge-burg Gottlieb Scheibler geheiratet hat?" Regina kniet oft lange vor dem eindrucksvollen Kreuz und verharrt dort beinahe unbeweglich. Sie scheint nichts von dem wahrzunehmen, was um sie herum vor sich geht. Sie hört auch nicht das Wispern der Braunsberger Damen. Ihr ruhiges Antlitz verrät nichts von der Unruhe, die sie in ihrem Innern verspürt. Dort taucht immer wie-der neu und beinahe quälend die Frage auf, ob der Herr ein Mehr von ihr verlangt, ob er alles von ihr will. Sie wagt es nicht, die Frage bis ins letzte durchzudenken, irgendwelche Konsequenz daraus zu ziehen. Als Toch-ter ihres energischen Vaters weiß sie, daß sie keinesfalls eine halbe Sache tun wird, einen faulen Kompromiß machen. „Ganz oder gar nicht", das könnte der Wappen-spruch des Hauses Protmann sein. Peter Protmann hat in seinen Handelsbeziehungen oft ein großes Risiko auf sich genommen und alles auf's Spiel gesetzt, wenn er etwas erreichen wollte. Er hat alles gewagt, und er hat gewonnen. Wäre sein kühnes Vorhaben gescheitert, hätte dies den Ruin seines Handelshauses bedeutet.

Nun kniet seine Tochter Regina Tag für Tag vor dem Herrn und ringt im Gebet um innere Klarheit. Könnte es wirklich Gottes Wille sein, daß sie ihr bisheriges Leben aufgibt – Eltern und Geschwister, ihr schönes Zuhause mit allem, woran ihr Herz hängt? Könnte er von ihr verlangen, daß sie sich von allem löst, was ihr teuer und wert ist, daß sie sich von all dem lossagt, was neunzehn Jahre lang zu ihr gehört und ihr Leben ausgefüllt hat? Könnte Gott wollen, daß sie einen solchen Schritt tut und einen radikalen Schnitt macht, um sich von allem zu trennen? Bereits im voraus verspürt sie bei diesen Erwägungen den tiefen Schmerz, den eine solche Trennung ihr verursachen würde. Sie ahnt bereits alle Demütigungen, denen sie in der stolzen Hansestadt ausgesetzt wäre, wenn sie wie die Armen leben würde.

„Kann ich das durchstehen und ertragen, Herr Jesus Christus? Würde ich nicht in meinem Entschluß wieder wankend werden und aus der kahlen Wüste Deiner, meiner Armut reumütig zu den Fleischtöpfen Ägyptens heimkehren?" betet sie. „Herr Jesus Christus, sende mir Deinen Heiligen Geist, damit er mir Klarheit und Kraft schenke! Herr, Herr, sei mir gnädig und erbarme Dich meiner Schwachheit!"

Sie besucht ein Beginenhaus und führt lange Gespräche mit den schlichten und frommen Witwen, die dort in Verborgenheit und Gebet für den Herrn leben und sich durch ihrer Hände Arbeit ernähren. Sie führen ein bescheidenes und beschauliches Leben.

Peter Protmann merkt, wie unruhig seine geliebte Tochter ist, obwohl sie es zu verbergen sucht. Um sie abzulenken, lädt er sie ein, ihn auf einer größeren Reise zu begleiten. Regina sagt begeistert zu, obwohl die Mutter etliche Bedenken äußert, weil eine solche Reise mancherlei Gefahren mit sich bringen kann.

Sie fahren nach Thorn. Während Peter Protmann mit polnischen Handelspartnern spricht, besucht seine Tochter das Kloster der Clarissen. Sie betet in der schmucklosen Kapelle und wundert sich nicht wenig, daß die Torschwester, die Pförtnerin, sie höflich bittet, ins Sprechzimmer zu kommen. „Die Mutter Priorin möchte Euch kennenlernen." Dort erwarten sie hinter einem dichten Gitter bereits zwei verschleierte Nonnen, deren Gesichter sie nur umrißhaft erkennen kann. Sie verbeugt sich und grüßt ehrfurchtsvoll. „Dürfen wir mit Euch ein geistliches Gespräch führen, mein Fräulein?" fragt eine milde Stimme. „Wir haben Euch vorhin in der Kapelle gesehen und uns daran erfreut, wie andächtig Ihr gebetet habt." Regina wundert sich im stillen. Sie hat in der Kapelle niemanden bemerkt. Sie spürt, daß die beiden Nonnen sie durch ihre verhüllenden Gesichtsschleier unablässig betrachten. Sehen sie etwa in ihr bereits eine Kandidatin für ihre streng beschauliche Ordensgemeinschaft? Ob sie auch ihre Kleidung und ihren Schmuck abschätzend betrachten? Eine der Nonnen stellt gezielte Fragen nach dem Woher und Wohin der jungen Dame, nach ihrem Herkommen und Stand und nach ihrer Einstellung zum Gebet und zur heiligen Mutter Kirche. Was sie vernehmen, stimmt sie äußerst hoffnungsvoll. Dieses vornehme Fräulein aus dem Ermland hat einen echten Zug zur Frömmigkeit. Sie liebt den Herrn und seine Mutter, betet gerne, empfängt regelmäßig die Sakramente und hält treu das heilige Fasten. In Regina ist längst ein starker Widerwille dagegen erwacht, daß sie in dieser Weise ausgefragt wird. Manches gehört für sie einfach in das verborgene Wirken Gottes in der Seele. Ihre Antworten kommen zögernder und fallen kürzer aus. Endlich kann sie eine Frage einwerfen. Sie sagt mit erhobener Stimme, weil die vielen Fragen sie erregt haben: „Was tut Ihr, ehrwürdige Frauen, mit Eurer Ordensgemeinschaft für die Armen und Kranken hier in Eurer Stadt? Sicher gibt es doch auch in Thorn Bestrafte, Hilflose und Obdachlose." Die Frau Priorin schüttelt indigniert ihr verschleiertes Haupt. „Tun, meine Tochter, tun? Was versteht Ihr darunter, mein Fräulein? Meint Ihr etwa damit die unmittelbare Hilfeleistung bei Notleidenden? Ja, wißt Ihr denn nicht, daß wir unsere heilige Abgeschiedenheit, unsere strenge Klausur, niemals verlassen, in keinem einzigen Falle? Wir Clarissen beten und opfern für die Nöte der Menschen in der Welt und dürfen ihnen in unserem Sprechzimmer geistlichen Trost spenden, wenn sie uns aufsuchen. Die Torschwestern geben den Bettlern an der Klosterpforte Suppe und Brot. Es sei denn, daß wir selbst nichts mehr haben und das Armenglöcklein läuten müssen und die Leute aus Thorn auf diese Weise um Almosen bitten." Im Antlitz der Besucherin zeigt sich eine leichte Enttäuschung. Die Antwort befriedigt sie nicht. Manchmal ist Regina impulsiv. So meint sie rasch: „Unser Herr Jesus Christus zog umher, Wohltaten spendend, und Euer heiliger Vater Franziskus tat desgleichen. Er reichte den armen Brüdern Brot für den Leib und für die Seele…" Rasch und mit nur mühsam verborgenem Unwillen unterbricht die Frau Priorin: „Dem Manne hat unser Herr in seiner Güte den Auftrag gegeben, ihm in der Welt zu dienen und dort leibliche und geistliche Werke der Barmherzigkeit an den notleidenden Gliedern seines Leibes zu verrichten. Die Frau in der Nachfolge Christi darf dagegen nur mütterlich wirken in der Verborgenheit der Klausur. Die ist für die gottgeweihte Jungfrau Zufluchtsort und Schutz vor den Verlockungen der Welt." Mit einer unbewußt heftigen Geste drängt Regina ihr Gesicht bis dicht an das trennende Gitter heran. Ihre Augen scheinen die verhüllenden Schleier durchschauen zu wollen. Spontan ruft sie aus: „Aber das allein kann Eure Antwort auf die Nöte der Siechen, der Armen und Verlassenen draußen nicht sein! Versteht mich recht, ehrwürdige Frauen, ich will damit keineswegs die Macht, die Kraft und den Wert des Gebetes und der stellvertretenden Sühne herabsetzen, aber die Not der Menschen braucht auch helfende Hände, Frauenhände und mütterliche Herzen. Vielleicht ist die Not draußen größer, viel größer, als sie Euch hier erscheinen mag auf der heiligen Insel Eures klösterlichen Friedens und der Stille…“ Eine Glocke ertönt. „Verzeiht, mein Fräulein, wenn wir das …hm… recht interessante Gespräch plötzlich abbrechen“, sagt die Priorin liebenswürdig und zugleich erleichtert. „Die Glocke ruft uns zum heiligen Chorgebet.“ Nachdrücklich fügt sie hinzu: „Das Gebet ist und bleibt unsere vornehmste Aufgabe. Gehabt Euch wohl! Vielleicht können wir unser Gespräch an einem der anderen Tage fortsetzen, die Ihr mit Eurem Herrn Vater in Thorn verbringt.“ Die beiden Chorfrauen deuten eine Verneigung an. Dann ziehen sie den dichten Vorhang hinter dem Gitter zu. Regina kann nicht mehr sehen, daß die beiden Nonnen sich stumm anschauen und eine leichte verneinende Handbewegung machen. Diese Kandidatin, die anfangs zu echter Hoffnung berechtigte, hat die Prüfung nicht bestanden. Ihre fast ekstatische Äußerung über die Armen in der Welt macht sie für das Leben einer Clarissin ungeeignet.

Regina eilt rasch durch den gefliesten Korridor zur Klosterpforte. Sie fröstelt. Es ist nicht die Kühle des schattigen Flures, die sie frösteln läßt. Nein, ein solches Leben hinter Schleiern und Gittern wäre nichts für sie! Sie möchte für die Armen und Kranken unmittelbar tätig sein, ohne darum den hohen Wert von Gebet, Opfer und Sühne zu schmälern. Gemäß ihrer Berufung führen diese Klosterfrauen ein strenges und armes Leben in völliger Abgeschiedenheit von der Welt. „Ich könnte das nicht. Offensichtlich will Gott das nicht von mir, sonst würde ich mich dazu hingezogen fühlen. Die Arme bereitet der Armen das Brot…" Woher hat sie diesen Satz nur? Er kommt ihr immer wieder in den Sinn. Sie bleibt mit einem Male stehen. Hatte die Frau Priorin nicht doch recht? Kann es einer Frau überhaupt vergönnt sein, im Ordensstand zu leben und zur gleichen Zeit mit ihrer Hände Arbeit den Menschen unmittelbar zu dienen, im Kloster und in der Welt zu sein? Ist diese Idee nicht beinahe so revolutionär wie die Neuerungen Luthers, die im Ermland für Kampf und Unruhe gesorgt haben und es immer noch tun? Fordert sie nicht einfach etwas Unmögliches? Befindet sie sich im Irrtum?

„Kann ich etwas für Euch tun, mein Fräulein?" hört sie eine freundliche Stimme fragen. „O, ich bin nur stehen geblieben, um über etwas nachzudenken, Schwester", erwidert sie der Pförtnerin. Es ist die Schwester, die sie vorhin aus der Kapelle ins Sprechzimmer geführt hat. Sie ist älter und macht einen müden, abgearbeiteten Eindruck. Die sogenannte Torschwester ist ziemlich gebeugt und hat ein faltiges Gesicht mit ruhigen und gütigen Augen. In ihrem Blick liegt nicht jenes Mustern und wertende Starren, das sie trotz der Schleier bei den beiden Chorfrauen empfunden hat. „Ihr stellt also das Band dar, das die Nonnen drinnen mit der Welt verbindet?" fragt Regina gerade heraus und offenherzig, wie sie nun einmal ist. Die ältere Schwester lächelt milde. „Ich bin nur ein brüchiges Band, mein Fräulein, sehr brüchig. Gott sei Dank, steht mir eine junge Schwester zur

Seite. Aber Ihr dürft mich nicht mit ‚Ihr' anreden, das steht mir nicht zu. Ich bin nur eine einfache Laienschwester, lebe außerhalb der strengen Klausur und habe keinen Anteil am lateinischen Chorgebet." Die Antwort der vornehmen Besucherin überrascht die einfache Schwester. „Gerade darum seid Ihr mir so sympathisch, Schwester", erwidert Regina mit einem strahlenden Lächeln. Sie reicht der Torschwester die Hand. „Gott segne Euch, mein Kind", murmelt diese und sieht ihr lange nach. Wie leichtfüßig schreitet die junge Person durch die genaue Symmetrie des äußeren Klostergartens, dessen abgezirkelten Beete viel Arbeit machen. „Clarissin wird sie nicht! Aber mir will scheinen, daß unser Herr seine Hand auf sie gelegt hat." Ihre schwieligen Hände greifen zum Rosenkranz.

Nach der Heimkehr aus Polen treffen sich Barbara und Elisabeth oft mit Regina in deren Erkerstube. Sie erzählt den vertrauten Freundinnen von ihrer Begegnung mit den Clarissen, und sie kann mit ihnen offen über all das sprechen, was ihr Herz bewegt, über die heilige Unruhe. Diese innere Unruhe hat nichts zu tun mit dem Frühlingserwachen in den Gärten der Stadt Braunsberg, an den Ufern der Passarge und auf den Äckern und Wiesen und in den Wäldchen vor der Stadt. Während sich von Tag zu Tag das Werden und Wachsen, das Sprießen und Blühen mehr entfaltet, nimmt auch die innere Unruhe bei Regina Protmann zu. Sie teilt sich auch den beiden Freundinnen mit. Die Sehnsucht nach Größerem, nach dem Mehr, hat auch die beiden anderen ergriffen. Sophia, das Mädchen aus dem Armenhaus, ist ihnen längst eine vertraute Gefährtin geworden. Sie darf den Gesprächen zuhören und auch mit ihnen in St. Katharina beten und an den Ufern der Passarge, wenn das schöne Wetter sie aus dem Erkerstübchen lockt.

„Will deine kostbare Tochter eigentlich Begine werden?" spöttelt Frau Jutta, die scharfzüngige Ehefrau des Ratsherrn Bartel, als sie ihre Verwandte, Frau Regin Protmann, besucht. „Wir schreiben immerhin 1571, und wenn ich mich nicht irre, wird Regina bald neunzehn Jahre alt. Es ist stadtbekannt, daß sie jeden Freier abweist. Meiner Meinung nach kniet sie allzu oft in St. Katharina. Ja, sie betet sogar mit ihren beiden Freundinnen und dem Bettelkind aus dem Armenhaus auf den Spaziergängen öffentlich den Rosenkranz. Einmal hab' ich es mit eigenen Augen gesehen." Frau Jutta hat Regina nie verziehen, daß der Rat der Stadt auf ihr Drängen hin das Armenhaus sanieren mußte. Das hat auch ihren Ehemann Bartel einige Taler gekostet. Außerdem hat die ganze Sache in Braunsberg viel Staub aufgewirbelt und das Ansehen des Rates geschädigt. Reginas Mutter gibt Frau Jutta keine Antwort. In manchem denkt sie ebenso, aber sie würde ihre Tochter niemals bloßstellen. Das Schweigen dauert Frau Jutta zu lange. Unmutig brummt sie: „Verheirate das Mädchen doch endlich, meine Liebe! Dann hat der fromme Spuk mit einem Schlag ein Ende. Schließlich sind es nur die typischen Spinnereien eines Mädchens, das langsam zur alten Jungfer wird." Das hätte sie nicht sagen dürfen. Ihre Tochter eine alte Jungfer, ihre schöne und lebenslustige Regina? Empört wirft Frau Protmann den Kopf zurück. „Das war häßlich von dir, Jutta. Unsere Regina spinnt durchaus nicht. Zugegeben, sie ist sehr fromm. Das will ich gar nicht abstreiten. Vielleicht wäre für uns beide auch eine gute Portion Frömmigkeit besser als abträgliches Reden über andere! Regina wird ihren Weg schon machen." Gekränkt erhebt sich Frau Jutta. „Wenn du das so siehst, ist mein guter Rat hier scheinbar nicht angebracht. Aber lasse es dir dennoch gesagt sein, meine Liebe: eure Regina wird euch noch etliche Überraschungen bereiten!" In höchster Eile verläßt die Gattin des Ratsherrn Bartel die Stube. Sie hört nicht mehr, daß ihre Gesprächspartnerin leise und betrübt murmelt: „Das befürchte ich auch." Nach einiger Zeit begibt sich Frau Protmann auf die Suche nach Regina. Das Erkerzimmer ist leer. Sie geht in die Küche. „Anna, weißt du, wohin Fräulein Regina gegangen ist?" Die Köchin schüttelt den Kopf. „Nein, Herrin, aber sie ist bereits vor einer Weile ausgegangen. Sicher ist sie wieder in St. Katharina oder bei den hochwürdigen Vätern der Gesellschaft Jesu." „Hm, war sie allein?" „Natürlich nicht. Die beiden befreundeten Damen waren bei ihr, und auch die Sophia ging mit." Frau Protmann begibt sich in das Kontor ihres Gatten. Mit gerunzelter Stirn sieht er von einem Stapel Rechnungen auf, murmelt einige Zahlen, taucht die spitze Gänsefeder in das Tintenfaß und schreibt die Ziffern auf ein Blatt. Endlich blickt er in das verstörte Antlitz seiner Gattin. „Hast du etwas Besonderes auf dem Herzen, meine Liebe. Ist eines der Kinder unartig gewesen?" meint er obenhin. Die Kinderfrau betreut Reginas Geschwister so gut, daß man wenig von ihnen sieht und hört. Sie nestelt nervös an ihrem umfangreichen Schlüsselbund. Das Klirren der Schlüssel stört ihn erheblich. Er weist mit dem Finger auf ihre unruhige Rechte. „Bitte, Regin, laß das sein! Worüber bist du denn so aufgebracht?" „Jutta war gerade bei mir. Sie fragte mich, ob unsere Regina Begine werden wolle. Sie wäre viel zu fromm." Er schiebt seine Unterlippe vor. Das ist bei ihm ein Zeichen des Unmutes. „Aber, liebe Frau, wie oft habe ich dir schon gesagt, daß Jutta uns um unser Familienleben beneidet. Sie hat keine Kinder, und mein Bruder Bartel ist gerade kein vorbildlicher Ehemann; zudem … seit wann zählt Frömmigkeit zu den Lastern?" Scharf entgegnet sie: „Wenn man darüber andere Menschen vergißt." „Halt ein, Frau! Nun bist du es, die übertreibt", sagt er streng. „Hat Regina jemals ihre Pflichten in Haus und Hof mutwillig versäumt? War sie uns nicht vielmehr jederzeit eine gehorsame Tochter, die es nie an Liebe und Ehrfurcht hat fehlen lassen? Sie will nicht heiraten. Ich bedaure das natürlich sehr, werde aber ihren Entschluß respektieren und sie nie und nimmer zu einer Ehe zwingen." In Frau Protmanns Herz regt sich ein Gefühl der Eifersucht bei der, wie sie meint, einseitigen Stellungnahme ihres Mannes zugunsten von Regina. Sie tritt näher an seinen Stuhl heran. Er kann hören, wie heftig sie atmet. „Und was sagst du als Patrizier zu ihrer übertriebenen Vorliebe für die Armen und Bestraften?" Er lehnt sich weit in seinem Stuhl zurück und schaut an ihr vorbei auf die sonnenbeschienene Rathausfassade. „Ja, meine Liebe, was soll ich dazu sagen? Vielleicht lebt uns dieses besondere Kind nur das vor, was wir alle eigentlich tun müßten, denn Regina macht mit dem Evangelium ernst. Sie lebt es. Wir hören es uns an, Jahr für Jahr, aber wir überhören all das geflissentlich, was uns daran stört, uns zu radikal erscheint. So sagt uns der Herr: ‚Was ihr dem geringsten meiner Brüder tut, das habt ihr mir getan!‘ Und was tun wir ihm, wenn er durch einen Bettler an unsere Türe klopft? Wir geben ihm in diesem Bettler einen Teller Suppe, einen Kanten Brot, einen Wurstzipfel, ein Stück Speck oder Käse, ein Gewand, das wir nicht mehr tragen mögen, ein paar kleine Münzen und dazu viel seltener ein freundliches Wort. Das habt ihr mir getan… Mußte unser gutes Kind uns nicht zuerst auf die Mißstände im Armenhaus hinweisen, ehe der hohe Rat dieser reichen Hansestadt sich herbeigelassen hat, dort wieder menschenwürdige Zustände zu schaffen?" Frau Protmann spürt, daß jedes der ernsten Worte, die er gesprochen hat, seine Berechtigung hat. Gerade das reizt sie nun, eine Befürchtung auszusprechen, die sie lange Zeit mit sich herumgetragen hat. „Und was würdest du unternehmen, wenn sie ins Kloster gehen will, Peter?" Er schüttelt den Kopf und sieht sie nachdenklich an. „Unsere Regina soll ins Kloster gehen? In Thorn hatte ich geradezu den gegenteiligen Eindruck. Nach ihrem Besuch im Kloster der Clarissen äußerte sie sich auf unserer Rückfahrt sogar enttäuscht über diese streng klausurierten Nonnen. ‚Sie beten und büßen hinter Gittern. Das ist für sie die Erfüllung ihrer besonderen Berufung. Für mich wäre das nichts. Ich müßte zu den Menschen gehen können!' Das hat sie mir wörtlich gesagt." „Sie müßte zu den Menschen gehen können? Aber einen solchen Orden gibt es für Frauen nicht. Die Franziskaner, die Dominikaner und die Jesuiten, all die Patres und Brüder aus den Männerorden, gehen zu den Menschen … aber keine Frauen", überlegt Frau Protmann laut. „Na, siehst du, Frau! Was es nicht geben kann, das gibt es auch nicht für unsere Regina. Zerbrich dir darüber nicht den Kopf und gönne ihr die Übungen der Frömmigkeit und der Fürsorge für die Armen. Lasse sie getrost reichlich geben. Wir können es uns ja leisten." Mit diesen Worten greift Peter Protmann wieder nach der Gänsefeder und addiert die Außenstände, die er dringend einfordern muß. Was die Frauensleute sich für unnütze Sorgen machen!

Zur gleichen Zeit kniet Regina in der Kirche St. Katharina. Sie betet, wie sie es so oft getan hat, zur Schutzpatronin der Stadt, der Pfarre, der Kirche, zu der heiligen Katharina von Alexandrien. „Heilige Jungfrau und Märtyrin Katharina, du hast unserem Herrn Jesus Christus wirklich alles gegeben und dein Leben für nichts geachtet um der Liebe willen. Ich möchte dir auf diesem Wege folgen. Hilf mir, klar zu erkennen, was Gott von mir will!" Sie wendet ihren Blick zum Herrn am Kreuz. „Herr, lasse mich durch Deinen Heiligen Geist nun endlich wissen, was ich tun soll!" Sie hält die Hände hin wie eine offene Schale. „Du bist es doch, der mir diese Unruhe in mein Herz gegeben hat; jene Stimme, die mir immer wieder sagt, daß all mein Beten, all mein Opfern und all meine guten Werke nicht genug sind. Herr, willst Du mehr, willst Du alles von mir? Willst Du mich?" Lange kniet sie so, die Hände ausgebreitet und die Augen auf den Kruzifixus gerichtet.

In der Nähe knien die beiden Freundinnen mit Sophia. Ahnen sie, daß eine Entscheidung unmittelbar bevorsteht, eine Entscheidung, an der auch sie großen Anteil haben werden? Die Minuten verrinnen, werden zur Stunde... Mit einem Mal wendet sich Regina zu ihren Getreuen um. Sie ist verändert. Ihr schmales Antlitz leuchtet von innen heraus. Sie lächelt, und ihre Augen strahlen. Unwillkürlich überläuft die Gefährtinnen ein Schaudern. Es muß entschieden sein! Der Herr hat seine Hand auf sie gelegt. „Er hat sie gesegnet", flüstert Barbara. Elisabeth kann ihr Empfinden nicht in Worte fassen. Sie weiß, daß Gott auch zu ihr gesprochen hat. Sophia weiß nicht, ob sie sich freuen oder fürchten soll. Ist Fräulein Regina ihr nicht irgendwie ferne gerückt? Schweigend gehen die vier durch die Straßen zum Kloster der Jesuiten. „Können wir den hochwürdigen Pater Paulus sprechen?" bittet Regina den Pförtner. Pater Paulus kommt und zieht ein wenig die Brauen hoch, als er die vier Mädchen vor sich sieht. Er hatte nur Regina erwartet. Aber er äußert sich nicht dazu. Er läßt es zu, daß Regina erzählt, ohne sie auch nur einmal zu unterbrechen. Ihre Worte sind der Jubel einer von allem Zweifel befreiten Seele. „Vater, mit einem Male war mir alle Unklarheit genommen. Ich weiß nun, was ich tun soll. Ich soll alles verlassen, alles geben, in Armut dienen, in Armut das Brot backen für die Armen." Sie macht eine Pause und lächelt flüchtig. Sie weiß wieder, daß Gunda die Worte zuerst ausgesprochen hat, die sie so gerne benutzt, Gunda, die alte Magd. Das Gesicht von Pater Paulus ist ganz ernst geworden. „Armut ist keineswegs romantisch, meine Tochter. Armut ist ein bitteres Los. Arme Menschen werden verachtet, verlacht, zurückgestoßen und besonders die freiwillig arm sind um des Himmelreiches willen. Ein Armer Christi ist für die Besitzenden ein steter Vorwurf, ein gefährlicher Narr, von dem man sich am besten fernhält!" Unerbittlich gleich schweren Keulenschlägen fallen die Worte in das neue überschwengliche Glück der Regina Protmann. „Zudem meine ich, daß jede Berufung die Geschichte e i n e r Seele mit ihrem Gott ist. Barbara und Elisabeth, ihr geht jetzt mit Sophia nach Hause! Ihr schweigt über das, was ihr hier gehört habt! Versprecht ihr mir das?" Elisabeth möchte einwenden: „Aber, Herr Pater, wir möchten doch auch…" Eine schroffe Handbewegung heißt sie schweigen. „Nichts weiter! Ihr gehorcht mir auf der Stelle! Erwägt alles in eifrigem Gebet zum Heiligen Geist. Ich werde euch rufen lassen." Betroffen über seine scheinbare Härte und Unzugänglichkeit verlassen sie das Sprechzimmer.

Eine seltsame Stille breitet sich aus. Die Schritte der anderen sind längst verhallt. Regina wartet geduldig. Endlich wendet sich Pater Paulus wieder an sie. „Regina, du bist fest davon überzeugt, daß der Herr deinen Dienst in der Form des Armseins, der völligen Hingabe und der totalen Lösung aus deinem bisherigem Lebensbereich von dir will?" Sie zögert nicht, sondern sie antwortet: „Ja, es ist sein heiliger Wille für mich, Vater." „Warum bittest du dann nicht bei einem der alten Orden um Aufnahme, die es mit der Armut streng und genau nehmen?" „Ich möchte Gott dienen u n d den Menschen", sagt sie leise und klar.

„Und den Menschen? Ist das nicht ein vermessener Wunsch, Regina? Für wen büßen und beten die frommen Frauen hinter den Gittern und Mauern ihrer Klöster? Für wen opfern sie ihr Schweigen und ihre Bußübungen auf? Für die Menschen. Viel Menschenleid wird in die Sprechzimmer dieser Klöster getragen. Manche schwer geprüfte und verwundete Seele findet dort wieder Ruhe und Frieden! Nimmst du an, daß es männliche Überheblichkeit und Geringschätzung der weiblichen Natur ist, wenn die Mutter Kirche in weiser Vorsicht den Frauen den Schutz der Klausur vorschreibt? Es ist Torheit, Regina, und Selbstüberschätzung, wenn du meinst, junge und ansehnliche Frauen könnten als Ordensfrauen in die Häuser und Spitäler gehen, ohne großen Gefahren für Leib und Seele ausgesetzt zu sein. Was hast du mir darauf zu erwidern?" Regina faltet die Hände und neigt ihr Haupt. „Vater, ich habe dies alles bedacht. Ich bin nicht so töricht, daß ich die Gefahren nicht sehen will. Ich bin nicht so tapfer, daß ich mich nicht fürchte vor all dem, was auf mich zukommt. Ja, ich fürchte mich und scheue davor zurück. Ich möchte Sicherheit, Geborgenheit und Stille, und ich möchte nicht verlacht und verachtet werden, was mir im Übermaß zuteil werden wird. Aber mir ist nur Gott geblieben. Er ist meine Weisheit, mein Mut, meine Ehre, meine Kraft, Er allein. Ich kann nur noch sagen: ‚WIE GOTT WILL!'"

7
Am Beginn

In der Küche des Häuschens der Witwe Antonia rührt Sophia emsig den Getreidebrei um, damit er nicht anbrennt. Bei einer Suppe aus Magermilch und Hirse besteht diese Gefahr immer. Witwe Antonia unterhält zudem ein mächtiges Feuer. „Das brauche ich in diesem feuchten Haus für meine schmerzenden Knochen!" jammert sie ihren jungen Mieterinnen vor. „Kochst du wieder nur eine fade Suppe, Sophia? Sie besteht fast nur aus Wasser. Euer Brot ist so altbacken, daß ich mir die letzten Zähne daran ausbeiße", nörgelt sie heute mißgelaunt. „Ich hätte Besseres von euch erwartet!" Ja, damit hat die Witwe Antonia gerechnet, als Pater Paulus die drei Damen und das Mädchen Sophia zu ihr gebracht hat. Der Pater hat die Miete bezahlt und ihr gesagt: „Eure Mieterinnen werden in Eurem Haus ein klösterliches Leben führen und für Euch sorgen." Die Vier haben sich daran gehalten. Sie putzen, fegen, waschen und flicken. Die Witwe hätte dies den vornehmen Damen niemals zugetraut. Sophia gingen solche Arbeiten leicht von der Hand. Aber Regina Protmann, die Tochter des reichen Kaufmannes, war noch eifriger. Dabei ist sie auch im schlichten dunklen Gewand ein ansehnliches Frauenzimmer. Eine einfache Haube bedeckt ihr schönes Haar. Ihre schlanken Hände tragen bereits die Spuren der harten Arbeit. Sie sind rot und aufgerauht. Auch ihre beiden Freundinnen Barbara und Elisabeth wagen sich an jede anfallende Arbeit. Aber was soll das Ganze eigentlich bedeuten? Ist es etwa nur eine Laune der reichen Damen? Wollen sie einmal für eine kleine Weile Arme spielen, um danach die Vorrechte ihres Standes noch mehr genießen zu können? Was tun sie außer ihren Arbeiten im Häuschen der Witwe Antonia? Sie beten und singen viel, natürlich nur fromme Lieder. Sie sprechen wenig und gehen oft nach St. Katharina. Sie sind freundlich, geduldig und sittsam. Die Braunsberger Bürger stellen sich die gleiche Frage wie die Witwe Antonia. Was soll das Ganze bedeuten? Kopfschütteln über die verrückten Launen dieser Jungfern ist die häufigste Reaktion, die sich mit Neugier und bösen, argwöhnischen Vermutungen die Waage hält. Junge Frauenspersonen verlassen ihr geordnetes und wohlhabendes Daheim und ziehen ohne jeden männlichen Schutz in das Haus einer verschrobenen Witwe. Warum? Welche Beweggründe haben sie dazu getrieben, und was treiben sie in dem armseligen Häuschen? Warum haben sie ihre prächtigen Kleider daheim gelassen und kleiden sich wie Dienstboten? Einige biedere Bürgersfrauen haben ihren Auszug von zuhause beobachtet. Ihre Bündel waren recht armselig. Sie gingen zu Fuß, und sie sahen dabei fröhlich aus. Welch ein Übermaß an Torheit! Völlig unverständlich war es den Bürgern, daß die Eltern ihre Töchter nicht an einem solchen törichten Unternehmen gehindert hatten. Sie hätten es einfach verbieten können und die Widerspenstigen einsperren oder in ein Kloster stecken können. Das Rätsel um diese Patriziertöchter reizt die Neugier und treibt die fantastischsten Vermutungen in die Köpfe. Jedenfalls sind die jungen Damen das Stadtgespräch von Braunsberg und Umgebung geworden. Scheinbar haben die Väter der Gesellschaft Jesu die Närrinnen unterstützt, bestärkt und ermutigt. Der alte Weltpriester in St. Katharina macht jedesmal ein besonders abweisendes Gesicht, wenn er die drei seltsamen Armen vor sich hat. Nur zu der Sophia aus dem Armenhaus paßt ein solches Leben, wie sie es freiwillig führen. „Wer es fassen kann, der fasse es", predigt dieser Pater Paulus zudem mit deutlichen Anspielungen auf diesen Vorgang. Für einen normalen Menschen ist es eben nicht zu fassen, und es ist ebenso unfaßbar, wenn sich ein Priester bei so etwas Unerhörtem auf das Evangelium beruft.

Die Kette der neugierigen Besucherinnen im ärmlichen Haus der Witwe Antonia will nicht abreißen. Kaum haben die Vier in ihrem ärmlichen Schlaf- und Wohnstübchen ein Lied angestimmt oder eine Gebetsübung begonnen, so reißt die kreischende Stimme der Frau Antonia sie wieder aus ihrer stillen Andacht. „Besuch für euch!" Die Mütter kommen zuerst. Sie betrachten voller Entsetzen die Strohschütten, die dünngeschabten Laken und die billigen Filzdecken im gemeinsamen Schlafgemach. Frau Protmann deutet mit bitterem Spott auf das große Kreuz an der Wand des erbärmlichen Raumes. „Soll das euer ganzes Mobiliar sein?" Regina legt ihre Hand, die bereits deutliche Anzeichen schwerer körperlicher Arbeit zeigt, auf den senkrechten Balken des Kreuzes. „Es ist das Wertvollste, was wir haben, Frau Mutter!" Da verlegt sich Frau Protmann auf's Bitten und Flehen. „Bitte, komm heim, Kind, ehe du endgültig zum Gespött von ganz Braunsberg wirst! Meinetwegen kannst du dir unsere Dachkammern so kahl und klösterlich einrichten, wie du willst, und dort mit den andern beisammen sein…"

Sanft und entschieden zugleich schüttelt Regina den Kopf. Ihr Kinn ist so fest wie das Kinn ihres Vaters, wenn er zu etwas entschlossen ist. Dann kann ihn nichts von seinem Entschluß abbringen. Jetzt wird die Mutter zornig, obwohl sie sich vorgenommen hatte, es nur durch gütige Überredung zu versuchen. „Ihr seid unmündig und untersteht der elterlichen Gewalt. Onkel Bartel hat vorgeschlagen, euch mit Gewalt hier herausholen zu lassen und so die Klosterspielerei zu unterbinden." Ihre Drohung kann die entschlossene Haltung ihrer Tochter nicht erschüttern. „Onkel Bartel und mit ihm der ganze Rat der Stadt Braunsberg haben die Gewalt. Sie können uns durch ihre Büttel zwingen, das Häuschen zu verlassen, aber niemand – auch Ihr nicht, Frau Mutter – hat Gewalt über unsere Herzen. Sie gehören einzig und allein unserem Herrn Jesus Christus. Wenn Gott einen Menschen ruft, gibt es keine menschliche Bindung, die wichtiger sein könnte." „Auch nicht die Dankespflicht gegenüber den Eltern?" ruft Frau Protmann empört aus. „Wir beten täglich dankbar und innig für unsere Lieben daheim!" „Beten? Pah…" Mit diesen verächtlichen Worten stürzt die Mutter aus dem Haus und schlägt die Türe hinter sich zu. Tränenblind läuft sie durch die Straßen.

„Sie werden nicht mehr heimkommen, Peter", jammert sie ihrem Gatten vor. „Ihre Eltern und Geschwister sind ihnen unwichtig geworden. Sie gehören nur noch zu Gott, dem sie auf diese Art zu dienen glauben. Regina hat mir dies deutlich zu verstehen gegeben. Sie würde dir auch nichts anderes sagen." „Ich habe auch nicht vor, zu ihnen zu gehen, Frau", sagt Peter Protmann hart und senkt den Kopf, damit sie nicht sieht, daß ihm Tränen in die Augen steigen. „Wenn sie es so wollen", meint er schließlich mit brüchiger Stimme, „dann wollen wir sie diesem, unserem Gott auch ganz überlassen. Von nun ab gehört sie nur ihm, die Regina. Mag er für sie sorgen. Wir werden ihr fortan in keiner Weise helfen, weder mit Nahrung noch mit Kleidung oder Geld. Wir sind ihr gegenüber zu nichts mehr verpflichtet. Wahrscheinlich wird sie sich besinnen, wenn sie merkt, daß es uns ernst damit ist. Durch Hunger und Not wird die erste Begeisterung bald erlöschen." Mit Mühe unterdrückt er die Regungen des Mitleides. Regina ist immer sein liebstes Kind gewesen, seine Tochter, in der er manches Eigene wiedererkannte. „Glaubst du wirklich, daß sie einlenken wird? Nein, Peter, sie ist nicht umsonst deine Tochter." Ein Gefühl des Stolzes möchte bei den Worten seiner Frau in ihm aufsteigen. Regina hat von ihm ihren festen Willen geerbt. Sie wird bestimmt durchhalten, das weiß er insgeheim. Darum reagiert er härter, als er zuvor beabsichtigt hatte. „Sage unserem Gesinde, daß wir in keiner Weise dieses seltsame Kloster unterstützen werden! Ich werde der Witwe Antonia mitteilen lassen, daß ich wünsche, sie möge den Vertrag mit diesen eigenartigen ‚Nonnen' sofort kündigen. Regina kann mit ihrem Anhang in das baufällige Häuschen in der Kirchgasse ziehen. Das gehört zu ihrem Erbteil." Nun wehrt sich sogar Frau Protmann gegen den harten Beschluß ihres Gatten. „Nein, Peter, das kannst du nicht machen! Das alte Häuschen in der Kirchgasse ist verkommen und beinahe baufällig. Zudem ist es leer, völlig leer. Willst du es nicht wenigstens vorher in Ordnung bringen lassen?" „Du wirst erleben, meine Liebe, daß ich genau das tue, was ich gesagt habe. Wir lassen diesen Damen nichts zukommen. Dabei bleibt es! Wehe, wenn du hinter meinem Rücken etwas anderes tun solltest! Ich würde es dir sehr verübeln. Gott soll für sie sorgen."

Mit Bündeln, Strohsäcken, ein wenig Geschirr, Eimern, Putzlappen, Reiserbesen, Kleidern, Wäsche und armseligen Decken ziehen die vier Gefährtinnen in das baufällige Häuschen in der Kirchgasse ein. Sie haben keinen Augenblick daran gedacht, sich zu widersetzen, als die Witwe Antonia ihnen verlegen verkündete, daß sie nicht länger bei ihr bleiben könnten. Dabei hat sie Regina voller Mitleid angesehen und leise hinzugefügt: „Auf Wunsch des Herrn Peter Protmann." Regina ist erblaßt, hat aber dann tapfer gesagt: „Das Häuschen in der Kirchgasse gehört mir." Was finden sie nun dort vor? Abgeblätterten Putz, Schmutz, Spinnweben, Tonscherben und einige leere Holztonnen im Keller. Die kleinen Räume sind ohne jedes Mobiliar. Mutlosigkeit möchte sie überwältigen. Aber Regina besinnt sich kurz. Dann faltet sie ihre Hände und segnet jede der leeren Kammern. Sie sagt ruhig: „Gott traut uns viel zu, meine Lieben. Mit ihm wollen wir es wagen. Wie Gott will! In seinem Namen wollen wir hier beginnen." Sie schaffen zunächst den schlimmsten Schmutz aus den Stuben und entfernen die großen Spinnweben von Decken und Wänden. „Nun müssen wir den Holzboden aufwischen. Es ist ein Luxus, daß wir keinen Lehmboden haben in unserem fürstlichen Schlafgemach, das zugleich unser Wohnzimmer werden wird", scherzt Elisabeth tapfer. „Und wir haben sogar vier Holztonnen als Stühle", fügt Sophia lachend hinzu. „Sind wir nicht reich in unserer Armut?" Barbara greift nach den beiden Eimern. „Ich hole Wasser am Brunnen!" Dort haben sich einige Frauen versammelt und halten wie stets ein ausgiebiges Schwätzchen beim Wasserholen. Neugierig starren sie auf das Mädchen mit den beiden Eimern. Die ganze Geschichte mit den seltsamen Damen hat sich längst herumgesprochen. Eine große, knochige Frau in schmutziger Schürze mustert Barbara von oben bis unten. „Ja, ist das nun eine Dame oder nicht? Könnt ihr mir das verraten?" Eine andere spottet: „Siehst du das ihr denn nicht an, Maria? Sie ist eine feine Dame, auch wenn sie nicht mehr so angezogen ist. Wir haben vornehme Nachbarn bekommen." Die Weiber kichern und lachen. Barbara steht blutübergossen da und wagt nicht aufzuschauen. „Laß' man gut sein, Christina. Man sagt, daß die Narrenfreiheit haben. Die Damen wollen hier so ein bißchen Kloster spielen und die Armut erleben", höhnt eine andere Frau. ‚Kloster spielen? Narrenfreiheit? Die Armen verachten uns genauso wie die Reichen. Ob unser Tun nicht doch sinnlos ist, wenn es zu nichts führt?' denkt Barbara verzweifelt und dehnt ihren schmerzenden Rücken. Im Augenblick hat sie Heimweh und sehnt sich nach ihrem vorigen Leben. Wie achtungsvoll sind ihr da stets solche Frauen begegnet, wenn sie durch die Straßen schritt! Nun lacht man sie aus und verhöhnt sie. Mit Mühe und Not schleppt sie die gefüllten Eimer in das Häuschen. Seufzend stellt sie sie nieder. Mit dem Handrücken fährt sie sich über die schweißnasse Stirn und wischt sich verstohlen eine Träne aus dem Auge. „Geht es dir nicht gut, Barbara?" forscht Regina besorgt. „Komm, setz' dich ein Weilchen hin." Eigentlich möchte Barbara von ihrer Verzagtheit erzählen, von ihrer Sehnsucht nach dem früheren Leben, aber sie ist dazu viel zu müde. Wortlos setzt sie sich auf eine der Holztonnen und lehnt den Rücken gegen die rauhe Wand. Sie schließt die Augen und nimmt sich vor: ‚Ich muß einen Augenblick ausruhen. Dann muß ich unbedingt mit Regina über die dummen Gedanken reden, die mir am Brunnen gekommen sind.' Sie schließt die Augen und schläft sofort ein. Sie merkt nichts davon, daß die Gefährtinnen im Nebenraum eifrig am Werke sind und den Boden sorgsam aufwischen und so lange bearbeiten, bis der letzte Schmutz entfernt ist. Das gemeinsame Schlafzimmer ist nun wenigstens sauber und riecht frisch.

Sophia findet im winzigen Vorflur ein Säckchen aus grobem, sauberen Leinen. Sie bringt es zu Regina. „Seht einmal, was ich gefunden habe!" ruft sie triumphierend. „Hm, ein feiner Duft geht davon aus." Im ersten Impuls will Regina die Gabe abweisen, die ein unbekannter Spender dahingelegt hat. Sie will gerade anordnen: „Bringe das Säckchen ins Armenhaus!", da fällt ihr Blick auf die schlafende Barbara, die auf der Tonne kauert. Wie blaß ist Barbaras schmales Gesicht unter dem Häubchen! Ihre Lippen sind farblos, die Wangen hohl und dunkle Schatten der Müdigkeit und Überanstrengung unter den geschlossenen Augen. Ihre roten, aufgesprungenen Hände liegen kraftlos im Schoß auf der Sackleinenschürze. Regina händigt der erfreuten Sophia das Säckchen mit Lebensmitteln wieder aus. „Bereite uns eine besonders gute Mahlzeit. Die können wir nach der harten Arbeit wohl gebrauchen!" Dann geht sie behutsamen Schrittes zu der Schlafenden hin und faßt sie leise an. „Barbara?" Die müden Augen öffnen sich langsam. Zuerst schaut die Erwachte sich wie staunend um. Dann will sie sofort aufspringen. Regina drückt leicht auf ihre Schultern. „Bitte, bleib sitzen, Barbara! Sophia kocht uns ein Mittagessen, und Elisabeth hat etwas beim Bauern Mattes zu besorgen. Du hast dich übernommen, nicht wahr? Ich mache mir deinetwegen echte Vorwürfe." Barbara wehrt ab. „Das brauchst du wirklich nicht, Regina. Ich habe nicht mehr getan als du. Aber ... ich, ich habe vorhin am Brunnen gemerkt, wie schwer es ist, wirklich arm zu sein. Die Weiber dort haben mich verspottet, und ... da ist mir eingefallen, wie achtungsvoll sie mich früher behandelt haben. Erstmals kamen mir Zweifel, ob wir auf dem richtigen Weg sind." Ihr offenes Geständnis macht Regina sehr betroffen. „Was meinst du, wie oft ich mich das schon vor dem Herrn gefragt habe, liebe Barbara! In St. Katharina habe ich manches Mal bitter mit mir ringen müssen, wenn mich das Heimweh überwältigen wollte. Unser Herr in seiner Langmut und Güte ließ mich wissen, daß er es ist, der uns auf diesen Weg geführt hat. Er wird uns auch die Kraft zur Treue schenken. Davon bin ich überzeugt. Aber wir haben uns zu sehr um die äußeren Dinge kümmern müssen und zu wenig, viel zu wenig über den Sinn unseres Tuns miteinander gesprochen. Fortan wollen wir das regelmäßig tun und alles miteinander austauschen." Sie reichen sich die Hände. Es ist wie ein Versprechen.

Nach einem andächtigen Tischgebet setzen sich die Vier um den alten, sauber geschrubbten Küchentisch, den sie in einer verlassenen Hütte gefunden haben. Sophia hat ein wunderbares Mahl zusammengestellt! Nach der gehaltvollen Gemüsesuppe mit Fleischstückchen gibt es Brot, Butter, Wurst und Käse. Sie können sich endlich wieder einmal satt essen. Elisabeth füllt jeden der grauen Tonbecher mit frischer, schäumender Milch. Schon runzelt Regina die feinen Brauen. „Du hast doch nicht etwa…" Rasch fällt die Freundin ihr ins Wort. „Gebettelt ? Nein, Regina, das habe ich nicht getan. Bauer Mattes wollte mir nicht glauben, daß ich eine Kuh ausmelken kann. Da habe ich es ihm bewiesen. Das ist der Lohn für meine Mühe!" Sie hebt den großen Tonkrug empor. „Den Krug hat er mir dazu gegeben." Sie erzählt wohlweislich nichts davon, wie die Hände und Arme schmerzen, weil sie vier Kühe ausmelken mußte. Die Magd des Mattes liegt an einem hitzigen Fieber danieder. „Morgen darf ich wiederkommen." Gegen einen solchen Arbeitseifer kann Regina nichts einwenden, und die frische Milch ist ein wahres Labsal.

Endlich ist das arme Klösterchen in der Kirchgasse im Sinne der Armut fertig eingerichtet. Not macht erfinderisch. Sie zimmern sich sogar einige halbzerbrochene Stühle zurecht und einen im Schutt eines unbewohnten Hauses gefundenen wackeligen Schrank. Trotz Sophias Geschick bleibt er allerdings recht wackelig. Man muß die Türen vorsichtig schließen, wenn der ganze Schrank nicht zusammenstürzen soll. Stark duftende Kräuter vertreiben den muffigen Geruch aus dem größten Möbelstück, das sie nun ihr eigen nennen. Unverdrossen machen sich die Vier ans Werk, um durch ihrer Hände Arbeit das tägliche Brot zu verdienen. Aber auch Regina weist keine der Gaben mehr zurück, die manchmal in dem winzigen Flur liegen oder stehen – ein Brot, ein Stück Speck, ein Säckchen Roggenmehl oder Hirse, ein Stück Tuch. Es sind Gaben der Armut für die Armen.

Die Frauen in der Umgebung des Klösterchens haben inzwischen aufgehört, sie zu verspotten und abzulehnen. Sie haben mit Aufmerksamkeit das beharrliche Mühen der Vier um das tägliche Brot beobachtet und begriffen, daß es sich nicht um eine Spielerei oder um eine vorübergehende Laune handelt. Mit den Frauen aus der Kirchgasse und den Mägden aus den Häusern der Reichen kniet Regina an dem Ufer der Passarge. Sie wäscht, reibt und rubbelt die Wäscheteile und die großen Laken und wringt sie mühsam aus, ehe sie den schweren Wäschekorb zur Kirchgasse schleppt. Meist sind es Wäscheteile, die ihr die vornehmen Leute von Braunsberg gebracht haben. Einige wollen auf diese Weise das Klösterchen unauffällig unterstützen, andere freuen sich, weil sie meinen, die Tochter des reichsten Mannes von Braunsberg auf diese Weise demütigen zu können. Regina weiß darum, aber sie hat es sich abgewöhnt, über die Beweggründe ihrer Kunden nachzudenken. „Für Dich, Herr!" ist ihr stilles Gebet, wenn sie die Wäsche auf der kleinen Wiese hinter ihrem Häuschen bleicht, sie sorgfältig bügelt, stopft und flickt. Sophia zeigt nach wie vor eine besondere Begabung dafür, die Mahlzeiten zu bereiten. Sie sammelt Feuerholz, schleppt Wasser herbei und hält die Stuben und die Küche sauber. Barbara kann vortrefflich spinnen und ist darin unermüdlich. Ihr Garn ist so gleichmäßig und fein, daß die Bedienten der Damen ihr Wolle und Flachs bringen. Sie zahlen gerne den geforderten Preis für das gute Garn. Elisabeth näht und stickt. Ihre Stickereien auf Hemden, Kissen und Leinendecken können sich sehen lassen. Sie ersinnt immer neue Muster und erhält viele Aufträge.

Regina ist froh, wenn der Wäscheberg einmal ausbleibt und sie sich der Herstellung von Tees und Salben widmen kann. Sie sammelt wilde Heilkräuter und trocknet sie in säuberlich geordneten Sträußchen am Querbalken des kleinen Schuppens, der zum Häuschen gehört. Schon jetzt finden sich manche arme Leute mit leichteren Beschwerden bei ihr ein. Sie ist glücklich, wenn sie ihnen helfen kann. Meist können ihre ‚Patienten' nichts bezahlen, oder sie legen ihr nach mehrmaliger Behandlung verlegen ein Ei als Entgelt hin oder ein Stückchen Käse.

Im kleinen Kloster in der Kirchgasse wird viel gearbeitet, aber auch fromm und fröhlich gebetet und gesungen. Die Vier haben alles gemeinsam, und sie leben in Frieden miteinander. Sie erfahren das tiefe Glück einer in Gott begründeten Gemeinschaft und eines armen Lebens. Freude und Freiheit erfüllen sie, die sie vorher nicht gekannt haben. Bald macht es ihnen nichts mehr aus, wenn die Reichen sie nicht mehr kennen wollen und die Straßenseite wechseln,

wenn sie kommen, die „vier Närrinnen von Braunsberg".

Einmal fragt Regina ihre Gefährtinnen: „Habt ihr
auch schon überlegt, welchen Schutzpatron wir unserer Gemeinschaft geben wollen? Ich habe mich oft im
Gebet gefragt, ob wir sie der Gottesmutter, dem heiligen Joseph oder ..." Sie hält inne. „Ich möchte zuerst
eure Meinung hören, ehe ich euch meinen Wunsch
verrate." Wie aus einem Mund sagen Barbara und Elisabeth: „Der heiligen Jungfrau und Märtyrin Katharina von Alexandrien." Regina lächelt freudig und zustimmend. „Und warum?" „Weil wir sie von klein an
kennen", ruft Sophia naiv und begeistert. „Ja", nickt
Regina, „das ist durchaus ein guter Grund. Zudem sind
Stadt und Kirche ihr geweiht und unter ihren Schutz
gestellt. Aber ich meine, daß sie in ihrer Ganzhingabe
an Christus, ihrer Treue bis in den Tod auch ein stän-
diges, ein leuchtendes Vorbild für uns ist. Wir wollen
uns Schwestern der heiligen Jungfrau und Märtyrin
Katharina von Alexandrien nennen. Seid ihr damit
einverstanden?" „Katharinenschwestern", murmelt
Barbara, und Elisabeth wiederholt das Wort. Das Mädchen Sophia lächelt glücklich. „Ich werde eine Katharinenschwester."

Pater Paulus besucht sie häufig. Er ist ein guter und
genauer Beobachter. Er ist mit seinen Schützlingen
durchaus zufrieden. Im Kreise seiner Mitbrüder singt
er ihr Lob und nimmt sie gegen gelegentliche Ver-
dächtigung durch Außenstehende in Schutz. Bei der
bischöflichen Behörde in Heilsberg setzt er sich für
sie ein und gewinnt auch nach einiger Zeit Bischof Kromer für das bescheidene Neuwerden klösterlichen Lebens in Braunsberg. Er bittet den Fürstbischof: „Laßt
ihnen die Zeit des Überganges! Diese brauchen die tapferen Frauen. Meine Mitbrüder, die bessere Theologen

sind als ich, werden mit Mater Regina und mir dafür sorgen, daß sie über kurz oder lang statt der einfachen Tagesordnung eine geistliche Regel bekommen. Dies ist der innige Wunsch der Mater Regina. Sie hat mich wiederholt daraufhin angesprochen und darum gebeten." Bischof Kromer sieht den eifrigen Fürsprecher fragend an. „Hm, sagtet Ihr eben M a t e r Regina, lieber Pater?" „Ihr habt Euch nicht verhört, Exzellenz. Die drei Gefährtinnen der Regina Protmann haben unter sich beschlossen, sie mit diesen Titel anzureden. Sie sorgt trotz ihrer Jugend mütterlich und wie eine erfahrene Ordensoberin für ihre Töchter, die sich mittlerweile untereinander mit Schwester anreden." Der Bischof hat eine, wie er meint, sehr wichtige Frage: „Ist es wahr, daß diese Mater Regina von daheim keinerlei Unterstützung erhält?" Nun verfinstert sich das Gesicht des Paters. „Ich habe mit Peter Protmann lange darüber gesprochen. Im Grunde genommen respektiert er den Mut und die Tatkraft seiner Tochter. Aber mit Rücksicht auf seine Familie und vor allem auf das Drängen des Ratsherrn Bartel Protmann hat er sich von ihr losgesagt. Die Protmanns schämen sich, weil Regina sie angeblich zum Gespött der Stadt gemacht hat. Sie sollte eigentlich einen reichen Schwiegersohn ins Haus bringen. Reginas Mutter ist härter als ihr Vater. Sie hat sich nach dem Weggang der Tochter sehr zu ihrem Nachteil verändert. Sie ist dem Gesinde gegenüber kleinlicher und hartherziger geworden." Bischof Kromer nimmt sein Brustkreuz in seine Hand. „Warten wir in Geduld ab, was aus dem kühnen Wagnis dieser jungen Frauen wird, lieber Pater Paulus! Habt aber ein wachsames Auge auf dieses neue Klösterlein! Die Kirche kann sich gerade in dieser kritischen Zeit keinerlei Fehlschläge leisten. Wenn das Werk von Dauer sein soll, wird unser Herr uns das rechtzeitig wissen lassen. Bringt den ehrwürdigen Jungfräulein in der Kirchgasse zunächst einmal meinen bischöflichen Gruß und Segen und versichert sie ebenso meines ehrlichen Wohlwollens."

An einem Morgen haben die vier Katharinenschwestern sich nach den ersten Gebeten, die sie stets gemeinsam verrichten, zu ihrem einfachen Frühstück niedergesetzt. Mater Regina möchte ihnen, wie es mittlerweile Brauch geworden ist, einige ermutigende religiöse Gedanken mit auf den Weg in die schwere Arbeit des neuen Tages geben. Sie sieht sie der Reihe nach an und freut sich über ihre erwartungsvollen Gesichter. „Es hat einen tiefen Sinn, daß wir damit begonnen haben, einander Schwester zu nennen. Wenn wir dadurch auch scheinbar feierlicher und fremder miteinander umgehen, so sind wir doch im Herrn inniger verbunden als je zuvor. Mich habt Ihr, liebe Schwestern, Mater genannt. Das legt mir eine besondere Verpflichtung auf. Ich soll in mütterlicher Weise für Euch sorgen, aber auch als Mutter für Euch, meine geistlichen Töchter, vor unserem Herrn Jesus Christus…" Ein ungeduldiges Klopfen an der Türe unterbricht sie. Es erfolgt ein zweites und ein drittes Mal. Schon will Schwester Sophia nachschauen. „Nein, bleibt hier, Schwester! Ich will lieber selbst nachsehen, wer da in dieser Morgenstunde so wenig Zeit hat!" Sie erhebt sich rasch und geht in den winzigen Flur. „Ob es ein Bote des Rates ist, der uns ausweisen soll?" durchzuckt sie ein ängstlicher Gedanke. Jemand hat ihr erzählt, daß Frau Jutta Protmann sich überall in diesem Sinne geäußert hat, so erst gestern auf dem Markt beim Einkauf. Eine der Marktfrauen ist empört zu Mater Regina gekommen. „Närrische Weiber haben wir reichlich in unserem Braunsberg. Warum sollten wir da solche länger bei uns dulden, die einen Schmach und Schande für unseren Stand darstellen?" Mater Regina verharrt noch einen Atemzug lang, bekreuzigt sich und flüstert: „Wie Gott will!" Dann öffnet sie die schäbige Haustüre, die dringend einen neuen Anstrich benötigen würde.

Auf der abgetretenen Schwelle steht kein Bote des Rates der Stadt Braunsberg. Dort wartet mit sichtlicher Ungeduld Frau Ingeburg Scheibler, Reginas Freundin aus Jugendtagen. Die reiche Dame ist in Samt und Seide gekleidet und trägt eine große, mit Rüschen und Spitzen verzierte Frauenhaube auf ihren rötlichen Locken. Mit einem verächtlichen Blick betrachtet sie die schlichte, dunkelgewandete Gestalt der Regina Protmann. Dann schaut sie auf die blitzenden Ringe an ihren weißen Händen nieder und dreht an ihrem breiten goldenen Ehering, um ihre Ungeduld zu zeigen. „Meine Güte, dauert das lange bei euch, Regina Protmann!" faucht sie böse. „Hast du etwa so zahlreiche Kunden, daß du es dir erlauben kannst, eine Dame wie mich warten zu lassen?" Dabei späht sie unter halbgesenkten Lidern neugierig in den kleinen Flur. Leider ist die Türe zur Stube geschlossen. „Ich wünsche rascheste Bedienung, verstanden? Waschen, Bügeln, Flicken. Sabine holt die Wäsche am Freitag wieder ab. Bis dahin muß alles fertig sein. Gib ihr den Wäschepacken, Sabine, und gehe dann nach Hause. Ich muß Besorgungen machen." Mit einem letzten geringschätzigen Blick wendet sie sich ab und geht grußlos davon.

Seltsam, dieser gezielte Versuch der Demütigung berührt Mater Regina innerlich nicht. Sie lächelt der älteren Magd gütig zu und nimmt ihr den schweren Pakken ab. Sie legt ihn in den Flur. Die Magd streckt erleichtert den Rücken. „Wie wollt Ihr das bis Freitag schaffen?" murmelt sie. „Frau Scheibler hat extra die schlechtesten und schmutzigsten Laken für Euch herausgesucht." „Möchtest du vielleicht einen Becher Milch, Sabina? Wir haben sie erst gestern abend frisch bekommen." „Wenn ich Euch dadurch nicht beraube, wäre ich sehr dankbar dafür", antwortet die Magd mit dem Herzenstakt der Armen. Sie trinkt rasch. Mater Regina füllt den Becher ein zweites Mal. „O, das hat gut getan! Gott wird es Euch lohnen. – Wäret Ihr nur die Frau des Herrn Scheibler geworden, unter Euch wäre gut dienen." Mit einem leichten Lächeln wehrt Mater Regina ab. „Gott hat alles so gefügt, wie es ist, Sabina." Aber Sabina fährt unbeirrt fort: „Eure Gunda hat mir das früher immer gesagt, wenn wir uns auf dem Markt getroffen haben. Das ist nun schon lange, lange her. Gunda ist jetzt ganz hinfällig und schwach. Sie muß wie ein Kind betreut werden, und darum haben sie sie trotz ihres Versprechens, sie im Haus zu behalten, nun doch ins Armenhaus gebracht." Entsetzt starrt Mater Regina die geschwätzige Magd an. „Gunda ins Armenhaus gebracht?" Sabine nickt nachdrücklich und bestätigend. „So sind die feinen Herrschaften. Sie machen unsereinem gerne schöne Worte, solange man noch arbeiten kann und nützlich ist. Wenn die Kräfte erlöschen, geht es den Armen wie den alten Pferden. Man vergißt einfach, daß man ihnen das Gnadenbrot versprochen hat." Warum ist das Fräulein Protmann nur plötzlich so blaß geworden? Hat sie etwas zuviel gesagt? Die Magd macht einen schüchternen Knicks und eilt davon, so rasch die Füße sie tragen.

In der Stube sehen die Mitschwestern der Mater entgegen. Wie blaß ist deren Gesicht. „War es etwas Unangenehmes, Mater Regina?" fragt Schwester Barbara. „Frau Ingeburg Scheibler hat uns Wäsche gebracht. Sie soll bis Freitag fertig sein", murmelt die junge Oberin. „Nein, laßt den Packen nur im Flur liegen.

Ich gehe später damit an die Passarge. Das Wetter ist ja gut." Ihre Stimme klingt anders, irgendwie hohl und brüchig. Dann fragt sie etwas Überraschendes: „Haben wir den alten Karren noch, den uns der Schmied für die Steine geliehen hat, Schwester Sophia? Gut! Dann bring' ihn bitte in die Gasse. Wir beide gehen jetzt sofort zum Armenhaus. Wir müssen dort jemand abholen. Schwester Barbara und Schwester Elisabeth, richtet Ihr derweil in der kleinen Stube, für die wir bisher keine rechte Verwendung hatten, ein Bett her."
„Wir haben keinen Sack und kein frisches Stroh", meint Schwester Elisabeth besorgt. „Dann nehmt mein Bett!" ordnet Mater Regina schroff an. Die beiden Schwestern wechseln einen Blick. Nein, das werden sie auf keinen Fall tun. Mater Regina hat bereits einmal auf dem bloßen Boden geschlafen, als sie am Abend einer Wöchnerin ihr Bett geschenkt hat. Damals haben sie es nicht verhindern können, aber dieses Mal werden sie ihr nicht gehorchen.

Die Bäuerin Berta, eine der gutmütigsten Nachbarinnen, hat oft zu ihnen gesagt: „Wenn Euch etwas fehlt in Eurem armen Klösterchen, kommt getrost zu mir. Nein, keine Sorge! Ihr sollt bei mir nicht betteln. Ich lasse Euch dafür arbeiten. Meinetwegen könnt Ihr mir den Garten umgraben oder sonst etwas Nützliches tun. Ich werde Arbeit für Euch finden." Nun hört sich die gute Frau die Notlage an, in der sich die arme Gemeinschaft befindet. Die Antwort bleibt nicht aus, ehe sie eine Bitte äußern können. Frau Berta stiftet einen prall gefüllten Strohsack, ein Strohkissen und zwei dünne, oft geflickte, aber saubere Laken. Schließlich drückt sie Schwester Elisabeth eine dicke Filzdecke unter den Arm, die allerdings stark nach Pferdestall riecht. Sie lacht über das breite, gutmütige Gesicht. „Nun schuldet Ihr mir etwas. Mein Garten wartet auf

Euch. Wenn Euch was fehlt, kommt getrost wieder!" Die beiden Schwestern befördern ihre Schätze etwas mühsam und nicht ohne leise Gewissensbisse ins Haus. „Ob Mater Regina wohl böse sein wird?" keucht Schwester Barbara, die den Strohsack und das Strohkissen schleppt. „Warum sollte sie böse sein?" beruhigt Schwester Elisabeth. „Wir haben nicht gebettelt und werden noch dafür arbeiten."

Aber ein leichtes Unbehagen bleibt bestehen, als sie das Stübchen noch einmal gründlich gesäubert und das Bett gemacht haben. „Wohnlich sieht es hier gerade nicht aus", stellt Schwester Barbara nüchtern fest. Sie heftet ein kleines Kreuz an die Wand. Sie hat es von zuhause mitgenommen. Schwester Elisabeth hebt die Schultern „Wir geben, was wir haben. Wie sagt Mater Regina oft: ‚Die Arme backt der Armen das Brot'!" Energisch schlägt sie einen langen Nagel in die Wand: „Für die reiche Garderobe unseres Gastes."

Endlich ist es soweit. Der Türklopfer ertönt. Die beiden Schwestern öffnen die Haustüre. Auf der Kirchgasse steht Mater Regina mit einem Kleider- und Wäschebündel im Arm. Schwester Sophia zieht die Karre. Darauf hockt mit einem mageren Strohsack und einer Decke schwach und beinahe unbeweglich, verschrumpelt wie ein Winterapfel im Frühsommer, aber mit leuchtenden Augen im kleingewordenen Gesicht unter dem schütteren Haar, Gunda, die alte Magd der Patrizierfamilie Peter Protmann. „Gunda ist unsere neue Gefährtin. Sie bleibt bei uns", erklärt Mater Regina fest. Die Alte kichert vergnügt. „Sie haben mich einfach aus dem Armenhaus entführt." „Wir wollen dich in dein Stübchen bringen, Gunda." Mater Regina verliert kein Wort über den neuen Strohsack, das Strohkissen und die sauberen Laken. Sie nimmt nur die Filzdecke fort und breitet Gundas eigene Decke sorgsam über die Greisin. „Die andere Decke nehme ich gleich mit an die Passarge, damit sie den Stallgeruch verliert." Eifrig helfen die anderen Schwestern, Gundas geringe Habseligkeiten unterzubringen. Ihr einziges gutes Gewand und ihr wollener Umhang kommen an den langen Nagel, die armselige Wäsche in den wacke-ligen Schrank, der alle ihre Wäsche enthält. Schwe-ster Sophia hat mit großem Geschick eine kräftige Suppe gezaubert. Sie hat Wurstbrühe hinzugefügt. „Der Schlachter hat uns einen Topf in den Hausflur gestellt. Gunda braucht bestimmt etwas Kräftiges!" kommt sie einem etwaigen Einwand der Mater zuvor. Kniend füttert Mater Regina die alte Magd. „Kind", flüstert die Greisin mit Tränen in den Augen, „nun bin ich Euch auch noch zur Last!" Da lacht Mater Regina das selten gewordene Lachen eines jungen Menschen, ein freies und fröhliches Lachen. „Ach was, Gunda! Du bist für uns ein echtes und liebes Geschenk Gottes."

Daheim erzählt die Mutter die Legende von der Pfarrpatronin, der heiligen Katharina von Alexandrien. Die junge Regina erfährt, daß Katharina aus Liebe zu Jesus auf irdische Liebe verzichtet und diese geistliche Vermählung mit dem Opfer ihres Lebens besiegelt.

Um sich noch entschiedener von der Welt absetzen zu können, siedelt die kleine Gruppe der Katharinenschwestern schon bald in ein ärmliches Haus in der Kirchgasse über, an dem Regina ein Erbteil zusteht.

8
Die Gesellschaft der
hl. Katharina von Alexandrien

Die Schwestern wetteifern miteinander, um der alten Gunda Gutes zu tun. Sie lösen sich in der Pflege der geduldigen Kranken ab und finden bei all ihrer Arbeit immer wieder Zeit, um an ihrem Lager zu weilen, ihr zuzuhören oder ihr etwas zu erzählen. Natürlich haben alle längst gemerkt, daß ihr Lieblingsthema ‚Mater Regina' heißt. Aus Reginas Leben kann sie unermüdlich erzählen. Sie freut sich über die Zuneigung der Schwestern zu ihrer Mater. Meistens lassen sie die Türe des Stübchens offenstehen, damit die Greisin auf diese Weise an ihrem Gemeinschaftsleben teilnehmen kann. Trotz ihrer mannigfachen Beschwerden ist die alte Gunda fröhlich und zufrieden. „Ein Beispiel für uns, liebe Schwestern, wenn die Härte unserer Lebensweise uns einmal zu sehr plagen will. Ich bin unserem guten Gott von Herzen dankbar dafür, daß er uns Gunda geschickt hat", stellt Mater Regina in einer religiösen Unterweisung fest. Diese Konferenzen finden nun regelmäßig statt. Sie gehören zu der Tagesordnung, die Mater Regina dem kleinen Konvent nach Rücksprache mit Pater Paulus gegeben hat.

In Braunsberg hat die ‚Entführung' der ehemaligen Magd aus dem Armenhaus für einiges Aufsehen gesorgt. Der Verwalter berichtet dem Ratsherrn Bartel: „Die Frauen in der Kirchgasse sind nun völlig durchgedreht! Sie haben die gelähmte Gunda aus dem Armenhaus herausgeholt und zu sich genommen." „Und wer hat ihnen dazu die Erlaubnis gegeben?" „Erlaubnis, Herr?" staunt ihn der Verwalter mit offenem Mund an. „Hätte es dazu einer Erlaubnis bedurft?" Er wird mit einem strafenden Blick bedacht. „Nun, zumindest hättest du dich vergewissern können, ob die Familie Peter Protmann, bei der die Gunda früher gedient hat, mit diesem Wechsel einverstanden ist. Die Sache ist noch nicht ausgestanden." Kleinlaut verschwindet der Mann. Hätte er doch gar nicht davon angefangen! Es ist ohnehin nicht gut, wenn der Rat von Braunsberg die genaue Zahl der Insassen des Armenhauses kennt. Er hätte die Portion der Gunda für sich behalten können...

Bartel Protmann sieht endlich die ersehnte Gelegenheit gekommen, um seiner abtrünnigen Nichte gründlich eines auszuwischen. Er begibt sich, ohne zu zögern, an die Passarge, weil er weiß, daß sein Bruder wieder ein Schiff belädt. Mit einer langen Liste in der Hand steht Peter Protmann breitbeinig da und gibt den Arbeitern seine Anweisungen. Bei diesem wichtigen Tun wird er nicht gerne unterbrochen, denn das Schiff soll bald abfahren. Darum erwidert er den freundlichen Gruß des Ratsherrn mit einem knurrigen Gegengruß und einem angedeuteten Kopfnicken. „Hast du viel Arbeit, mein Lieber?" erkundigt sich Bartel scheinheilig. „Wie du siehst!" antwortet Peter unfreundlich kurz. Um seiner Unschuld und seinem Bedauern Ausdruck zu geben, breitet Bartel seine fleischigen Hände aus. „Dennoch ... auch wenn es dir ungelegen kommt, ich müßte eine wichtige Sache mit dir besprechen." „Hat das nicht Zeit bis später, Bartel?" wehrt Peter ab. „Eigentlich nicht, mein Bester." Er schielt ihn listig von der Seite an. „Es geht nämlich mal wieder um deine Tochter Regina." Das wirkt. Ruckartig wendet Peter Protmann sich dem Bruder zu. „Gibt es Neues? Ich weiß längst, wie diese närrischen Frauenzimmer in der Kirchgasse leben, und daß mein Fräulein Tochter sich nicht scheut, mit den Waschweibern von Braunsberg hier die Wäsche zu waschen. Deine Frau hat ihr übrigens auch welche gebracht." „Mag sein! Um häusliche Angelegenheiten kümmere ich mich nie. Aber, mein lieber Herr Bruder, deine Regina hat euch wieder einmal einen ganz besonderen Streich gespielt." Schadenfroh bemerkt er, daß Peter mühsam um seine Beherrschung ringen muß. „Was ... was hat sie denn getan?" „Sie hat eure Gunda aus dem Armenhaus zu sich in die Kirchgasse geholt. Na, wie findest du das?" Peter Protmann beißt sich auf die Lippen und ballt die Rechte, obwohl er dabei die Frachtliste zerknittert. „Ihr habt doch Gunda schließlich ins Armenhaus gebracht. Es war eure Entscheidung, die Regina jetzt vor der ganzen Stadt lächerlich gemacht hat. So sehe ich das", hetzt Bartel. Mit finsterem Gesicht antwortet der Bruder: „Das war sicherlich nicht ihre Absicht, aber ich werde der Sache trotzdem auf den Grund gehen." „Und wie willst du das machen?" erkundigt sich Bartel neugierig. „Wir könnten die Magd ohne weiteres aus der Kirchgasse holen und wieder ins das Armenhaus bringen lassen." „Nein, nein, ich werde mit Regina sprechen", sagt Peter Protmann. „Du ... willst mit der sprechen, aber du hast doch ...", protestiert Bartel enttäuscht. „Ich werde mit Regina sprechen!" wiederholt Peter in einem Ton, der keinen Einwand zuläßt. „Andreas, komm einmal her! Übernimm du die Liste und überwache das Beladen des Schiffes. Ich muß sofort zur Stadt." Er beachtet den Bruder nicht weiter, sondern er macht sich mit großen Schritten auf den Weg. Er läuft beinahe. „Ist er nun so zornig, oder hängt er immer noch und trotz allem an seiner Regina?" sinniert der Ratsherr, der ihm langsam folgt.

Dieses Mal öffnet Schwester Sophia die Tür. Schrekkensbleich starrt sie den Kaufmann an. „Guten Tag! Ich … ich möchte meine Tochter sprechen", sagt Peter Protmann mit vor Aufregung zitternder Stimme. „Kommt in unser Sprechzimmer, Herr", bittet Schwester Sophia unsicher. Im kleinen, schäbigen Stübchen stehen mittlerweile tatsächlich drei Stühle. „Ich hole die Mater sofort." Mater? Meint sie damit etwa Regina? Nun, dieses Theater wird er keinesfalls mitmachen. Er muß eine Weile warten und wandert zwei Schritte hin, zwei Schritte her durch das Stübchen. Er beobachtet gerade zwei Buben auf der Kirchgasse, als hinter ihm die Türe geöffnet wird. Er wendet sich um. Da steht sie, seine geliebte Tochter, ärmlich gekleidet, schmaler geworden. Sie blickt ihm ohne Scheu in die Augen. Nur um ihren Mund zuckt es wie von verhaltener Wehmut. Dann neigt sie ihr Haupt. „Herr Vater!" Unwillkürlich streckt er seine Rechte aus und murmelt: „Regina." Ohne zu zögern, gibt sie ihm die Hand. Er fühlt, wie rauh diese geworden ist. „Wollt Ihr Euch nicht setzen?" bittet sie freundlich und zugleich um Abstand bemüht.

Vorsichtig setzt er sich auf den einfachen Stuhl. Auch sie setzt sich nieder. Dann schweigen beide. Mater Regina wartet, ihre Hände liegen ruhig im Schoß, derweil der Vater an seinem Wams nestelt. Er räuspert sich. Dann schießen die Worte förmlich aus seinem Mund. Sie klingen schärfer, als er es beabsichtigt hatte: „Warum mußtest du uns erneut vor der Stadt bloßstellen, Regina? War nicht zuvor schon genug durch dich geschehen?" „Ich verstehe Euch nicht, Herr Vater", sagt sie mit ehrlichem Erstaunen. „Warum hast du sie aus dem Armenhaus geholt, in das wir sie gebracht haben? Deine Mutter war der Pflege nicht mehr gewachsen. Ihre Pflichten haben durch deinen Weggang ohnehin zugenommen. Nun macht sich Braunsberg wieder einmal über uns lustig", antwortet er heftig und weiß dabei, daß er reichlich übertreibt. Nun erst begreift Mater Regina, warum der Vater gekommen ist. Es geht um Gunda. „Darf ich Euch daran erinnern, daß Ihr Gunda feierlich versprochen hattet, sie nie ins Armenhaus zu geben? Sie sollte bis zu ihrem Tode in Eurem Hause bleiben dürfen…" Zuerst will er auffahren und wütend widersprechen. Dann senkt er langsam sein Haupt. Ja, er hat sein Versprechen gebrochen, als er dem Drängen seiner Frau nachgegeben hat. Ihr war die hilfsbedürftige Alte lästig geworden. Mater Regina sieht die vielen weißen Fäden im vollen Haupthaar des Vaters. Sie hat Mitleid mit ihm. So sagt sie leise und behutsam: „Ich habe Gunda hierhergeholt, Herr Vater, weil ich auf diese Weise das Versprechen der Protmanns erfüllen wollte. Sie wird hier gut gepflegt. Wollt Ihr sie sehen?" Peter Protmann weiß nicht, was er tun, was er sagen soll. Sie öffnet einfach die Türe, und schon steht er im allzu bescheidenen Stübchen seiner ehemaligen Magd, die so lange Jahre dem Hause Protmann treu gedient hat. Gunda liegt ordentlich und sauber auf ihrem armen Lager. Ein weißes Häubchen bedeckt ihr schütteres Haar. Als sie den Handelsherrn erblickt, weiten sich ihre Augen in freudigem Erstaunen. „Ihr kommt mich besuchen, Herr?" ruft sie, außer sich vor Freude. Mater Regina will ihr dieses Glück ungeschmälert erhalten. Leise verläßt sie das Stübchen und zieht die Türe hinter sich zu. Im kleinen Flur lehnt sie die Stirn gegen die rauhe Wand. Die Begegnung mit dem Vater hat sie tief erschüttert.

Der Kaufmann geht näher an das Lager der Greisin heran, beugt sich zu ihr nieder und ergreift ihre zitternde Hand. „Ihr braucht Euch keine Sorgen um mich zu machen, Herr. Bei Mater Regina habe ich es gut, so gut wie nie zuvor." So gut wie nie zuvor... Diese Worte hallen in ihm nach, und er beginnt zu ahnen, welch gutes und großes Werk seine Tochter begonnen hat. Damit die Greisin sich nicht mühen muß, zu ihm aufzuschauen, kniet er sich hin. „Aber sie haben es nicht leicht, diese ... diese Schwestern hier, nicht wahr?" Sie seufzt. „Das kann man wohl sagen. Sie arbeiten und schaffen, wie ich es nie zu tun brauchte. Mater Regina erlaubt nicht, daß sie Almosen annehmen. Darin ist sie sehr stolz. Das hat sie wohl von Euch geerbt, Herr! Manchmal tut sie mir leid, wenn sie gar so erschöpft ist, vor allem wenn sie an der Passarge gewaschen und die nasse Wäsche nach hier geschleppt hat. Ich kenne das von früher, wie müde und erschöpft man dann ist." Unruhig streicht Peter Portmann über sein Wams. „Von mir wird sie bestimmt nichts annehmen, Gunda." „Nein, das wird sie nicht, Herr", lautet die entschiedene Antwort. Er sinnt lange nach. Dann leuchtet sein Antlitz mit einem Male auf. „Aber von dir wird sie alles annehmen!" Er blickt sich um und entdeckt Gundas gutes Gewand unter dem Umhang. Hastig erhebt er sich, greift in die lederne Geldtasche an seinem Gürtel und legt vorsichtig Münze um Münze in die tiefen Taschen des Gewandes, sorgsam darauf bedacht, kein lautes Klirren zu verursachen. Gunda beobachtet sein Tun mit frohen und zugleich wachsamen Augen. Er legt den Zeigefinger auf die Lippen. Sie nickt und blinzelt verstohlen. „Für den Notfall ... Verrat' es nicht, vom wem du es hast!" Er begibt sich wieder an die Bettstatt der Greisin. „Nun muß ich leider gehen, liebe Gunda. Ich bin dankbar dafür, daß Regina dich aufgenommen hat." Er reicht ihr die Hand, die sie verehrend an die Lippen zieht.

Im kleinen Hausflur erwartet ihn seine Tochter. Sie geleitet ihn zur Haustüre. „Ich danke dir, Kind, daß du etwas gutgemacht hast, was die Familie Protmann falsch gemacht hat", sagt er bewegt. „Ich danke Euch, Herr Vater, daß Ihr gekommen seid", erwidert sie. Auch ihre Stimme zittert. Da kann er nicht länger an sich halten. Er schließt sie so fest in die Arme, als wolle er sie nicht mehr loslassen. „Gott segne weiterhin all dein Tun, Kind! Ich weiß nun, daß er mit dir ist. Bitte, vergiß alle bösen Worte, die ich gesagt habe, als du von uns gegangen bist! Und … bete für deinen alten Vater!" Nach diesem offenen Geständnis löst er sich hastig von ihr. „Ihr habt Euren festen Platz in meinem Herzen, Herr Vater", kann sie noch sagen, dann eilt er davon. Sie steht lange in der offenen Türe und schaut ihm nach, ehe sie wieder ins Haus geht. In der gemeinsamen Wohn- und Schlafstube legt sie ihre Hand auf das große Kreuz. „Danke, mein Herr und Gott, danke!" Natürlich kann der Besuch des vornehmen Patriziers im armen Klösterlein nicht verborgen bleiben. Bald schwirren die unwahrscheinlichsten Gerüchte durch die Stadt. Von Streit und von Versöhnung ist die Rede. Seinem Bruder teilt Peter nur knapp mit: „Ich habe es mit eigenen Augen gesehen, daß Gunda in der Kirchgasse bestens versorgt ist. Sie soll dort bleiben." Das Nämliche erfährt auch seine Frau aus seinem Munde. Mehr verrät er nicht. Sie würde es nicht verstehen. Seine jüngeren Kinder und seine Knechte und Mägde sind erleichtert, weil er seine gute Laune wiedergewonnen hat, die er nach dem Weggang des Fräulein Regina verloren hatte.

Pater Paulus ist nach wie vor ein guter und besorgter Freund der jungen klösterlichen Gemeinschaft. Er akzeptiert ohne weiteres die neuen Gebräuche und redet die Mater und ihre Schwestern trotz ihrer Einwände, das sei zuviel der Ehre, nun auch mit ‚Ihr‘ an. Von Mater Regina fordert er stets genaue Rechenschaft, und sein energisches Veto verhindert, daß sie kleine Gaben der Armut weiterverschenken will. „Ihr seid nun nicht nur für das seelische Wohl Eurer Töchter verantwortlich, Mater Regina, sondern Ihr habt ebenso ihr leibliches Wohl im Auge zu behalten und für ihre Gesundheit Sorge zu tragen. Auch Euch selbst dürft Ihr keine übermäßigen Opfer auferlegen, sonst werdet Ihr an Leib und Seele Schaden leiden. Wisset, daß eine übertriebene Askese durchaus eitler Gesinnung entspringen kann. Man will jemand sein vor Gott und Ihm gleichsam sagen: ‚Herr, siehst Du nicht, was ich alles für Dich tue?‘ Eine wirklich demütige Seele bleibt auch in der Askese unauffällig und bescheiden." Mater Regina nimmt sich die Worte ihres Beichtvaters und Seelenführers ehrlich zu Herzen. Haben ihre Schwestern in der Kargheit und Enge ihrer Behausung nicht überreichlich Gelegenheit zu Opfer und Verzicht? Müssen sie nicht ständig Geduld und Rücksichtnahme üben, weil sie im wahren Sinn des Wortes aneinander stoßen? Es ist nicht leicht, wie die Christen der Urzeit alles gemeinsam zu haben und alles in wirklicher Armut: Wohnung, Kleidung und Nahrung. Hinzu kommt die tägliche Arbeit, die auch von diesen jungen Menschen den ganzen Einsatz fordert. Trotzdem versucht Mater Regina die Tagesordnung so zu regeln, daß dem Gebet genügend Zeit eingeräumt werden kann. Zudem sagt sie: „Machen wir all unsere Arbeit zum Gebet. Schenken wir sie ohne Vorbehalt unserem guten Gott!" In anderen Frauenklöstern verrichten die Laienschwestern die schwere köperliche Arbeit, während die Chorfrauen sich dem Gebet widmen können. „Das wird bei uns, bei den Schwestern der heiligen Katharina von Alexandrien, niemals so sein. Wer zu uns kommt, muß ebenso bereitwillig waschen, putzen, kochen und flicken, wie er sich dem Gebet widmet. Jede muß bereit sein, den Armen und Kranken die niedrigsten Dienste zu erweisen, wie wir es bei unserer Gunda tun dürfen. Ich freue mich darüber, daß zwischen Euch eine Art heiliger Wettstreit besteht, wer die Kranke versorgen darf. Das ist der rechte Geist. Zudem wißt Ihr, wie Gunda sich über jeden Dienst und über jedes freundliche Wort freut!"

Die alte Magd verfolgt das Geschehen im Klösterlein mit wachem Geist. Sie bemerkt auch, daß sie manches Mal besseres Essen bekommt als die Schwestern. Sie bringt es fertig, Schwester Sophia geschickt darüber auszufragen, ohne daß die gute Seele dies merkt. Natürlich macht sie sich vor allem Sorge um ihre geliebte Mater Regina. Darum bittet sie eines Tages um den Besuch des Beichtvaters. „Fühlst du dich so schlecht, Gunda?" fragt Mater Regina besorgt. Die Magd kichert vergnügt: „O, muß man sich gleich schlecht fühlen, wenn man ein Seelenstündchen halten möchte? Das habe ich bisher nicht gewußt."

Als Pater Paulus kommt, ist er erstaunt, eine so fröhliche Kranke vorzufinden. „Verzeiht mir, daß ich Euch rufen ließ, hochwürdiger Herr! Aber ich muß Euch einige wichtige Dinge übergeben. Man weiß ja nie, wann der Herrgott einen ruft. Bitte, greift in die Taschen meines guten Gewandes dort am Nagel! Mit einigem Zögern erfüllt Pater Paulus ihre seltsame Bitte. Verblüfft schaut er auf die große Anzahl Münzen nieder, goldene und silberne Münzen, die er danach in beiden Händen hält. Sie betrachtet mit sichtlichem Vergnügen sein erstauntes Gesicht. „Mein früherer Herr hat sie mir gegeben, als er hier war. Ich soll sie für das Klösterlein aufbewahren. Nehmt Ihr das Geld an Euch und verwendet es für die Schwestern. Mater Regina braucht gar nicht zu wissen, woher es kommt. Und nun habe ich hier noch etwas…" Sie nestelt unter ihrem Strohkissen ein Leinensäckchen hervor. „Bitte, nehmt das auch mit! Es ist alles, was ich in den Jahren meines Dienstes ersparen konnte. Es ist auch für die Schwestern bestimmt. Wie froh bin ich, daß ich früher nie etwas ausgegeben habe!" Gedankenvoll wiegt der Jesuit das Säckchen mit dem Lohn der treuen Magd in seiner hohlen Hand. So wenig ist den Reichen der jahrzehntelange Dienst einer Magd wert! Hat sie seine Gedanken erraten? Sie murmelt: „Ich habe immer reichlich zu essen bekommen und zu Martini ein neues Gewand." „Und sicherlich viele lobende Worte von deiner Herrin, nicht wahr?" Die schlichte Seele bemerkt nicht die bittere Ironie in seinen Worten. „O, das Fräulein Regina war immer freundlich zu mir. Sie hat sich für jeden Dienst bedankt. Manchmal hat sie mir sogar Blumen mitgebracht. Ich habe sie dann in einen kleinen Tonkrug getan, den Anna wegwerfen wollte, weil er angeschlagen war. Denkt Euch: Blumen in meiner Kammer!" Die Greisin schweigt, in freundliche Erinnerungen versunken.

Pater Paulus verläßt sie. Er muß dabei seine tiefen Taschen im Talar festhalten. Die Münzen klirren in beiden Taschen allzu auffällig. Mater Regina beobachtet verwundert sein seltsames Gebaren. Aber was geht das sie schließlich an? Wahrscheinlich hat er irgendwo für die Renovierung der alten Franziskanerkirche gesammelt. Mit stillem Vergnügen hat der Pater ihr Mienenspiel verfolgt. Wenn die gute Mater wüßte, von wem das Geld ist und für wen es bestimmt ist! Sie stopft gerade eine seiner Alben. „Legt Nadel, Faden und Albe fort, Mater Regina, und geht an die Passarge." „Wo habt Ihr die Wäsche, Vater?" Er lächelt und klimpert nun mit sichtlichem Vergnügen mit den Münzen. „Keine Wäsche?" wundert sich Mater Regina. „Was soll ich denn dann an der Passarge tun?" Sein Lächeln wird zum breiten Grinsen. „Spazierengehen und Blumen pflücken, meine Tochter. Nehmt einen Korb mit und pflückt reichlich Blumen, Blumen des Sommers, die am Ufer oder am Feldrain wachsen. Kommt mir auf keinen Fall ohne einen vollen Korb wieder! Ein Sträußlein, ein buntes und fröhliches Sträußlein, macht ihr für Gunda zurecht und stellt es in ihre Kammer. Den größeren Strauß stellt Ihr hier unter das Kreuz. Ich will in Zukunft hier immer Blumen sehen. Alles zur größeren Ehre Gottes! Wir wollen den Herrn auch durch die Schönheit seiner Blumen ehren." Wenn Mater Regina sich über den Auftrag ihres lächelnden und mit Münzen klimpernden Beichtvaters wundert, gibt sie es nicht zu erkennen. Sie teilt Schwester Barbara mit, wohin sie geht, nimmt einen Weidenkorb und eilt durch die Straßen zum Flußufer. Heute kann sie den Fluß mit mehr Muße betrachten, als wenn sie mit einem schweren Wäschekorb herankeucht. Das Wasser zieht ruhig und klar dahin.

Ausnahmsweise sind die Ufersteine nicht von Wäscherinnen besetzt. Es ist still an den Ufern. Das dauert nicht lange. Ein größerer Frachtkahn landet am Uferrand, an der Anlegestelle des Protmannschen Speichers. Männerstimmen und fröhliche Rufe tönen zu der einsamen Spaziergängerin hin. Wie gerne würde sie jetzt zum Speicher eilen und nachsehen, ob der Vater dabei ist! Aber sie weiß, daß sie das nicht tun kann. Was zwischen ihnen im Häuschen in der Kirchgasse geschehen ist, soll und muß ihrer beider Geheimnis bleiben. So schickt sie nur einen stillen Gruß zum Speicher. Vielleicht ist auch der gute Andreas dort... Sie geht, ohne näher hinzuschauen, weiter und beginnt Blumen zu pflücken: Sumpfdotterblumen, Glockenblumen, Federnelken, Vergißmeinnicht, wilde Spyrea – und legt sie mit ein paar Zweigen einer Trauerweide säuberlich geordnet in den Korb. Am Feldrain, der Acker gehört auch Peter Protmann, findet sie Margeriten, Löwenzahn, Kornblumen und Mohn. Sie fügt einige blühende Kräuter und Zittergras hinzu. So – nun reicht die Fülle für Gunda und für den Strauß am Kreuz. Auf dem Heimweg meditiert sie ein wenig. Pater Paulus hat recht. Auch der Herr Jesus hat die Schöpfung, seine Schöpfung geehrt und geliebt und die Seinen darauf hingewiesen. „Sehet die Lilien des Feldes! Nicht Salomon in all seiner Pracht war gekleidet wie eine von ihnen." Eine spöttische Frauenstimme reißt sie aus ihren freundlichen Gedanken. „Ach, Gottlieb, wen haben wir denn da? Das ehemalige Fräulein Protmann, das sich nun Mater Regina nennt, hat doch tatsächlich Zeit, um spazierenzugehen! Eine wahrlich harte Arbeit! Nun, wer sein opferreiches Leben mit Blumenpflücken verbringen kann, ist wirklich eine echte Nonne. Jetzt weiß ich wenigstens, warum meine Wäsche nie pünktlich abgeliefert wird", so redet Frau Ingeburg Scheibler, die am Arm ihres Gatten einen Nachmittagsspaziergang macht. Gottlieb Scheibler schweigt dazu und lacht dümmlich.

Mater Regina eilt mit gesenktem Kopf und brennenden Wangen in die Stadt. Sie müßte längst unempfindlich dagegen sein, aber der Spott und vor allem die offensichtliche Lüge der Jugendfreundin schmerzen. Die Wäsche war stets pünktlich fertig und wurde von Schwester Sophia zu Scheiblers getragen.

An der Kirche St. Katharina verhält die Ordensgründerin ihren Schritt. Die kühle, halbdunkle Halle nimmt sie auf wie eine bergende Zuflucht. Sie kniet lange auf den Fliesen, den Korb neben sich, und birgt ihr Gesicht in den Händen. „Herr, wer bin ich, die ich andere führen soll? Nun hast Du gerade wieder erlebt, wie jämmerlich ich versage, wenn mich etwas verletzt. Was kann ich anders tun, als mich Deiner Barmherzigkeit zu überlassen und um die Kraft und Gnade Deines Heiligen Geistes zu bitten? Ich bin arm und schwach und kann mich nicht auf mich verlassen, sondern ich kann nur mich und mein Leben immer wieder erneut in Deine gütigen Hände geben. Ich will Dir ganz gehören, aber Du allein bist es, der mich dazu befähigen kann." Dann betet sie das Gebet des heiligen Ignatius: „Nimm hin, o Herr, meine ganze Freiheit..." Sie weiß, daß sie auf dem Wege bleiben wird, den Gott ihr gewiesen hat. Es ist der Weg des Kreuzes.

Im Klösterchen kommt ihr Schwester Barbara freudig bewegt entgegen. „Habt Ihr eine gute Nachricht für mich, liebe Schwester?" „Ja, Mater Regina, zwei Mädchen aus Braunsberg möchten gerne zu uns kommen. Sie haben es allen Ernstes vor. Du ... Entschuldigung ... Ihr kennt sie gut – Mathilde Holzner und Helene Ungerer." Ein flüchtiges Lächeln huscht über Reginas Antlitz. Ist das die Antwort Gottes auf ihr Gebet? „Sie wollen morgen wieder vorsprechen. Ich habe ihnen bereits einen kleinen Einblick in unser Leben gegeben, Mater." „Waren sie nicht entsetzt von all dem, was sie an Armut und Arbeit erwartet?" fragt Regina und beginnt, ihre Blumen zu ordnen. Das kleine, bunte Sträußchen stellt sie in das Kämmerchen der Greisin. Gunda strahlt. „Nun bin ich ganz zuhause hier. Danke, Kind, danke!" Wenn sie sich freut, vergißt sie immer, daß das ‚Kind' längst erwachsen ist und einen ehrwürdigen Titel führt. Der große Blumenstrauß blüht als einziger Schmuck in der Wohn- und Schlafkammer der Schwestern vor dem großen Kreuz.

Am anderen Tag stellen sich die beiden Kandidatinnen wieder ein. Regina führt sie in das winzige Sprechzimmer, nachdem sie die Mädchen freundlich und gleichzeitig distanziert begrüßt hat. Sie möchte von vornherein, daß die beiden sich keine falschen Vorstellungen vom Leben einer Schwester der heiligen Katharina von Alexandrien machen. Unter den Schutz dieser heiligen Jungfrau und Märtyrin haben die vier Gefährtinnen ja ihr kleines Kloster gestellt: Schwestern der heiligen Katharina, Katharinenschwestern. Die Mädchen machen einen guten Eindruck. Ihre Kleidung ist schlicht. Ihre Gesichter sind offen und klar. „Wir kennen uns schon lange, nicht wahr? Was ist nun heute euer Anliegen?" fragt Mater Regina ruhig. Es sind keine armen Mädchen. Ihre Väter sind anerkannte Handwerksmeister. Mathilde, die mutigere der beiden, sagt ohne Umschweife: „Wir möchten gerne zu Euch kommen und Schwestern werden!" Helene nickt zustimmend. „Waret ihr denn in der letzten Zeit nicht in Braunsberg? Habt ihr nicht mitbekommen, wie die Menschen uns verlachen und verspotten und unserem kühnen Neubeginn in diesem armen Häuschen ein baldiges Ende prophezeien? Wir sehen nicht nur aus wie Arme, wir führen ein armes Leben. Könnt ihr lesen? Nein? Dann lese ich euch etwas aus der vorläufigen Tagesordnung vor." Mit ruhiger Stimme liest sie ihnen einen Teil der Satzungen vor. Neben dem Gebet hat die Arbeit einen hohen Stellenwert. „Wenn die ersten Schwierigkeiten überwunden sind, werden wir nach draußen gehen, Kranke pflegen, Arme und Verstoßene betreuen. Und nun kommt und überzeugt euch davon, wie groß unsere Armut ist!" Sie zeigt ihnen die ärmlichen Räume. „Euer Zuhause ist viel besser ausgestattet, nicht wahr? Und – wie ich bereits sagte: Wir Armen dürfen wahrscheinlich recht bald den Armen draußen dienen. Bischof Kromer hat uns dies durch Pater Paulus bestellen lassen. Dann wird unser Leben nicht leichter, sondern es wird schwerer werden. Mißtrauen, Grobheiten, Undank könnten uns draußen begegnen. Hier erwartet euch also kein stilles, beschauliches Leben hinter Klostermauern und Gittern. Für uns ist Dienst für Gott auch Dienst an den Menschen. Wir sind in der Welt, aber nicht von der Welt." Mater Regina hat den beiden nichts vorenthalten. Sie hat völlig offen und sehr ernst gesprochen. „Würdet ihr besondere Talente oder Fähigkeiten mitbringen, die hier von Nutzen sein würden? Ihr versteht, daß ich das fragen muß, denn wir verdienen unseren Lebensunterhalt durch unsere Arbeit. Du, Mathilde, hast oft feine Handarbeiten gemacht? Das wäre wichtig für uns. Wir möchten in Zukunft dem Herrn und der Kirche auch dienen durch die Anfertigung und Pflege von Meßgewändern, Alben, Altartüchern und Corporale. Und du, Lene?" „O, ich könnte gut Kirche und Sakristei putzen, alles waschen und bügeln. Mit Nadel und Faden war ich nicht so besonders gut, aber ich kann auch Brot backen, Wursten, Käse herstellen…" Unwillkürlich muß Mater Regina lachen. Sie unterbricht die Litanei der Tätigkeiten, die Lene in rascher Folge aufzählt. „Du wärest uns auf alle Fälle willkommen." Dann wird sie wieder ernst. „Meine Lieben, nachdem ihr alles gesehen und gehört habt, möchte ich euch folgenden Rat geben: Geht nach Hause, betet viel und erwägt vor dem Herrn, ob ihr ein solches Leben führen wollt und führen könnt. Ihr habt aus meinem Munde erfahren, daß es kein leichtes Leben ist, das wir euch zu bieten haben. Aber es ist auch ein erfülltes, ein glückliches Leben, wenn Jesus Christus seine Mitte ist." Sie gibt beiden die Hand. „Solltet ihr nach einem offenen Gespräch mit eurer Familie und mit eurem Beichtvater noch immer der festen Meinung sein, Katharinenschwestern werden zu wollen, werden wir es miteinander versuchen, das verspreche ich euch."

Bereits einige Wochen später hat die kleine Gemeinschaft in Mathilde und Helene, genannt Lene, zwei eifrige neue Mitglieder. Sie tun alles, um sich in die Ordnung des Klosters einzufügen, und ordnen sich willig der Autorität der Oberin unter.

„Ein hartes Urteil werden die haben, die andern vorgesetzt sind! Gewiß kennt Ihr dieses Wort aus der Heiligen Schrift, Mater Regina. Ihr werdet dem Herrn einmal für jede Seele, die sich Eurer Obhut anvertraut, Rechenschaft geben müssen. Habt Ihr jemals bedacht, in welche Gefahren Ihr Eure Schwestern, diese jungen und unerfahrenen Frauen, schicken werdet, wenn Ihr sie in das Spital zur Krankenpflege schicken wollt? Wie roh und ungebildet sind die Männer, die sich als schlecht bezahlte Pfleger anwerben lassen! Manches Mal sind sie betrunken und unheimlich grob im Umgang mit den Patienten", hat der alte, gebrechliche Landpfarrer wie eine auswendig gelernte Lektion eilig vorgebracht. Nun hält er keuchend inne und muß nach Luft schnappen. Mater Regina betrachtet den aufgeregten, wenig ansehnlichen Greis voller Mitgefühl. Am liebsten würde sie ihm anbieten, seine Kleidung zu waschen und zu flicken. „Die Mißstände im Spital und in der häuslichen Pflege bei den armen Familien

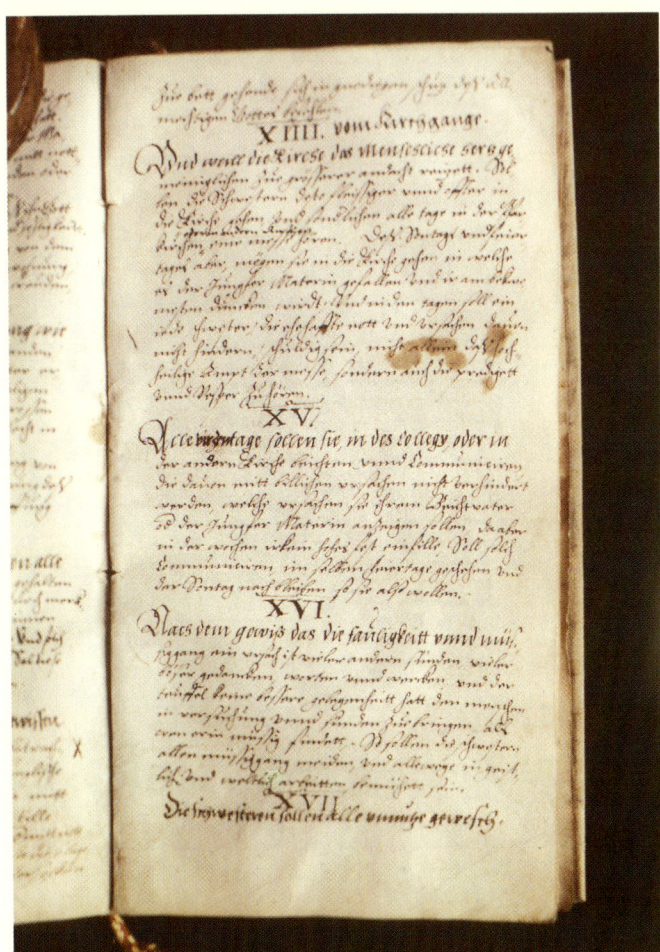

Die erhaltene Urschrift der ersten „kurzen Regel" von 1583 ist mit
ihren 29 Abschnitten auf 12 Pergamentblättern geschrieben und in
der deutschen Schreibweise abgefaßt.

Mit Freude und Dankbarkeit nehmen Regina und ihre Gefährtinnen die von der Kirche anerkannte Ordensregel aus den Händen des Bischofs entgegen. Endlich ist die kleine private, jederzeit auflösbare Gemeinschaft als kirchlich anerkannte Körperschaft auf ein sicheres weltliches und kirchliches Fundament gestellt. Das Dokument trägt als Datum den 18. März 1583.

sind uns bekannt, Hochwürden. Gerade darum möchten wir Katharinenschwestern uns dort einsetzen und Abhilfe schaffen, damit die Leiden der Kranken erträglicher werden." Der alte Priester hat sich erholt und ruft nun mit fanatisch leuchtenden Augen: „Woher wollt Ihr wissen, daß es Gottes Auftrag ist, der da an Euch, wie Ihr meint, ergangen ist? Es könnte ebenso gut nur eine Täuschung, eine Versuchung des Widersachers von Anbeginn sein!" „Ich versuche mit meinen Schwestern das zu tun, was Gott will. Aber … ob es Gott ist, der Euch Eure Reden führen läßt, Hochwürden? Habt Ihr nicht einen anderen Auftraggeber?" Nach diesen energischen Worten der Gründerin weiß der alte Priester mit einem Male nichts mehr zu sagen. Seine Argumente sind ihm ausgegangen. Er kennt seine Auftraggeberin nur allzu gut. Jutta Protmann hat ihn, einen entfernten Verwandten und halb vergessenen Landpfarrer, in seiner ärmlichen Pfarrei aufgespürt und nach Braunsberg holen lassen. Dann hat sie den alten Mann so lange und so verzerrt über das Kloster in der Kirchgasse und über ihre mißratene Nichte Regina informiert, bis dieser glaubte, ein gutes Werk zu tun, wenn er Mater Regina ordentlich ins Gewissen reden würde. Sie hat ihm für seine Mühewaltung sogar einen Vorschuß gegeben. Er erhebt sich und verabschiedet sich überraschend schnell. In der Türe murmelt er, Mater Regina solle um die Gaben des Heiligen Geistes beten, und deutet ein Segenskreuz an.

Schwester Barbara, die schweigend dabeigesessen hat, sagt begeistert: „Ihr habt Euch wunderbar geschlagen, Mater Regina!" Die so Gelobte lächelt, aber ihr Lächeln ist zur gleichen Zeit traurig. „Ich ahne, wer ihn zu uns geschickt hat – jene Frau, welche ihre Röcke an sich rafft und die Straßenseite wechselt, wenn sie mir begegnet, meine Tante Jutta. Der arme Mann hat mir eigentlich leid getan. Er hat sich solche Mühe gegeben und hat sein Bestes versucht." „Ihr habt auch noch mit Euren Feinden Mitleid", will Schwester Barbara einwenden. „Wie es dem Wunsche unseres Herrn Jesus Christus entspricht, liebe Schwester! Liebet eure Feinde, tut Gutes denen, die euch hassen, und betet für die, welche euch verfolgen. Kommt, liebe Schwester, wir wollen miteinander nach St. Katharina gehen und das in die Tat umsetzen."

Im ehemaligen Franziskanerkloster sind die Väter der Gesellschaft Jesu zu einer Besprechung versammelt. Sie sitzen mit aufmerksamen und ernsten Mienen um den alten Refektoriumstisch. Sie haben bereits mehrere wichtige Punkte über ihren Einsatz im Pfarr- und Schuldienst der Stadt Braunsberg besprochen und sich über die Anzahl möglicher Freistellen für begabte Jungen ärmerer Kreise geeinigt. Sie wollen dies auch gegen den Widerstand des Rates und der Reichen durchsetzen. Der Superior, Pater Andreas Bobola, greift zur nächsten Notiz. Zuvor sieht er jedem seiner Mitbrüder ernst ins Antlitz. Nun kommt etwas Wichtiges. Sein Blick bleibt auf dem gesammelten Gesicht von Pater Paulus haften. Der weiß, welcher Punkt nun besprochen werden wird, aber er wirkt ruhig und sicher. „Es ist Euch bekannt, daß einige fromme Damen unter der Leitung der Mater Regina Protmann in der Kirchgasse ein klösterliches Leben begonnen haben, und zwar in extremer Armut und ohne Mithilfe der weltlichen Behörden oder der eigenen Familien. Sie nennen sich nach unserer Pfarrpatronin Katharinenschwestern. So weit, so gut. Aber nun haben diese Schwestern ernstlich vor, einen völlig neuen Weg zu gehen. Sie wollen ihr Kloster zeitweise verlassen und zu den Menschen gehen, zu den Armen und zu den Kranken ins Spital und in die Häuser..." Ein Gemurmel wird laut. Die Patres sehen sich an. „Aber das ist doch unmöglich!" „Das hat es bisher noch nie gegeben!" Ähnliche Äußerungen des Erstaunens und des Unmutes werden laut. Der Superior gebietet Schweigen. „Es ist Euch hinreichend bekannt, daß der Papst bisher ähnliche Bestrebungen kategorisch verboten hat, etwa im Falle der Angela Merici. Die Ursulinen wurden auf die strenge Klausur verpflichtet. Bitte, kommt mir nicht mit der Benediktinerin Hildegard von Bingen! Sie war eine außergewöhnliche Frau. Sie ging hinaus und predigte, wenn ich mich nicht irre, sogar im Dom zu Mainz und redete Königen, Bischöfen und Priestern ins Gewissen. Der Heilige Geist gab dieser einen Frau eine besondere Gnade und Kraft." Mit einem Handzeichen meldet sich Pater Paulus zu Wort: „Und was sollte unseren Herrn daran hindern, nun wiederum einer außergewöhnlichen Frau seinen Heiligen Geist zu schenken? Außergewöhnlich harte Zeiten haben der Kirche immer wieder außergewöhnlich gottbegnadete Menschen geschenkt. Meiner Meinung nach ist Mater Regina Protmann eine solche von Gott berufene Seele. Er hat sie befähigt, den Menschen unmittelbar in ihren Nöten beizustehen und ihnen so Gottes Güte und Liebe glaubhaft zu machen. Das versteht das einfache Volk, für das unsere Predigten viel zu hoch sind. Wortgewaltige Prediger haben auch die Anhänger der neuen Lehre. Sie haben dem Volk aufs Maul geschaut und reden zu ihm in seiner Sprache." Die Augen des meist nüchternen Mannes strahlen vor Begeisterung. Warum schauen seine Mitbrüder noch immer skeptisch drein? Er fährt fort: „Wir bemühen uns um die männliche Jugend durch Unterricht und Erziehung und vermitteln ihnen christliche Werte. Mater Regina möchte auch der Mädchenjugend einiges an Bildung beibringen, nämlich Lesen, Schreiben,

Rechnen und etliche Handfertigkeiten. Die Mädchen und späteren Frauen und Mütter sollen dadurch in die Lage versetzt werden, sich mit Gottes Wort zu beschäftigen und ihr Leben und das ihrer Familien christlich zu gestalten. Ihr wißt selbst, daß es jetzt oft sehr daran fehlt und der Aberglaube vielfach den Glauben bei den Armen ersetzt, weil sie unwissend sind." Wieder branden Gespräche auf in teilweise heftigem Für und Wider. Der Superior hebt seine Hand. „Gebt Ruhe, liebe Brüder! Mater Regina hat schon ein außergewöhnliches Programm, aber stemmen wir uns nicht gleich dagegen. Gottes Geist geht seine eigenen Wege. Lassen wir die Katharinenschwestern wirken. An ihren Früchten wird man sie erkennen. Stammt ihr Werk von Gott, so wird es Bestand haben. Aber an Euch, lieber Bruder im Herrn, lieber Pater Paulus, liegt es, diese überschäumende Tatkraft, dieses religiöse Feuer und diesen Pfingststurm in ruhigere Bahnen zu lenken! Fahrt in meinem Auftrag nach Heilsberg zu unserem Hochwürdigsten Herrn Fürstbischof Kromer, erzählt ihm, was sich seit Eurem ersten Besuch dort weiter ergeben hat. Erbittet Euch seinen Segen und besonderen Auftrag für alles, was die Katharinenschwestern tun und beginnen möchten. Sie sollen in völliger Abhängigkeit von der Kirche handeln. Gott gibt ihnen seinen Segen, wenn sie wie die Kirche, die Mater Ecclesia, zu den Menschen gehen. Mater Regina möchte, und sie bittet dringend darum, daß wir uns bald mit ihr zusammensetzen und eine Ordensregel erarbeiten. Ihre Haussatzungen sind klug und fromm erdacht. Aber sie sollen nun umfassender gestaltet und zu einer Regel erweitert werden, die Bischof Kromer approbieren kann."

Mit beinahe beschwingten Schritten eilt Pater Paulus in die Kirchgasse, um Mater Regina vom guten

Verlauf der wichtigen Konferenz zu berichten. Mit der Abfassung einer Ordensregel wird ein entscheidender Schritt getan. Wenn der Bischof diese Regel gutheißt, steht die Gemeinschaft unter seinem Schutz und braucht keinerlei Schikane durch den Rat der Stadt mehr zu befürchten. Ob der Fürstbischof auch für eine räumliche Erweiterung des Klosters zu gewinnen sein wird? Im Laufe der Jahre hat sich trotz aller Bemühungen der Schwestern und der heimlichen Hilfe des Paters aus dem Fond der armen Gunda eine beträchtliche Schuldenlast angesammelt. „Lieber Gott, sende Deinem Diener, unserem guten Bischof, Deinen Heiligen Geist und lasse ihn erkennen, daß die Katharinenschwestern dringend und in vielerlei Beziehung seine Hilfe brauchen!" betet er still vor sich hin und wäre dabei beinahe mit Mater Regina zusammengestoßen. „Mater, Ihr?" staunt er wie ein Kind. „Ich habe Euch gesucht!" Sie lächelt. „Doch wohl nicht hier auf der Straße, Vater?" „Was habt Ihr vor? Ganz gleich, was es ist. Es kann und muß warten." Sie sträubt sich nicht und geht mit ihm zum Kloster. Sie hat dabei Mühe, mit ihm Schritt zu halten. Dennoch vertraut sie ihm, ziemlich atemlos, eine Neuigkeit an: „Vater, drei junge Damen möchten im nächsten Jahr zu uns kommen und Katharinenschwestern werden. Die Mauern unseres Hauses müssen sich weiten." Geistesabwesend murmelt er nur: „Das werden sie, das werden sie ganz gewiß, aber zuvor müssen wir ganz wichtige Dinge besprechen. Unser Pater Superior bittet Euch, recht bald zu ihm zu kommen und Eure Satzungen mitzubringen, damit Euer Wunsch, eine wirkliche Ordensregel zu erhalten, bald erfüllt werden kann."

9
Das Werk wächst

Mit Mater Regina und Pater Paulus arbeiten die Jesuiten Pater Engelbert und Pater Boska an der Erstellung einer geistlichen Regel für die Gemeinschaft der Katharinenschwestern. Die Grundlage bietet die einfache Tagesordnung, die Mater Regina ihrem Kloster gegeben hatte. Die Patres bewundern ihre klare, sachliche Art, mit der sie sich allen Problemen stellt, die nun neu auftauchen. Sie bleibt bei ihrem eindeutigen Nein gegen die strenge Klausurierung ihrer Schwestern. „Ich bewundere Euren Mut, Mater Regina, und ich hoffe, daß man höheren Ortes auch das nötige Verständnis für Eure Sicht der Dinge aufbringt!" Der Superior ist bei allem Verständnis für die Ziele, die Mater Regina mit ihrer Gründung verfolgt hat und verfolgt, nämlich den Armen und Kranken unmittelbar zu dienen, sehr skeptisch. Es wäre das erste Mal, daß die Kirche von dem eingefahrenen Prinzip abweicht und Ordensfrauen einen solchen Einsatz gestattet. „Unsere geliebte Mutter Kirche dürfte manchmal etwas flexibler sein", brummt Pater Paulus. „Gerade unsere Zeit hat solche Ordensfrauen so nötig wie das tägliche Brot." Sein Oberer überhört geflissentlich die kritischen Worte, zumal er insgeheim seine Meinung durchaus teilt.

Endlich ist das Werk getan, das letzte Strichlein niedergeschrieben. „Nun müssen wir das Ganze in die rechte Form bringen und Abschriften herstellen.

Hoffen und beten wir um den Heiligen Geist für Bischof Kromer!"„Macht Euch nicht zu viele Sorgen, Mater", fügt Pater Nikolaus den Worten seines Obern hinzu. „Ihr habt auch hier auf Erden gute Fürsprecher." Sie lächelt ihm zu. „Wir gehen derweil unseren Weg weiter, Hochwürden. Es wird so geschehen, wie Gott es will." Dann eilt sie zur Kirchgasse. Gundas Zustand hat sich verschlechtert. Sie wird beinahe von Tag zu Tag schwächer, hat aber ihren klaren Verstand behalten und – wie Pater Paulus sagt – „die Weisheit des Alters hinzugewonnen". Die alte Magd ist eine liebenswürdige Kranke, die mit viel Geduld und heiterem Gemüt ihre wachsende Schwäche hinnimmt. Sie hat für jede Schwester ein gütiges Wort und ein herzliches Dankeschön für die kleinste Aufmerksamkeit. Ihre Augen leuchten auf, als Mater Regina von ihrer letzten Besprechung mit den Jesuiten heimkehrt. „Nun kann ich mich wieder mehr um dich kümmern, Gunda. Wir haben unsere kleine Regel soweit fertig." Gunda lächelt verschmitzt. „Das habe ich mit den Heiligen Geist so ausgemacht und mit der Gottesmutter. Ich habe ihnen gesagt: ‚Nimm dieses Zipperlein dafür und jenes Wehwehchen für etwas anderes!' Natürlich habe ich es viel höflicher gesagt und dafür gebetet." Die Schwestern hören das fröhliche Lachen ihrer manchmal ernsten Mater und freuen sich daran. „Gunda ist für uns alle eine richtige Medizin!" Die Kranke vertraut ihrer ehemaligen Herrin an: „Allerdings habe ich auch an mich gedacht und unserem guten Herrn und Gott einen, meinen Herzenswunsch vorgetragen. Ich möchte mit Euch noch einmal Weihnachten feiern dürfen. Meint Ihr, daß ich da zu anspruchsvoll gewesen bin?" „Aber nein, liebe Gunda", Mater Regina streichelt die beinahe unbeweglichen, mageren Hände. „Du weißt, daß ich immer sage: ‚Wie Gott will!', aber ich bin überzeugt, daß du ihn auf deiner Seite hast." Nach diesen Worten verläßt sie sofort das Krankenstübchen. Gunda soll nicht sehen, daß ihr Tränen in den Augen stehen.

Nach einem sonnigen und warmen Oktober kündet sich der November mit Sturm, Nebel und Kälte an. Die Kette der Hilfesuchenden reißt nicht ab. „Gut, daß wir einen so reichen Vorrat an Tees und Salben bereitet haben", stellt Schwester Elisabeth fest. „Nun zahlt sich die Arbeit eines Sommers aus. Wir können vielen helfen, ihre Erkältung zu besiegen." Schon jetzt, ehe die kirchliche Zustimmung erfolgt ist, besuchen die Schwestern die ernstlich Erkrankten in ihren Häusern und Hütten. Mater Regina wagt sich auch in das Spital. Sie wäscht und verbindet die von den unausgebildeten, rauhen Pflegern vernachlässigten Kranken und hat für jeden ein tröstendes Wort, obwohl sie manchmal Zurückweisung und Undank erfährt. So weilt sie auch an Martini wieder im Spital und versorgt das schlecht verheilte Bein des jungen Schmiedelehrlings, säubert und verbindet seine Wunde mit einer Salbe aus Heilkräutern. „Nun Geduld, Peter. Bleib brav liegen! Ich komme jeden Tag nach dir sehen."

Daheim wird sie von einer glücklichen Gunda erwartet. Von einem zweiten Strohkissen gestützt, sitzt die Alte auf ihrem Lager. Sie hat einen weißen, wollenen Umhang um ihre Schultern, fast zu groß für das kleine Persönchen. „Wir haben heut' Martini!" flüstert sie strahlend und bietet Mater Regina auf ihrer runzligen Hand einen blinkenden Taler dar. „Mein Jahreslohn!" Dann bittet sie: „Schaut einmal zur Wand! Heut' ist Martini!" Mater Regina wundert sich, weil Gunda das so betont wiederholt. Aber sie schaut sich gehorsam um. Sie will der alten Frau die Freude nicht verderben. An dem großen Nagel, den Schwester Elisabeth damals eingeschlagen hat, hängt ein neues Gewand, ein langes Kleid aus kostbarem weiß-goldenem Brokat. Sie erkennt es sofort wieder. Es ist ihr Kleid, das sie am letzten Weihnachtsfest getragen hat, als sie noch zuhause war. „Viel zu schön für eine alte Magd, nicht wahr, Herrin?" wispert Gunda leise. Mit sanfter Hand fährt Mater Regina über den Ärmel des Kleides. Die Anrede Herrin hätte nicht fallen dürfen, damit hat Gunda verraten, daß sie das Kleid wiedererkannt hat. „Nein, Gunda, es ist genau richtig für dich", widerspricht die Mater mit milder Stimme. Dann räuspert sie sich, ehe sie fragt: „Und wer hat dir die Martini-Gaben gebracht?" Wieder dieses glückliche Strahlen in Gundas Augen. „Unser Herr", antwortet sie, und Mater Regina weiß, daß sie dieses Mal mit diesen beiden Worten Peter Protmann meint.

Manchmal versammeln sich die Schwestern am Abend um das Lager der Magd und singen ihr einige Lieder vor. „Die Nacht ist kommen, drin wir ruhen sollen. Gott walt's zu Frommen nach sein' Wohlgefallen..." oder „Veni Creator Spiritus" und etliche Volks- und Reigenlieder. Was tut es, wenn die Greisin darüber einschläft? Mater Regina segnet sie, und sie schleichen aus dem Stübchen und ziehen die Türe hinter sich zu. An einem Abend haben sie die Türe beinahe erreicht, als die schwache Stimme der alten Frau ertönt: „Mater Regina, würdet Ihr bitte noch einmal zu mir kommen! Sofort erfüllt die Ordensfrau den bescheidenen Wunsch. Sie kniet am Bett nieder, um die schwache Stimme gut zu verstehen. „Erinnert Ihr Euch noch daran – o, es ist schon lange her. Ihr waret damals erst sechzehn Jahre alt – da waret Ihr mit Euren Freundinnen an der Passarge und seid dort fahrenden Leuten begegnet. Nachher habt Ihr ... vielleicht war es auch der Andreas, der es mitgehört hat.

Das weiß ich nicht mehr genau. Jedenfalls haben wir in der Küche erfahren, daß ein altes Weib der fahrenden Leute Euch etwas vorausgesagt hat. Wir haben damals herzlich darüber gelacht. Nur Köchin Anna hat daran geglaubt. Heute habe ich begriffen, daß wir damals Unrecht hatten. Ihr habt Euch mit dem reichsten, edelsten und mächtigsten Herrn verbunden – mit Gott!" „Laß' es gut sein, Gunda. Ich erinnere mich auch daran, was sie alles geredet hat. Sie wollte mir wohl einen Gefallen tun, weil ich ihr alles gegeben hatte, was in meiner Geldbörse war. Nun schlaf gut, meine Liebe!" Mater Regina erhebt sich und legt den Finger auf die Lippen. Ja, sie erinnert sich an jene Begebenheit. War da nicht vom Dienen und Herrschen, von Macht und Ohnmacht, von Reichtum und Armut und von Töchtern die Rede gewesen? Seltsam ist es schon, wenn sie daran denkt, wie sich ihr Leben entwickelt hat. Aber warum sollte Gott sich nicht eines jeden Werkzeuges bedienen können?

Die abendliche Singerunde bei Gunda wird zur festen Einrichtung. Bald sind es die ersten Adventslieder. Weihnachten nähert sich mit Riesenschritten und mit viel Eis und Schnee. Pater Paulus kommt häufig ins Haus, besucht Gunda und gibt ihr seinen Segen, wenn er sie schlafend antrifft. Sie muß infolge ihrer zunehmenden Schwäche oft am Tage spontan schlafen, aber in ihren wachen Stunden ist sie geistig ganz rege. Sie hat auch noch die Gnade, die sie ersehnt und erbeten hat: sie kann das heilige Weihnachtsfest mit den Schwestern feiern. Ihr armes Stübchen wird durch Kerzen und Tannengrün in eine Kapelle verwandelt. Die Schwestern singen und beten mit ihr, und Pater Paulus bringt ihr den Leib des Herrn. Sie ist wirklich glücklich, wenn sie sich auch kaum noch äußern kann. „Nunc dimittis…", sagt Pater Paulus zu

Mater Regina sichtlich bewegt, als er nach der schlichten Feier mit Mater Regina zusammen im kleinen Sprechzimmer ist. „Nun ist es bald soweit, daß der Herr seine treue Dienerin in Frieden scheiden läßt. Gebt sie frei für Ihn! Ich weiß, sie war Euch in der harten Anfangszeit keine Last, sondern sie war für Euch und Eure Schwestern eine Hilfe. Sie soll auch der Stadt Braunsberg nach ihrem Heimgang etwas zu sagen haben. Dafür werde ich Sorge tragen."

In der Woche nach dem Weihnachtsfest setzt überraschend Tauwetter ein. Der Schnee schmilzt, und die Passarge tritt über die Ufer. Der jähe Wetterwechsel erhöht die Zahl der Kranken und Schmerzgeplagten, die bei den Katharinenschwestern anklopfen und um Hilfe bitten. Mater Regina sorgt dafür, daß immer eine ihrer Schwestern bei Gunda wacht. Wie gerne hätte sie ihr diesen letzten Liebesdienst selbst erwiesen, aber sie wird von allen Seiten angefordert. Schwester Lene weilt bei Gunda. Sie nimmt es nicht wahr, daß mit einem Mal der leichte Atem ganz aussetzt und das Köpfchen der Greisin auf die Seite fällt. Gunda ist still und unauffällig heimgegangen.

Sie trägt das kostbare weiße Brokatgewand, das neue Gewand von Martini, als sie in den Sarg gebettet wird. Es ist kein Armensarg, wie es sich für eine Magd geziemen würde. Pater Paulus sorgt dafür, daß sie einen Eichensarg erhält, wie er sonst nur die sterblichen Überreste der Patrizierfrauen aufnimmt. „Wer hat Euch das Geld dafür gegeben, Vater?" fragt Mater Regina betroffen. Die Schuldenlast ihres Konventes ist so angewachsen, daß sie nicht dafür aufkommen kann. „Eure Frage ist eigentlich ziemlich indiskret, liebe Mater. Dennoch gebe ich Euch eine Antwort: es ist der Nämliche, der Gunda zu Martini das weiße Gewand gebracht hat. Er hat auch dafür gesorgt, daß

St. Katharina reich geschmückt ist und daß der Kirchenchor die Seelenmesse begleitet." Peter Protmann tut ein Übriges. An der Spitze seiner Familie kommt er in das Gotteshaus, um seiner armen Magd die letzte Ehre zu erweisen. Keiner hat sich ihm zu widersetzen gewagt, nicht einmal Bartel und Jutta Protmann. „Eine Seelenmesse wie für eine von uns", flüstert Jutta ihrem Schwager zu. „Sie war eine von uns", lautet seine Antwort. Wütend schielt Jutta zu den schlicht gekleideten Katharinenschwestern. Hat diese Regina es geschafft, den Vater auf ihre Seite zu ziehen?

Pater Paulus predigt. Seine machtvolle Stimme dröhnt durch den hohen Kirchenraum und läßt einfach kein Erlahmen der Aufmerksamkeit, kein gelangweiltes Weghören zu. „Meine Seele preist die Größe des Herrn, und mein Geist jubelt über Gott, meinen Retter, denn auf die Niedrigkeit seiner Magd hat er geschaut..." Mit diesen Worten der allerseligsten Mutter und Jungfrau möchte ich meine Predigt beginnen. Sie war eine treue Magd des Herrn, jene, die wir heute zu Grabe tragen werden. Sie war eine Magd... Das mag manchen von uns gering erscheinen, aber, meine lieben Christen, was sind wir denn anderes vor Gott als seine Mägde und Knechte. Vor den allwissenden Augen unseres Gottes hat nichts, gar nichts von dem Bestand, was uns Menschen so wichtig und bedeutend erscheinen mag – irdischer Besitz, Macht und Ehre. All das ist vor ihm nur Schall und Rauch. Es vergeht wie unser irdischer Leib. Was vor ihm einzig bleibt und zählt, sind unser ehrfürchtiger Glaube und unsere selbstlose Liebe. Alles andere ist dahin. Zu seiner getreuen Magd Gunda kann unser Herr sprechen: ‚Gehe ein in die Freude deines Herrn. Du warst getreu bis in den Tod. Darum will ich dir die Krone des ewigen Lebens geben!'" Der Chor greift diese Worte auf in einer neuen Weise. Bei allem Ernst mündet sie in den Jubel sieghafter Vollendung. Mater Regina schämt sich ihrer Tränen nicht, aber sie weiß zugleich tiefinnerlich beglückt: „Gunda ist daheim. Nun haben wir eine Fürsprecherin mehr vor Gottes Thron."

Im Haus des Peter Protmann ist man geteilter Meinung über die aufwendige Beisetzung der Magd. „Mußte das sein, Peter?" murrt Frau Protmann und legt ihre schwere Goldkette ab. „Wolltest du etwa auch noch einen Leichenschmaus geben?" Er antwortet nicht. Unbeirrt fährt sie fort: „Die Predigt dieses Jesuiten war offensichtlich auf uns gemünzt. Und wie hat diese Regina mit ihren sogenannten Katharinenschwestern ausgesehen! Wie Gespenster haben sie in ihren erbärmlichen dunklen Gewändern da gekniet, die Augen auf den Altar geheftet. Ist diese Form der Hingabe nicht beinahe krankhaft und für das natürliche Empfinden übertrieben?" Peter Protmann streicht über seinen Bart, der mit den Jahren viele weiße Fäden aufweist. „Wir wollen uns um mehr Gerechtigkeit und … Liebe bemühen, Frau! Damals hat es dich und mich tief getroffen, als Regina uns verlassen hat. Unser Herr hat sie gerufen. Davon bin ich nun überzeugt, weil sie das lebt, was sie ihm versprochen hat. Vor kurzem habe ich ein Büchlein über den heiligen Franziskus von Assisi gelesen. Auch er hat sich plötzlich von einem glanzvollen Leben und seinem reichen Elternhaus losgesagt und fortan in Armut nach dem Evangelium gelebt." Heftig begehrt die Frau auf: „Hältst du unsere Regina etwa neuerdings für eine Heilige? Dein Franziskus war ein Mann und konnte darum arm und ungeschützt durch die Lande ziehen, ohne an Leib und Seele Schaden zu erleiden. Regina geht in die Häuser und Hütten und in das Spital und pflegt dort die Armen und Kranken – unerhört für eine Frau! Sie wird an ihrer Selbstüberschätzung mit ihren Freundinnen kläglich scheitern." Ungeduldig geht Peter Protmann auf und ab. „Ich bewundere inzwischen den Mut und die Seelenstärke unserer Tochter Regina!" sagt er fest. „Und ich wünsche in meinem Hause kein Wort der Kritik mehr über sie zu hören!" Fassungslos starrt Frau Protmann ihren Gatten an. „Du bewunderst sie?" stammelt sie nur.

Der Bürgermeister und der Rat der Stadt Braunsberg sind zu einer routinemäßigen Sitzung im Rathaus zusammengekommen. Sie gehen Punkt für Punkt die Tagesordnung durch und lauschen aufmerksam dem Bericht des Stadtkämmerers über die finanzielle Lage der Stadt. „Wir stehen hier in Braunsberg besser da als in vielen Städten Ostpreußens. Es hat dort allerlei Wirren und Einbußen in wirtschaftlicher Beziehung gegeben. Unsere Handelsbeziehungen mit dem Westen sind größtenteils bestehen geblieben, natürlich auch mit dem Königreich Polen."

Beifällig nickt der Bürgermeister zu den Zahlen und Statistiken. „Unter dem Krummstab ist eben doch gut leben. Es hat sich also für uns gelohnt, daß wir dem alten Glauben treu geblieben sind." Ein Ratsherr meint bedächtig: „Das ist wohl vor allen Dingen das Verdienst des edlen Kardinals Stanislaus Hosius! Schade, daß er nach Rom mußte! Wie mannhaft hat er seinerzeit den Angriffen des Schloßhauptmanns Preuck und seiner Anhänger widerstanden! Denkt nur an die Ratsherrn Bartsch und …hm… andere!" Einige Köpfe senken sich. Manche haben in Braunsberg mit den Umstürzlern sympathisiert und die Stadt zwingen wollen, der neuen Lehre zu folgen. Nun stehen sie wieder treu zur Fahne des Ermlandes, dem Gotteslamm mit dem Kreuz.

Bartel Protmann möchte das auch für ihn kritische Thema beenden. „Wer von den Herrn hat die aufwendige Beerdigung der Magd Gunda miterlebt, welche die Katharinenschwestern veranstaltet haben? Eine Magd wird wie eine Herrin beerdigt. Das heißt ja wohl unsere Werteordnung auf den Kopf stellen.

Das Klösterchen in der Kirchgasse soll sogar eine eigene Ordensregel erhalten. Die Patres der Gesellschaft Jesu haben mit Regina Protmann daran gearbeitet." Bartel Protmann läßt seine Blicke von einem Ratsherrn zum anderen wandern. Er ist nicht zufrieden mit der Reaktion seiner Kollegen. Die reicht nämlich von gelangweiltem Desinteresse bis zu einer gewissen Toleranz. „Ihr habt das Thema reichlich oft ausgewalzt", wehrt der dicke Roders ab. Er möchte liebend gerne nach Hause. Der Ratsherr Buderius wirft ein: „Eigentlich müßte man Eure Nichte bewundern, Protmann! Was hat so ein junges Ding ohne unsere Hilfe fertiggebracht!" Bartel verzieht sein Gesicht, als habe er auf ein Pfefferkorn gebissen. Ein Lobgesang auf Regina, das fehlte ihm jetzt gerade noch. „Dafür hat sie aber auch einen Berg Schulden abzutragen! Wie konnte sie so verwegen sein und aus dem Nichts eine Ordensgesellschaft gründen!" Der Bürgermeister macht ein grimmiges Gesicht. „So, so, einen Berg Schulden? Und wie eifrig hat die reiche Familie Protmann ihr ‚abtrünniges' Familienmitglied unterstützt? Welche Summe habt Ihr zum Beispiel ausgeworfen?" „Keinen roten Heller!" ruft Bartel Protmann aus. Buderius beugt sich vor und mustert ihn geringschätzig. „Ist das richtig, wenn Ihr zulaßt, daß Eure Nichte in Not und Armut lebt, weil sie Gutes an Armen und Kranken tut?" Ein heftiges Stimmgewirr erhebt sich. Manche stimmen Buderius zu, andere reden dagegen, bis der Bürgermeister laut sagt: „Schluß der Debatte, meine Herren! Halten wir es als gute Christen mit der Heiligen Schrift: ‚An ihren Früchten werdet ihr sie erkennen!' Und an anderer Stelle heißt es irgendwie ähnlich: ‚Wenn dieses Werk von Gott ist, wird es Bestand haben.' Die Sitzung ist geschlossen!" Bartel Protmann ist mit sich und der Welt unzufrieden, als er nach Hause geht. Bei einem Krug Bier im Wirtshaus verweilt er längere Zeit. Er hat noch keine Lust, seiner scharfzüngigen Jutta unter die Augen zu treten. Nein, ihm ist nicht wohl zumute.

Ein Fräulein, das sich den Katharinenschwestern anschließen wollte, sie aber verließ, weil es die strenge Lebensweise nicht durchhalten konnte, hat ein Loblied auf Regina gesungen. „Sie geht allen voran. Für sich beansprucht sie das Geringere an Kleidung und Nahrung. Sie pflegt die unangenehmsten Kranken. Sie hat für jede Schwester ein gütiges Wort. Sie bleibt geduldig, ist aber dabei fest und konsequent. Sie macht keine Abstriche von der Tagesordnung. Ich bewundere sie sehr. Zu mir sagte sie liebreich: ‚Ursula, kehre heim und tue dort Gutes. Die Welt braucht christliche Frauen und Mütter.' Da habe ich sie gefragt: ‚Schätzt Ihr Euch höher ein als die Frauen und Mütter draußen?' Sie hat mich erstaunt angeschaut. ‚Höher, Ursula? Geringer, viel geringer. Entscheidend ist aber, wie Gott uns einschätzt. Er hat nur einen Maßstab: die Liebe!'" Mißmutig starrt Bartel in das schale Bier. Maßstab Gottes ist die Liebe … Törichtes Weibergeschwätz!

An einem Märztag des Jahres 1583 ist Mater Regina wieder einmal so erschöpft, daß sie kaum ihre Umgebung wahrnimmt. Die ganze Nacht hat sie am Bett der kranken Frau Annamaria verbracht, die ihr siebtes Kind verloren hat. Die Frau fiebert. Mater Regina hat der Armen ein sauberes Lager bereitet mit

Laken aus dem Kloster. Sie hat die Frau gewaschen und ihr ein frisches Hemd angezogen. Sie wird die schmutzigen Laken, das Hemd der Frau und den Tuchfetzen, der als Trockentuch und Handtuch gedient hat, mit zur Kirchgasse nehmen und waschen. Die Ordensfrau hat der Fiebernden Umschläge gemacht, ihr Tee und dünnen Haferschleim eingeflößt. Außerdem hat sie den schlimmsten Schmutz aus der Hütte gekehrt, den sechs Kindern eine dicke Suppe bereitet und sie dann einer hilfsbereiten Nachbarin anvertraut. Nun muß sie nach Hause. Das ärmliche Kloster in der Kirchgasse ist ihr ein wirkliches Zuhause geworden. Das Haus ist unzureichend und alt, und es platzt infolge der Überbelegung aus allen Nähten, aber es ist dennoch für sie zur Klosterheimat geworden.

Jetzt ist sie fast benommen vor Müdigkeit. Krampfhaft preßt sie das Bündel mit der schmutzigen Wäsche an sich. Sie taumelt und wäre auf den unregelmäßigen Pflastersteinen beinahe gefallen. Da ertönt eine wohlbekannte Stimme: „Mater Regina! Mater Regina!" Sie bleibt stehen, ohne sich umzuwenden. Dazu ist sie zu müde. Nun hat der Rufer sie erreicht. Pater Paulus sieht sie erschrocken an. Ihr hageres, blasses Antlitz hat dunkle Ringe unter den Augen und scharfe Linien zwischen den Nasenflügeln und den Mundwinkeln, die von ihrer Überanstrengung zeugen. „Mater Regina, habt Ihr etwa wieder Nachtwache bei einer Kranken gehalten?" Er nimmt ihr das Bündel aus der Hand. „Wie müde Ihr seid! Ihr müßt nicht alles selbst tun wollen, mehr delegieren und Euch vornehmlich der geistlichen Leitung Eurer Schwestern widmen!" Die Ordensfrau sieht ihn schuldbewußt und zugleich schmerzerfüllt an. „Vater, ich weiß, aber Leid und Not, Unwissenheit und Armut sind so groß und schreien nach Hilfe. Man müßte tausend Hände haben und tausend Herzen!" „Aber der gute Gott gab Euch nur zwei Hände und ein Herz. Letzteres soll noch eine ganze Weile halten, Mater Regina! Eure Gemeinschaft und jede einzelne der Schwestern brauchen Euch. Nein, das Bündel trage ich! Es ist durchaus nicht unter meiner Würde. Kommt ins Haus! Im übrigen gibt es nun ein wirklich wirksames Mittel: gebt all Eure Sorgen für Eure Armen und Kranken in das liebende Herz unseres Herrn! Er kann Unmögliches möglich machen." An der Türe werden sie von Schwester Mathilde begrüßt. Er drückt ihr das Wäschebündel in die Hand. „Sorgt weiter dafür, Schwester. Ich muß mit der Mater etwas besprechen." Er schiebt im Sprechzimmer Mater Regina in den Sessel, den sie inzwischen geschenkt bekommen haben, und setzt sich selbst auf einen Stuhl. „Wie Ihr wißt, liebe Mater, war ich in Heilsberg bei unserem Hochwürdigsten Fürstbischof Kromer, und zwar brachte ich ihm im Auftrag unseres Paters Superior den Regelentwurf für die Gesellschaft der heiligen Katharina von Alexandrien, die Katharinenschwestern von Braunsberg. Unser Bischof hat die Regel approbiert. Er will sie den Schwestern feierlich und öffentlich überreichen. Zudem schenkt er Euch das große, gut erhaltene Nachbarhaus, das ehedem einer Priestergemeinschaft gehört hat. Damit ist Eure furchtbare Raumnot beendet. Mater Regina erhält ein eigenes Schlaf- und Arbeitszimmer, was sie ohne Widerrede akzeptieren wird…" „Hat das der Bischof angeordnet?" fällt sie ihm rasch ins Wort. „Nein, aber der Beichtvater dieser gewissen Mater! Hat er nicht auch einige Befehlsgewalt?" Er atmet einige Male tief durch. Sein Gesicht strahlt. Mater Regina hat ihre bleierne Müdigkeit vor Aufregung beinahe vergessen. Sie beugt sich gespannt vor. Was hat Pater Paulus noch an guten

146

Nachrichten mitgebracht? „Und dann?" fragt sie unwillkürlich. „Siehe da! Die tugendhafte Frau Oberin der Katharinenschwestern hat auch menschlich-natürliche Züge. Sie ist noch nicht ganz frei von Neugier", scherzt er. „Ich will Euch von Eurer Spannung erlösen. Unser Hochwürdigster Herr Bischof Kromer übernimmt alle Schulden, die sich ohne Euer Verschulden im Laufe der sieben Jahre angehäuft haben, weil der edle Rat dieser wohlhabenden Stadt Euch zwar arbeiten läßt, aber Euch jede finanzielle Unterstützung verweigert. Alle Abgaben sind dem Konvent erlassen. Freut Euch im Herrn, Mater Regina, nun seid Ihr wirklich frei, um zur größeren Ehre Gottes wirken zu können." Sie kann nicht verhindern, daß ihr Tränen, Freudentränen, über die hageren Wangen laufen. „Halt! Dankt nicht mir, dem armen Boten! Dankt dem Herrn! Er ist es, der durch Bischof Kromer Eure Gemeinschaft segnet. Ruft Eure Schwestern zusammen und verkündet ihnen, wie groß die Güte Gottes ist!" „Dürfen wir in St. Katharina eine Dankandacht halten, Vater?" bittet sie bescheiden und wischt sich verstohlen die Tränen ab. „Morgen, meine liebe Tochter, morgen! Heute unterrichtet Ihr Eure Schwestern und übergebt Schwester Barbara die Leitung des Konventes. Dann legt Ihr Euch hin und schlaft. Das ist ein Befehl!" „Und die arme Frau in der Eulengasse", will sie einwenden. „Nach der werde ich sehen und nehme mir Schwester Sophia als Hilfe mit."

„Was haltet Ihr davon, liebe Schwestern?" fragt Mater Regina in einer der abendlichen Rekreationen und zeigt ihnen dabei eine kleine Malerei, das Ermlandwappen. Die Schwestern sehen einander ratlos an... Warum zeigt ihnen ihre Oberin heute etwas so Vertrautes und fragt außerdem nach ihrer Meinung? Endlich meint Schwester Gabriele zögernd: „Habt Ihr etwas Besonderes mit unserem Wappen vor, Mater Regina?" Da lacht sie und schlägt sich mit der flachen Hand gegen die Stirn. „Aber natürlich, liebe Schwestern! Warum habe ich das nicht gleich gesagt? Was würdet Ihr davon halten, wenn wir für unseren Bischof und großzügigen Gönner ein weißseidenes Meßgewand mit diesem Wappen anfertigen würden? Eine solche Arbeit bedarf großer Kunstfertigkeit und Genauigkeit. Traut Ihr Euch die zu, Schwester Elisabeth und Schwester Mathilde? Wir müssen sie außerdem zusätzlich verrichten, denn unsere Armen und Kranken dürfen nicht darunter leiden, daß wir keine Zeit für sie haben. Das versteht Ihr doch? Wir müßten unsere abendliche Rekreation dafür opfern. Die nicht unmittelbar daran beteiligt sind, können durch schöne und frohe Lieder die Arbeit unserer Künstlerinnen begleiten. Was meint Ihr?" Alle stimmen begeistert zu. „Eine Bitte habe ich allerdings", sagt Mater Regina. „Dürfte ich das Kreuz auf dem Fähnchen sticken?"

Eine bescheidene neue Tätigkeit der Katharinenschwestern läßt die Wogen der Aufregung in Braunsberg wieder hochsteigen. Seit der Raummangel behoben ist, unterrichten sie begabte arme Mädchen und bringen ihnen Lesen, Schreiben, Rechnen, Nähen, Stricken und Flicken bei. „Diese Frau, die Mater Regina, verdirbt das zukünftige Gesinde. Wenn jemand einige Bildung besitzt, wird er nicht mehr für billiges Entgelt dienen wollen. Die Mädchen werden künftig Forderungen stellen. Sollte man diese Mater Regina und ihre Schwestern nicht aus Braunsberg ausweisen? Sie gefährdet das friedliche Miteinander von Bürgern und einfachem Volk!" Dieses Mal erntet Ratsherr Protmann für seinen Vorschlag nur das Gelächter des gesamten Rates. „Wollt Ihr es mit der Gesellschaft Jesu aufnehmen?" spottet einer. „Ihr würdet garantiert den kürzeren ziehen." „Oder wollt Ihr dem Hochwürdigsten Herrn persönlich widerstehen? Er hält doch seine schützende Hand über die Katharinenschwestern?" Der Bürgermeister setzt allem die Krone auf, als er mit einem beinahe mitleidigen Lächeln sagt: „Ihr verkennt die Lage voll und ganz. Das Volk von Braunsberg verehrt Regina Protmann jetzt schon wie eine Heilige. Wollt Ihr die Leute alle gegen Euch haben?"

Das prachtvolle Meßgewand mit dem Ermlandwappen geht langsam seiner Vollendung entgegen. Mater Regina erfüllt sich ihren Wunsch, das Kreuzchen zu sticken. Sie ist sorgsam darauf bedacht, daß sie mit ihren arbeitsrauhen Händen nicht an der Seide hängenbleibt. „Jedes winzige Stichlein sei wie ein Gebet für unseren Bischof und für unser geliebtes Ermland", hat sie den Schwestern empfohlen. So wird das Festgewand für Bischof Kromer auch ein Gewand der Gebete. „Wie wir unsere Bitten und Gebete hineingeben haben in dieses Sinnbild für unseren Herrn, das Lamm Gottes, so wollen wir Schwestern der heiligen Katharina jeden Atemzug, jeden Herzschlag, all unser Tun und Beten fest mit unserem Herrn und mit der Mutter Kirche verweben. Sie soll im Ermland und überall da, wohin Gottes Wille uns führen mag, keine getreueren Töchter haben." Als das Meßgewand fertig ist, hüllen sie es in feingewebtes Linnen und sind dabei sorgsam darauf bedacht, keinen Knitter und keine Falte entstehen zu lassen. Pater Paulus wird die kostbare Gabe mit einem Dankesbrief von Mater Regina dem Bischof überbringen.

Fürstbischof Kromer ist freudig überrascht und begeistert, als er das Geschenk des Konvents in Braunsberg betrachtet. Er ahnt, mit welcher Mühe und Liebe das Meßgewand angefertigt worden ist. „In der gerin-

gen Freizeit der Schwestern nach der harten Tages-
arbeit", betont Pater Paulus. „Ich werde Euch ein Dan-
kesschreiben mitgeben, Pater Paulus", beschließt der
Bischof, hält aber dann inne. „Nein, ich habe eine viel
bessere Idee. Ich statte dem Kloster einen inoffiziellen
Besuch ab und danke den Schwestern persönlich. Was
meint Ihr dazu? Aber Ihr dürft ihnen nichts verraten!"

Mater Regina und die Schwestern sind etwas enttäuscht, daß Pater Paulus ihnen nur den Dank und
die Grüße des Bischofs ausrichtet. Schwester Sophia
mault sogar laut: „Hätten wir nicht wenigstens ein
paar freundliche Zeilen des hohen Herrn verdient?"
Die Oberin schüttelt den Kopf. „Verdient? Was verdienen wir denn von Gott und den Menschen, wenn
wir alles tun, was wir zu tun vermögen? Wir wollen
nie nach Lohn und Anerkennung Ausschau halten, liebe Schwestern. Ich weiß, daß das mit zu den schwersten Opfern gehört, die unserer menschlichen Natur
abverlangt werden. Ich selbst ertappe mich oft genug
dabei, daß ich ein Dankeschön oder wenigstens ein
freundliches Ja zu meinem Tun erwarte. Gott hat da
seine eigenen Methoden, um uns abzuhärten. Sie tun
manchmal ziemlich weh, aber sie sind heilsam. Tun
wir nicht so, als wären wir bereits vollkommen und
über solche Schwächen erhaben! Das wäre Heuche-
lei. Vertrauen wir Gott getrost in allem, auch in unseren Schwächen."

An einem heißen Sommertag pocht ein Bettler an
die Pforte des größeren Hauses der Katharinenschwestern in der Kirchgasse. Es ist ein widerlicher, schmutziger Kerl mit einem verwüsteten, wildbärtigen Gesicht und einer roten Säufernase. Er hält sich gar nicht
erst mit Grüßen auf und drischt auch keine der frommen Phrasen, die solche Burschen meist auf Lager
haben. „Will was zu essen!" fordert er frech und hum-

pelt an der jungen Schwester vorbei in die kleine Kammer, ohne auf ihre Worte „Warte bitte draußen!" zu achten. Hilflos steht sie da und rollt ihre Schürze zwischen den Fingern. „Bist wohl neu hier? Los, was zu essen und zu trinken!" brummt der Kerl dreist, als er ihre Verlegenheit bemerkt. Er grinst breit und zeigt dabei ein paar braungelbe Zahnstummeln. „Na, wird's bald!" Wie gehetzt läuft sie zu Mater Regina, die in einem Zimmer mit ein paar Mädchen Schreibübungen macht. Die junge Schwester entschuldigt sich wegen der Störung und berichtet in hastigem Flüsterton von dem unheimlichen und dreisten Landstreicher an der Pforte. Zuerst möchte die Gründerin unwillig reagieren, aber die arme junge Schwester hat offensichtlich Furcht vor dem Landstreicher. „Bleibt Ihr bei den Mädchen und helft ihnen bei ihren Schreibübungen, Schwester Agathe! Ich werde mir derweil den Burschen einmal näher ansehen." Erleichtert wendet sich Schwester Agathe den Kindern zu. Mater Regina begibt sich ins Pförtenstübchen. Ja, der Kerl sieht wirklich verkommen aus. Er trommelt ungeduldig mit seinen schmutzigen Fingern auf den Tisch. „Wo bleibt mein Essen?" fährt er die vermeintliche Pfortenschwester an mit einem tückischen Blick aus seinen blutunterlaufenen Augen. „Wir haben noch nicht Essenszeit. Du mußt warten, bis gekocht ist!" erwidert sie fest. „Was? Auch noch warten auf den verdammten Nonnenfraß?" faucht er sie an. „Wenn dir das nicht paßt, kannst du gerne wieder gehen." Er will aufspringen und sie bedrohen. Der ruhige Blick der blauen Augen dieser Frau hält ihn auf seinem Stuhl fest. Mit dem sechsten Sinn, den ein erfahrener Streuner und Herumtreiber entwickelt, begreift er, daß diese Klosterschwester etwas Besonderes ist. Sie strahlt im Gegensatz zu der jungen Person von vorhin eine na-

türliche Autorität aus. Er bleibt auch gerne sitzen, weil
ihn seine wundgelaufenen Füße schmerzen. Der große
Zeh an seinem rechten Fuß ist vereitert und dick ge-
schwollen. Mit einem Mal wird er so sanft wie ein
schnurrender Kater. „Hättet Ihr vielleicht eine alte
Schüssel mit Wasser für meine Füße, ehrwürdige Frau?
Sie tun mir höllisch weh." Mater Regina sieht die ge-
schundenen Füße. „Die sehen ja furchtbar aus! Warte!" Dieses Mal protestiert er nicht dagegen, daß er
wieder warten muß. Er lehnt den Kopf mit dem ver-
filzten Haar an die gekalkte Wand und wartet. Bereits
nach kurzer Zeit kommt die Schwester zurück. Sie
bringt ihm eine Schüssel mit warmem Wasser, Lappen, Seife und Salbe. Stöhnend steckt er seine Füße in
das mit Kräuterabsud versetzte Wasser. „Du läßt sie
darin, bis das Wasser zu kalt wird. Dann wäschst du
sie gründlich. Hier sind Seife und Lappen dafür…"
„Waschen?" Er starrt sie fassungslos an, als habe sie
etwas Ungeheuerliches von ihm verlangt. „Waschen!"
wiederholt sie energisch. „Und das gründlich."

Nach einiger Zeit kommt sie wieder, eine groblei-
nene Schürze über ihrem dunklen Gewand. Sie bringt
das gebrauchte Wasser fort und kommt mit einer neu-
en Schüssel voll warmem Wasser zurück. Sie betrachtet die Füße und schüttelt den Kopf. „Das verstehst
du also unter Waschen!" Ohne lange zu zögern, kniet
sie nieder und nimmt sich die Füße des Landstrei-
chers vor. Sie säubert sie gründlich und scheint sein
wehleidiges Stöhnen gar nicht zu hören. Danach
trocknet sie die Füße mit einem sauberen Leinenlap-
pen ab und streicht eine dunkle, scharf riechende
Salbe auf den entzündeten Zeh. Dann legt sie einen
festen Verband an. Sie kniet auf der Erde und schließt
gerade den Salbentopf. Hinter ihr geht die Türe zur
Pfortenstube. Das wird Schwester Agathe sein! Sie

wendet sich nicht um. „Schwester Agathe, helft mir, den Mann hier in unseren Heuschuppen zu bringen! Er soll heute möglichst nicht auftreten." Warum starrt der Bettler nur mit offenem Mund zur Türe? „Ich will Euch gerne dabei helfen, Schwester, wenn Euch meine Hilfe willkommen ist", sagt eine tiefe Männerstimme hinter ihr. Mater Regina kniet noch und dreht sich um. Im Türrahmen des Pfortenstübchens steht lächelnd in einfachem Priestergewand der ihr wohlbekannte Fürstbischof Kromer aus Heilsberg. Freundlich lächelnd schaut er auf sie nieder. „Ein wahrhaft biblisches Bild", stellt er schmunzelnd fest. Da erwacht Mater Regina aus ihrer Erstarrung. „Ihr, Hochwürdigster Herr?" stammelt sie verlegen und schnellt mit hochrotem Kopf aus ihrer knienden Stellung empor. „Verzeiht mir! Ich … ich kann Euch nicht einmal die Hand geben." Jetzt lacht er laut und herzlich. „Was müßte ich Euch verzeihen, Mater Regina? Ihr müßt mir vielmehr verzeihen, daß ich unangemeldet gekommen bin und Euch bei Eurem Liebeswerk gestört habe. Nun gebt mir ruhig Eure Hand. Ich bin nicht aus Zuckerwerk." Sie reibt ihre Hand an der sackleinenen Schürze ab und reicht sie ihm. „Und nun wollen wir beide Euren Gast zum Heuschuppen bringen. Nein, ruft keine Schwester! Ich helfe Euch." Der Bischof und die Gründerin stützen einen humpelnden Vagabunden und betten ihn im Schuppen in das duftende Heu.

10
„Gehet hinaus..."

Bischof Kromer läßt sich von Mater Regina durch beide Häuser führen, durch das kleine Kloster der Anfangszeit und durch das zweite geräumigere Haus, das er den Schwestern geschenkt hat. Er freut sich über die einfache, aber zweckmäßige Einrichtung. Die Räume entsprechen den Forderungen der heiligen Armut, aber sie zeigen auch irgendwie die ordnende und sorgfältige Pflege weiblicher Hände. Vor dem Kreuz und den Statuen der Gottesmutter und der heiligen Katharina von Alexandrien blühen die Blumen des Sommers. Als sie den Rundgang beendet haben, fragt Mater Regina: „Dürfen wir Euch zum Mittagessen einladen, Exzellenz, oder werdet Ihr im Pfarrhaus erwartet?" „Nein, ich bin inkognito hier in Braunsberg. Ich war einfach neugierig darauf zu sehen, was Ihr aus Eurem Kloster gemacht habt. Mit der feierlichen Überreichung Eurer Regel wird es noch ein Weilchen dauern! Aber das machen wir dann hoch offiziell in St. Katharinen, damit die guten Bürger dieser Stadt etwas davon haben." Er schmunzelt. „Dürfen wir Euch das Mittagessen in unserem Sprechzimmer auftragen, Hochwürdigster Herr?" „Nein, nein, das dürft Ihr nicht!" wehrt der Bischof ab. „Ich möchte mit den Schwestern essen und das essen, was sie bekommen." Sie warnt ihn. „Unser Speiseplan ist weitaus bescheidener als der in den Pfarrhäusern, Exzellenz." „Und gerade darum möchte ich ihn kennenlernen. Das Essen in den Pfarrhäusern kommt mir nicht selten zu üppig vor. Das ist einer der Mißstände, gegen die ich ankämpfe. Ein Priester Christi hat meiner Meinung nach nur ein einziges Privileg: er darf das eine Opfer Christi feiern. Im übrigen müßte er wie ein Armer unter den Armen leben, wenn die Frohe Botschaft aus seinem Munde glaubhaft klingen soll. Wie soll er als ‚Reicher' den Armen, den einfachen Menschen, die Botschaft vom Menschensohn, der nichts hatte, wohin er sein Haupt legen konnte, verkündigen? Verzeiht mir, Mater Regina, wenn mir mein Eifer durchgegangen ist, aber gerade dieses Thema ist für mich besonders schmerzlich. In einer Zeit wie der unsrigen und in einem so bedrohten Lande wie in unserem Ermland müssen wir den Menschen Christus vorleben. Wir sind d i e Bibel, die sie lesen. Ich danke Euch dafür, daß aus Eurer Gemeinschaft das Bild des gütigen und armen Herrn aufleuchtet! Doch nun kommt rasch, Mater. Eure armen Schwestern sind hungrig und haben sich ihr Mittagessen redlich verdient." Im Refektorium stehen die Schwestern ruhig und gesammelt an dem langen, blanken Holztisch und warten geduldig. Der Fürstbischof begrüßt sie freundlich, betet das Tischgebet, segnet das Brot und nimmt den Ehrenplatz am Kopfende des Tisches ein. Mater Regina sitzt zu seiner Rechten. Die Vorleserin blickt sie fragend an. Soll sie auch heute aus der Heiligen Schrift vorlesen? Die Oberin winkt ab. „Ihr gestattet doch, daß wir wegen Eures hohen Besuches heute die Tischlesung ausfallen lassen, Exzellenz? Es ist für uns Katharinenschwestern eine große Freude und Ehre, daß Ihr nun in unserer Mitte weilt." Der Bischof schaut die Schwestern an. Wie erwartungsvoll sind die Augen dieser jungen, tapferen Frauen auf ihn gerichtet, der Frauen, die, ohne großes Aufheben davon zu machen, ein wahrhaft heroisches Leben nach dem Evangelium führen und den Menschen dienen. Das Mittagessen ist wirklich frugal. Es besteht lediglich aus einer Gemüsesuppe, die mit Grießmehl angedickt ist. Dazu erhält jeder ein Stück grobes dunkles Brot und einen Tonbecher mit kaltem Brunnenwasser. Der Bischof unterhält sich eifrig mit Mater Regina und mit seiner Nachbarin zur Linken, Schwester Barbara. Auch unter den anderen Schwestern ist bald ein lebhaftes Gespräch im Gange. Sie sind dabei recht vergnügt. Scherzworte fliegen hin und her. Mit einem Mal schaut Mater Regina betroffen drein. „O, ich habe unseren kranken Bruder im Heuschuppen ganz vergessen! Darf ich ihm...“ Sie möchte sich mit einem gefüllten Napf, einem Stück Brot und einem Löffel in der Hand erheben, um dem Vagabunden das Essen zu bringen. „Nein, das dürft Ihr nicht, Mater Regina“, sagt Bischof Kromer energisch. „Müßt Ihr jedweden Dienst selbst erweisen? Jede Eurer Schwestern ist bereit, den Mann zu versorgen.“ Gehorsam setzt sie sich wieder hin. Schwester Elisabeth bringt dem Bettler sein Essen.

Nach der Mahlzeit nimmt Bischof Kromer die Gründerin beiseite. „Habt Ihr nicht eine starke Neigung dazu, Euch selbst stets die schwersten Lasten aufzuladen? Euer Übereifer bereitet dem guten Pater Paulus manchmal regelrecht Sorge.“ Sie errötet, hebt dann aber entschlossen die Augen und sieht dem Bischof freimütig ins Gesicht. „Kann ich etwas von einer meiner Schwestern verlangen, das ich nicht selbst zu tun bereit bin? Außerdem muß ich die Lasten so verteilen, daß sie für alle Schwestern tragbar sind. Nicht jeder Schwester wurde von Gott das gleiche Maß an seelischer und körperlicher Kraft geschenkt.“ Nachdenklich sieht der Bischof vor sich hin, die Hand am

Brustkreuz, das er zuvor unter seiner Soutane getragen hat. „Haltet Ihr es vielleicht mit Franziskus von Assisi, Mater? Der Gute nannte seinen Leib seinen Bruder Esel und hat ihn ziemlich rauh behandelt. Darin stimme ich ihm nicht zu, so sehr ich ihn sonst auch schätze. Vergeßt nicht, daß Euer Bruder Esel hier auf Erden die Wohnstatt Eurer Seele ist. Er könnte störrisch werden, wenn er überfordert wird. Dann erleidet aber auch das geistliche Leben Einbuße. Mater, die Nächstenliebe hat eine klare Grenze, die meist zu wenig beachtet wird. Diese Grenze heißt: ‚Liebe deinen Nächsten wie dich selbst!‘ Nur Gott allein kann und darf grenzenlos lieben."

Noch einmal versammeln sich die Schwestern im Refektorium, ehe Bischof Kromer sich verabschiedet. „Ihr Wirken, meine lieben Katharinenschwestern, ist wichtig und segensreich für die Kirche unseres geliebten Ermlandes. Sie muß sich in einem harten Überlebenskampf bewähren. Ihr predigt nicht in den Kirchen, aber Ihr predigt jeden Tag wirkungsvoll durch Euer Leben der Hingabe in der Sorge für die Armen und Kranken und auch die Jugend. Ihr werdet dabei scharf beobachtet von den Armen und von den Reichen. Sie wägen ab, ob Euer Tun aus echter Liebe oder aus einer Laune heraus geschieht, die das eigene Gutsein genießen will. Wenn Ihr ganz und ausschließlich Dienerinnen Christi sein wollt, tragt Ihr ihn in die Hütten der Armen und schließlich auch in die Häuser der Reichen. Jene, die sich mit Spott und Geringschätzung von Euch abwenden, werden Euch bald nicht mehr widerstehen. Wie Ihr bereits wißt, habe ich Eure Ordensregel, die Mater Regina mit den Vätern der Gesellschaft Jesu erarbeitet hat, approbiert. Sie wird Euch in einer öffentlichen Feierstunde überreicht werden. Ihr arbeitet fortan mit dem besonderen Segen der

Kirche und unter ihrem Schutz. Allerdings habe ich an Euch, Mater Regina, und an Euch alle, liebe Schwestern, eine große Bitte: ‚Gehet hinaus!' Beschränkt Eure segensreiche Tätigkeit nicht länger nur auf die Stadt Braunsberg. Unser Ermland ist zwar nicht allzu groß, aber es gibt darin etliche Städte und Dörfer, die auf Euch warten. Vielfach existieren dort Beginenhäuser, die vom Aussterben bedroht sind, so zum Beispiel in Wormditt, in Heilsberg und in Rößel. Die guten Beginen führen ein vorbildliches Leben, haben aber keinen Nachwuchs mehr. Unser Ermland braucht junge, einsatzfähige und tatkräftige Schwestern und Priester, wenn es den kommenden Stürmen standhalten soll."

Der überraschende Besuch von Bischof Kromer, seine aufrüttelnden Worte und seine Bitte, Niederlassungen in anderen Orten aufzubauen, wirken nachhaltig auf die Schwestern ein. In Braunsberg ist es durch den Vagabunden, den die Schwestern gepflegt haben, kein Geheimnis geblieben, daß der Bischof in der Kirchgasse gewesen ist. Langsam wandelt sich die Einstellung der Wohlhabenden zu den Katharinenschwestern. Man spricht nicht mehr von Närrinnen und überspannten Frömmlerinnen und beobachtet die Haus- und Spitalbesuche der Pflegerinnen bei Kranken und Siechen nicht mehr mit scheelen Blicken. Die Schwestern arbeiten wirklich für Gotteslohn, scheuen vor keiner Krankheit zurück und leisten unbeirrt jedem Hilfe, ohne zuerst nach seinem Glaubensbekenntnis oder nach seinem Geldbeutel zu fragen. Der jüdische Hausierer wird von ihnen ebenso gewissenhaft gepflegt wie der hohe polnische Beamte, der auf der Durchreise nach Königsberg war und in Braunsberg schwer erkrankt ist.

Nach und nach ruft man die Schwestern auch in Häuser der Patrizier, die zu ihren erbittersten Geg-

nern gezählt haben. So pflegt Schwester Elisabeth mit
Ausdauer und Geduld Jutta, die Ehefrau des Ratsherrn Bartel, eine unangenehme und launische Kranke. Sie bleibt gelassen und liebevoll, auch wenn die
Leidende sie anfährt und beschimpft. Vor allen Dingen läßt sie sich von der Genesenden nicht über
Mater Regina aushorchen. „Wäre Eure Mater Regina
wirklich so heilig, wie man vielerorts in der Stadt
behauptet, würde sie sich mit ihren Eltern aussöh-
nen. Denkt an das vierte Gebot!" fordert Jutta Protmann die Schwester listig heraus. „Ihr irrt Euch,
Frau Protmann, wenn Ihr meint, daß Mater Regina
Streit mit ihren Eltern hat! Sie betet jeden Tag für sie
und alle ihre Angehörigen", erwidert Schwester Elisabeth ruhig. „Aber nun ist Schlafenszeit! Trinkt Euren Tee aus Baldrian und Hopfen. Er wird Euch zu
einem guten Schlaf verhelfen." Die Frau verzieht ihr
Gesicht. „Der Tee ist aber bitter", murrt die Kranke.
„Manche Medizin ist bitter, und das muß so sein,
wenn sie helfen soll", antwortet Schwester Elisabeth.
Eigentlich denkt sie dabei an die Medizin, die Ma-
ter Regina, wenn es sein muß, ihren Töchtern in
Christo verabreicht, Medizin gegen Oberflächlichkeit,
Kritiksucht, Streitsucht, Stolz, Launenhaftigkeit und
Neid, kurz gesagt gegen alles, was den klösterlichen
Geist und den Frieden in der Gemeinschaft der Schwe-
stern stören oder gar zersetzen könnte. Will eine
Schwester aber nach längerer Zeit die gutgemeinten
Mahnungen der Gründerin nicht annehmen und ihr
Verhalten nicht ändern, so rät ihr Mater Regina gütig
und fest, sie möge das Kloster verlassen. Das gibt
einige Male auch böses Gerede in Braunsberg, wenn
es sich bei der abgewiesenen Kandidatin oder der ent-
lassenen Schwester um das Mitglied einer angesehenen und begüterten Familien der Stadt handelt. „Was

bildet sich diese Regina Protmann eigentlich ein? Unter der Maske der Demut und Dienstbereitschaft spielt sie die Herrin über die Schwestern", so reden sie dann im Familienkreis. „Man hätte ihr wirklich rechtzeitig das Bürgerrecht in Braunsberg entziehen sollen, als noch Zeit dazu war. Nun hält der Fürstbischof persönlich seine schützende Hand über die Gesellschaft der heiligen Jungfrau und Märtyrin Katharina. Bei der Masse des Volkes genießt sie mittlerweile ein Ansehen wie ehedem unsere Franziskaner. Aber das Volk wird wahrscheinlich alle lieben, die so erbärmlich leben wie es selbst. Ihr sagt, diese Schwestern tun es aus Liebe? Ach was, sie tun es, weil sie Närrinnen sind, die einer besonders närrischen Person Gefolgschaft leisten." Solches und ähnliches Gerede ist von Zeit zu Zeit wieder in Patrizierkreisen zu hören, aber das geschieht immer seltener. Die einfache Lebensweise, die echte Frömmigkeit, die Bescheidenheit und die unaufhörlichen Taten der Nächstenliebe der Katharinenschwestern bringen die Kritiker mehr und mehr zum Verstummen.

Am 1. Juni 1583 erlebt das Kloster der Katharinenschwestern den zweiten Bischofsbesuch. Dieses Mal kommt der Fürstbischof in großem Ornat und in Begleitung seines Kanzlers Johann Kretzmer. Er hält in St. Katharina ein feierliches Hochamt, zu dem auch die ganze Prominenz der Stadt Braunsberg geladen ist. Das einfache Volk drängt sich dicht an dicht im Kirchenschiff. Die Leute wissen, daß der Fürstbischof gekommen ist, um Mater Regina und die Schwestern zu ehren. „Unsere Schwestern!" sagen die Menschen stolz. Kniend nimmt die Gründerin die approbierte Regel mit dem Siegel des Bischofs aus seiner Hand entgegen. Ihr Herz ist voller Glück und voller Dank gegen den guten Gott. Sie ist seinem Ruf im Jahr 1571 gefolgt, beinahe mittellos und auf ihn vertrauend. Nun hat er in seiner Güte ihr bescheidenes Werk durch seine Kirche gesegnet und bestätigt. Was wiegen dagegen alle ihre Nöte und Leiden, alle erlittenen Demütigungen, Rückschläge und Versuchungen, alle in Sorgen verbrachten Nächte auf? Der Bischof stimmt das Te Deum an. Wer immer den lateinischen Lobgesang beherrscht, der fällt unter Jubel mit ein. „In te Domini speravi, non confundar in aeternum…"

Der Fürstbischof trägt bei diesem Hochamt ein herrliches Meßgewand, das die Schwestern beglückt wiedererkennen und die anderen Kirchbesucher staunend bewundern. Es ist aus weißer Seide gefertigt und weist in wunderbar exakter Stickerei das Wappen des Ermlandes auf, das Lamm mit der Kreuzfahne. In seiner Predigt geht Bischof Kromer darauf ein. „Haltet die Fahne Christi hoch, was immer noch an Schwerem, an Prüfungen kommen mag, liebe Katharinenschwestern! Das Lamm geht Euch voran auf dem Wege des Opfers, auf dem Wege der Liebe. Unser Herr wird, davon bin ich überzeugt, Eure junge klösterliche Gemeinschaft weiterhin segnen, so wie er es bisher getan hat. So Gott will, werdet Ihr seine Fahne auch einmal aus dem Ermland in andere Länder tragen! Ihr habt nicht zufällig die heilige Jungfrau und Märtyrin Katharina von Alexandrien zu Eurer Patronin erwählt. Sie hat alles, sich selbst für unseren Herrn Jesus Christus geopfert. Lebt wie sie nur für ihn! Sterbt wie sie nur für ihn! Haltet ihm die Treue, wie die heilige Katharina es getan hat! Aber liebet auch die Menschen dieser Stadt Braunsberg und haltet sie in Euren Herzen, denn auch dieser Ort ist der heiligen Katharina zu eigen. Braunsberg hat es Euch wahrlich nicht leicht gemacht, diesen Euren Weg zu gehen. Zeitweise hat man es als eine Schande betrachtet, daß sich Jungfrauen dieser Stadt auf diese Weise dem Herrn geweiht haben, daß sie ihm in den Armen, Kranken und Siechen dienen. Viele haben es längst eingesehen, daß es etwas Großes ist, sich dem Herrn ganz hinzugeben..." Der Blick des Kirchenfürsten schweift durch die hohe Kirche hin zu den Bänken der Patrizier. Peter Protmanns Antlitz gleicht dem seiner Tochter Regina. Er teilt ihr Glück.

Mit wohlgesetzten Worten bittet der Bürgermeister nach dem Hochamt den Hochwürdigsten Herrn, er möge dem Rat der Stadt die Ehre geben und an einem Festmahl teilnehmen. Es sei bereits alles vorbereitet. „O, das tut mir leid, Herr Bürgermeister, eine andere Einladung ist der Eurigen bereits zuvorgekommen. Nun, Ihr werdet die Güte haben, meinen Herrn Kanzler und die anderen Herren meiner Begleitung zu bewirten. Ich bin Gast der Katharinenschwestern", antwortet ihm der Bischof ohne jedes Bedauern. Er sieht dem Stadtoberhaupt bei seinen Worten streng und fordernd in die Augen. Der Bürgermeister verbeugt sich verlegen und murmelt: „Fürstbischöfliche Gnaden gestatten aber wohl, daß der Rat etliche Körbe mit erlesenen Speisen und Getränken und ausgesuchten Früchten in das Kloster der ehrwürdigen Katharinenschwestern bringen läßt?" Der Gestrenge nickt gnädige Gewähr und verbirgt ein amüsiertes Schmunzeln hinter der vorgehaltenen Hand. Er würde zu gerne lachen und würde am liebsten auch darüber weinen, daß die ‚Närrinnnen von Braunsberg‘ mit einem Male ehrwürdig genannt werden.

Bei Mater Regina muß er auf seine bischöfliche Autorität pochen, als sie die Gaben des Rates zurückweisen will. „Liebe Mater, heute ist es christlicher, die köstlichen Gaben anzunehmen und zu genießen und somit dem Rat die Friedenshand zu reichen. Die

Speisen werden unverzüglich aufgetragen, und die Schwestern trinken auch mit Maßen von den edlen Weinen." Mit leichtem Widerstreben fügt sich die Gründerin seiner Anordnung. Bischof Kromer ist darüber sehr zufrieden. Er freut sich, wie die seit Jahren entbehrten Speisen den Schwestern an ihrem Ehrentag schmecken. Er hebt seinen Becher und trinkt Mater Regina zu. „Nun schluckt es schon herunter, liebe Mater!" Sie blickt ihn verständnislos an. Er lacht vergnügt. „Ihr wißt nicht, was ich meine, ehrwürdige Frau? Dann will ich es Euch erklären: es ist das letzte Restchen Eures verletzten Stolzes, das Euch bisher innerlich daran gehindert hat, die reichen Gaben des Rates mit freiem und frohem Herzen anzunehmen. Auf Euer Wohl!" Da lacht sie und nimmt einen großen, herzhaften Schluck.

Nach dem Hochfest des bischöflichen Besuchs hält der Alltag mit all seinen Sorgen, Arbeiten und kleinen und großen Freuden und Leiden wieder seinen Einzug im Kloster zu Braunsberg. Es ist ein Anliegen von Pater Paulus und Mater Regina, die Schwestern mit der Ordensregel vertraut zu machen. Leider sind nicht alle Schwestern in der gleichen Weise mit dem Lesen vertraut. Darum hält die Mater regelmäßig geistliche Konferenzen. Nach einem Gebet zum Heiligen Geist liest sie den Schwestern einen Absatz der Regel vor. Manches Mal zeigt sie ihnen auch zuerst das Bischofssiegel Martin Kromers mit der Unterschrift: „Martinus Cromerus Dei Gratia Eppus Varmiensis!" Sie wird nicht müde darin, ihren Töchtern klarzumachen, wie bedeutsam es ist, daß sie nun eine Gemeinschaft bischöflichen Rechtes sind. „Zuvor waren wir nur eine freiwillige Gesellschaft frommer Frauen ohne Rechte. Aber durch dieses feierliche Dokument wurden wir aus einer wohlwollend geduldeten Gesellschaft zu einer Kongregation bischöflichen Rechtes, die unter dem Schutz und im Namen der Kirche wirken und sich entfalten kann. Beherzigt dies stets, meine guten Töchter, und befolgt jeden Punkt dieser Lebensregel mit Gewissenhaftigkeit und Ehrfurcht! Heute wollen wir miteinander das Wesentlichste unseres Lebens im Ordensstand erwägen. Wie bei den hochwürdigen Vätern, den Jesuiten, steht auch bei uns die Vermehrung der Ehre Gottes im Mittelpunkt. Alles und jedes, unser kleines Stoßgebet und die scheinbar unwichtigste Arbeit soll zur größeren Ehre Gottes geschehen. Ad Majorem Dei Gloriam…"

Die Worte der Gründerin werden durch wüsten Lärm und häßliches Geschrei in der Kirchgasse unterbrochen. Es ist ein so lautes Gejohle, daß die Schwestern zusammenzucken. Eine weibliche Stimme schreit schrill und kläglich um Hilfe. „Kommt, liebe Schwestern! Da ist jemand in Not!" Mater Regina eilt auf die Kirchgasse. Eine junge Person, ein Mädchen, beinahe noch ein Kind, kommt laufend und torkelnd herbei. Der Mund im aufgedunsenen Gesicht ist weit aufgerissen, der plumpe Körper in fast zerfetzte Lumpen gehüllt. Jetzt stolpert das klägliche Wesen. Die Rotte ihrer Verfolger und Peiniger, halbwüchsige Burschen vom Hafen, will über sie herfallen. „Sofort aufhören!" ertönt eine befehlsgewohnte Frauenstimme. Eine hochgewachsene Frau im dunklen Gewand nähert sich der Gruppe. Andere gleichgekleidete Frauen kommen hinter ihr. „Was hat euch Burschen dieses arme Kind getan?" fragt sie so herrisch wie ehedem Regina Protmann. „Das ist nur die blöde Marjanka", gibt einer der Burschen an. In dem Wörtchen ‚nur' liegt die ganze Verachtung. „Und was hat Marjanka euch getan?" „Uns getan?" grinst der Größte breit. „Als ob die uns etwas tun könnte. Es macht einfach Spaß, sie zu jagen, weil sie so dumm ist." „So, das macht euch Spaß? Ihr jagt ein Mädchen, das sich nicht wehren kann? Wer so etwas tut, ist dumm und feige." Sie starren die verschlossene Miene der Ordensfrau an. Was hat die für durchdringende blaue Augen! Mit der legt man sich besser nicht an! Sie versuchen es gar nicht, sondern sie schleichen davon wie geprügelte Hunde.

Mater Regina und die Schwestern nehmen das verschüchterte und geistig behinderte Mädchen mit ins Haus. „Schon wieder ein Findelkind", seufzt Schwester Mathilde. „Zunächst braucht sie ein Bad und ein Kleid", erklärt Schwester Martha, praktisch und nüchtern wie immer. „Ihr habt recht, liebe Schwester", meint Mater Regina. „Gebt ihr zuerst etwas zu essen und zu trinken!" Gierig schlingt Marjanka das Brot hinunter und trinkt mit lautem Schlürfen die Milch aus. Dann streicht sie mit ihrem Handrücken über ihren Mund und rülpst. „Du heißt Marjanka, mein Kind. Wo wohnst du denn?" fragt Mater Regina freundlich. Das Mädchen lächelt blöde und zuckt die mageren Schultern unter dem zerfetzten Kittel. „Wohnt? Weiß Marjanka nicht!" „Wo sind denn dein Vater und deine Mutter?" „Weg, alle weg. Wollen Marjanka nicht, weil dumm. Marjanka schläft. Alle weg." Die Schwestern können sich die Tragödie des behinderten Kindes zusammenreimen. Ihrer Familie ist die Behinderte lästig gewesen. Sie haben sich bei Nacht und Nebel davongestohlen und das Kind seinem Schicksal überlassen. „Was tun wir mit ihr?" fragt Schwester Barbara mit einem verstohlenen Seufzer. Im Kloster kann die arme Person auf die Dauer nicht bleiben. „Zunächst das Naheliegende und Notwendige", erwidert Mater Regina ruhig. Nach einigem Sträuben trennt sich Marjanka von ihren schmutzigen, übelriechenden Lumpen, läßt sich den Körper und die Haare waschen und mit einem der vielen Kleider versehen, die den Schwestern für arme Leute gebracht werden. „Heute nacht kann sie im Heuschuppen schlafen", sagt Schwester Martha. „Ich habe ihr dort schon ein Lager gerichtet, aber wie soll es weitergehen?" „Gott wird sorgen, liebe Schwestern! Ich gehe morgen mit ihr zum Armenhaus und hoffe sehr, daß sie dort gut aufgenommen wird. Gleichzeitig werde ich mich dort wieder einmal davon überzeugen, ob noch alles so gut läuft, wie der Rat es versprochen hat. Gestern hat die alte Gitte mir wieder etwas vorgejammert, das Essen habe wieder nachgelassen. Es sei weniger und schlechter geworden." Schwester Elisabeth macht ein besorgtes Gesicht: „Legt Euch nicht wieder mit dem Rat der Stadt an, Mater!" Statt einer Antwort lächelt die Gründerin dem behinderten Mädchen zu. „Schlaf' gut, mein Kind!"

11
Fruchtbare Jahre

Am nächsten Tag macht sich Mater Regina mit Schwester Sophia und dem behinderten Mädchen Marjanka zum Armenhaus auf, um mit dem Verwalter wegen der Unterbringung der Hilflosen zu sprechen. Ein alter Mann hockt vor der Türe des Hauses auf einer Bank und starrt ihnen aus wässerigen Augen entgegen. „Bringt Ihr uns etwas zu essen?" fragt er und sieht auf das Bündel, das Schwester Sophia in der Hand hält. „Hast du denn Hunger, Väterchen?" fragt Mater Regina freundlich. Ob die Zustände im Armenhaus sich erneut verschlimmert haben? Sie muß es befürchten. „Hunger? Das fragt Ihr mich, Schwester", stottert der alte Mann aufgeregt. „Wir haben uns heute morgen eine Mehlsuppe anrühren wollen, aber dann schwammen lauter Würmer im Wasser. Ich habe die Suppe nicht essen können." Er schüttelt sich. „Warum sorgt denn die Köchin nicht besser für euch?" empört sich Schwester Sophia. Der Alte kichert. „Die sorgt nur für sich und ihre Schnapsflasche." „Warum greift denn euer Verwalter nicht ein?" forscht Mater Regina. Wieder dieses Kichern, so als habe sie gerade einen Witz erzählt. „Der ist seit Wochen verschwunden. Seitdem geht hier alles drunter und drüber." Im Augenblick möchte der Zorn die Ordensfrau überwältigen. Muß sich denn alles wiederholen und das auf Kosten der Ärmsten? Dann erwacht ihr praktischer Sinn. Sie nimmt Schwester Sophia das Bündel ab. „Geht bitte zum Kloster zurück und laßt im größten Topf, den wir besitzen, eine nahrhafte Suppe kochen für die Bewohner des Armenhauses! Sorgt dafür, daß mit nichts gespart wird! Wenn Ihr sie nach hier bringt, hoffe ich, daß Euch freiwillige Helferinnen begleiten mit Schürzen, die mir helfen, hier im Haus Ordnung zu schaffen. Bestimmt sieht es drinnen greulich aus." „Das kann man wohl sagen", kichert der alte Mann. „Spinnen, Ratten und Mäuse sind bei uns zu Gast." Das Mädchen Marjanka ist verschwunden. Sie schaut sich etwas ratlos um. „Sucht Ihr das Mädchen, Schwester? Das ist an Euch vorbei ins Haus gelaufen."

Der alte Mann hat nicht übertrieben. Die Kammern und die Küche befinden sich in einem unbeschreiblichen Zustand der Verwahrlosung. Namentlich in der niedrigen dunklen Küche herrscht ein Chaos von ungespültem Geschirr, schmutzigen Töpfen, verschütteter Suppe und verstreutem Mehl. Mäuse huschen quiekend davon. Mater Regina beißt sich auf die Lippen und atmet flach. Der Gestank ist kaum erträglich. In der Feuerstelle ist noch etwas Glut. Sie legt Reisig darauf, entfacht das Feuer und schiebt größere Holzstücke nach. Welch ein Wunder! Im gußeisernen Topf befindet sich wirklich Wasser. Sie hängt den Topf mit großer Anstrengung an den Haken über dem Feuer. Das Bündel für Marjanka hatte sie vor der Küchentüre auf die Erde gelegt. Als sie das Bündel nehmen will, ist es verschwunden. Entschlossen läutet sie das Glöckchen, das alle Armenhausbewohner zusammenruft, Männer, Frauen und Kinder. Darunter sind eine ganze Anzahl arbeitsfähiger Personen. „Ihr spült alle schmutzigen Teller und Töpfe in der Küche und säubert danach den Raum – aber gründlich!" ordnet sie so bestimmt an, daß niemand ihr zu widersprechen wagt oder sie fragt, mit welchem Recht sie das tue. „Halt! Bleibt noch einen Augenblick hier! Alle anderen versuchen, ihre Kammern so gut zu säubern und aufzuräumen, wie es ihnen möglich ist. Meine Schwestern werden euch bei dieser Arbeit helfen. Sie bringen auch eine gute Suppe mit. Ihr bekommt sie aber erst, wenn die gröbste Arbeit getan ist. Außerdem hätte ich gerne das Bündel wieder, das ich eben vor der Küche abgelegt habe. Ich kenne seinen Inhalt genau. Hat jemand das Mädchen Marjanka gesehen?" „Ein fremdes Mädchen mit einem runden Mondgesicht?" fragt eine der Frauen. „Es ist 'rüber zum Schuppen des Korbmachers gelaufen." Sie weist mit ihrer schmutzigen Hand in die Richtung. „Danke! Macht euch an die Arbeit! Ich hole Marjanka, und wenn ich wiederkomme, liegt das Bündel hier, genau hier." Es ist erstaunlich: nachdem die Leute aus ihrem Stumpfsinn aufgescheucht worden sind und klare Anordnungen erhalten haben, murren sie nicht und begeben sich in die Küche oder in ihre Kammern, um nach bestem Können die aufgetragene Arbeit auszuführen.

Mater Regina geht über den verunkrauteten Hof zum Schuppen, in dem ein alter Korbmacher seine Werkstatt betreibt und wenigstens seinen eigenen Lebensunterhalt durch Korbflechten verdient. Das Mädchen Marjanka hockt mit dem kindlichen Lächeln im runden Gesicht auf der Erde und arbeitet emsig und mit erstaunlichem Geschick an einem Korb, den der Handwerker beinahe fertig hatte, als das Glöckchen ihn abberufen hatte. Nun ist er mit Mater Regina in seinen Schuppen gekommen und sieht dem Mädchen zu. „Sie kann es!" staunt er. „Schaut Euch das an, Schwester! Sie macht es tadellos." „Könnte Marjanka dir fortan helfen? Sie ist wahrscheinlich die

Tochter fahrender Leute, die als Korbflechter durch die Lande reisen. Sie werden es ihr mit viel Mühe beigebracht haben." Er nimmt dem Mädchen die Arbeit aus der Hand. „Aber sie macht es bestens. Ja, ich behalte sie gerne." Damit ist das Problem Marjanka sinnvoll gelöst. Eine Kammer wird sich irgendwo finden. Das Bündel hat sich auch wieder eingestellt, und die Schwestern aus der Kirchgasse kommen mit einem Handwägelchen mit dem großen Suppentopf, mit einigen Broten, mit Reiserbesen und Eimern. Schwester Barbara und Schwester Elisabeth führen die Schar der freiwilligen Helferinnen an. „Wie schön, daß Ihr gekommen seid!" freut sich Mater Regina. „Schwester Barbara, würdet Ihr hier das Regiment übernehmen? Ich vermute, daß Ihr in jedem Raum noch einmal Nachschau halten müßt, den die Leute gesäubert haben. Schwester Sophia, nehmt Ihr Euch der Vorräte an, die hier lagern. Sie dürften höchstens als Viehfutter taugen. Schwester Elisabeth und ich werden derweil zum Bürgermeister gehen. Gebt mir ein kleines Töpfchen aus dem Hirsesack dort mit, eine Kostprobe für den Herrn Bürgermeister. Deckt bitte ein sauberes Leinenläppchen darüber." Der Ratsschreiber kann sein Erstaunen nicht verbergen, als mit einem Mal zwei Katharinenschwestern vor ihm stehen. Er blinzelt heftig. Ist die eine, die größere, nicht die bekannte Mater Regina? „Wie? Habe ich recht gehört? Ihr wollt zum Herrn Bürgermeister? Hm, ich bin mir nicht sicher, ob der Herr Zeit für Euch hat", windet er sich verlegen. „Dann erkundigt Euch bitte sofort danach!" sagt diese Mater Regina und blickt ihn mit ihren blauen Augen so ruhig und fest an, daß er sich mit einer kleinen Verbeugung vor ihr auf den Weg macht. „Der Herr Bürgermeister läßt die ehrwürdigen Schwestern bitten", verkündet er kurz darauf und hält ihnen höflich die Türe auf. Der stattliche Bürgermeister hat sich in seiner ganzen Größe erhoben und kommt den Schwestern entgegen. „Welche Freude, Euch einmal wiederzusehen, Mater Regina und Schwester Elisabeth!" behauptet er mit einer achtungsvollen Verneigung. Noch vor kurzem hätte er sie wahrscheinlich gar nicht erst empfangen. Wie sich die Situation für die Katharinenschwestern in Braunsberg mittlerweile geändert hat! Er bietet ihnen Platz an und fragt dann erwartungsvoll: „Bringen die ehrwürdigen Schwestern mir heute etwas Gutes?" „Leider nicht, Herr Bürgermeister...", beginnt Mater Regina. Seine Miene verdüstert sich mehr und mehr, während sie ihm die unhaltbaren Zustände im Armenhaus der Stadt Braunsberg schildert. „Damit Ihr nicht glaubt, daß wir übertreiben, habe ich Euch eine Probe aus dem Hirsesack mitgebracht, mit denen man den Insassen Suppe bereitet hat. Wollt Ihr Euch davon überzeugen, wie lebendig es darin zugeht?" Sie will ihm das verdeckte Schälchen reichen. Er wehrt hastig ab. „Danke, Mater! Ich glaube Euch auch so. Was kann man nun mit den verdorbenen Vorräten anfangen?" „Stiftet dem Armenhaus einige Hühner, die haben keinen Abscheu dagegen", schlägt Schwester Elisabeth spontan vor und befördert eines der neugierigen Lebewesen mit spitzem Finger in die Hirse zurück. Schaudernd hat der Bürgermeister das Schauspiel verfolgt. „Hühner? Ja, das ist eine vortreffliche Idee!" Energisch meint Mater Regina: „Aber damit ist den Armenhäuslern nicht wirklich geholfen. Darf ich aufzählen, was sie brauchen: einen zuverlässigen Verwalter, der nicht in die eigene Tasche wirtschaftet, eine Köchin, die wirklich kochen kann; neue Vorräte an Brotgetreide und..." Sie hält inne und atmet einige Male tief durch. „Und?" fragt er ängstlich. „Was könnte das denn noch sein?" Die Ordensfrau nimmt all ihren Mut zusammen, denn sie will dem Stadtoberhaupt einen ganz neuen, einen kühnen Vorschlag unterbreiten. „Wahrscheinlich habt Ihr mir insgeheim gegrollt, weil ich mich zum zweiten Male – dieses Mal aber völlig unbeabsichtigt – dort eingemischt habe, wo die Stadt alleine zuständig ist. Ein drittes Mal möchte ich es auf keinen Fall tun müssen. Aber das Armenhaus bleibt eine kritische Aufgabe für die Stadtväter, wenn Ihr keinen Vorsteher ernennt, einen ehrenwerten und sachverständigen Bürger, der das Haus ehrenamtlich betreut und dem Verwalter und Köchin unterstellt sind. Allerdings müßte dieser Vorsteher auch gleichzeitig Kaufmann sein, damit er sich ein Urteil über die notwendigen Einkäufe bilden kann … und er müßte zudem ein Herz für die armen Leute haben." Der Bürgermeister stützt das Kinn in seine Rechte und sagt zunächst nur : „Hm, hm, hm!" Bedeutet das nun Zustimmung oder Ablehnung? „An und für sich habt Ihr damit einen vortrefflichen Vorschlag gemacht, Mater Regina! Ein solcher Vorsteher wäre geradezu eine Ehrenrettung für die Stadt, aber wer wäre in der Lage und auch bereit, ein solches Amt zu übernehmen?" Darauf kann und will sie ihm nicht antworten, obwohl sich ein Name auf ihre Lippen drängt. Das Schweigen im Raume dauert lange. Sollen die Schwestern sich mit einer Entschuldigung entfernen? Mit einem Mal leuchtet es im Antlitz des Bürgermeisters auf. „Ich weiß, wen ich um die Übernahme dieses Amtes bitten werde. Er hat die Fähigkeiten und wird mit Sicherheit meine Bitte nicht abschlagen – Peter Protmann." Mater Regina nickt schweigend, während Schwester Elisabeth einen Laut der Überraschung und Zustimmung nicht unterdrücken kann. „Vielleicht könntet Ihr kurzfristig eine Eurer Schwestern ausleihen, die der Köchin auf die Finger sieht und dafür sorgt, daß anständige Mahlzeiten auf den Tisch kommen, bis wir Ersatz für Frau Erna gefunden haben."

Die Zusammenarbeit mit der Köchin erweist sich als äußerst schwierig. Schwester Sophia muß ihr ganzes Können und ihre ganze Tatkraft einsetzen, damit das Essen genießbar wird. Sie kann zudem das Gefühl nicht loswerden, daß Erna für sich von allem etwas abzweigt, kann aber nichts beweisen. Da erkrankt Erna und muß ins Spital gebracht werden. Eine eitrige Geschwulst verursacht hohes Fieber. Eine Katharinenschwester pflegt sie. In ihrem Fieberwahn will die Kranke aufstehen und zum Armenhaus laufen. Die Schwester und ein Pfleger können sie nur mit Mühe daran hindern. Dabei wimmert sie immerfort: „Ich bin verdammt! Der Teufel wird mich holen. Ich muß es abgeben, ich muß es abgeben! Unter meinem Strohsack … unter meinem Strohsack!" Als die Katharinenschwester daraufhin zum Armenhaus eilt und die kleine Kammer der Frau betritt, steht dort bereits der Pfleger Wanzer mit einem schmierigen Leinensäckchen in der Hand. „O, wolltet Ihr mir das Säckchen bereits bringen? Das ist aber lieb von Euch!" sagt die Schwester kühn und nimmt ihm das Säckchen aus der Hand. „Ich werde den geheimen Schatz der Frau Erna unserer Mater Regina bringen, die dafür sorgt, daß das den Armen geraubte Geld wieder für sie verwendet wird." Er wirft ihr einen tückischen Blick zu, wagt aber keinen Widerspruch, denn immerhin ist der neue Vorsteher des Armenhauses niemand anders als Peter Protmann. Mater Regina selbst bringt das Säckchen mit den Münzen zu Pater Paulus. Er soll es weiterleiten, denn sie muß ohnehin seinen Rat in einer anderen Sache einholen. Pater Paulus hört sich die

Geschichte von den gehorteten Münzen geduldig an. „Ich werde sie zu Eurem Vater bringen. Er weiß am besten, wo und wie er sie für die Leute verwenden kann. Aber ich werde auch der Erna ins Gewissen reden. Sie kann nicht wieder im Armenhaus tätig sein. Mal sehen, wo ich sie unterbringen werde! Ihr habt Schwester Sophia sicher nur vorübergehend ausgeliehen. Der Posten einer Köchin im Armenhaus ist nicht gerade begehrenswert. Viel Arbeit bei geringem Entgelt. Hättet Ihr vielleicht einen Vorschlag zu machen, Mater Regina?" „O, das habe ich, Hochwürden!" ruft sie freudig aus und klatscht dabei vergnügt wie ein Schulkind in die Hände. Wie begeisterungsfähig ist sie doch geblieben und wie kindlich froh kann sie sein, die tatkräftige Oberin der Katharinenschwestern! Unwillkürlich denkt er an das Heilandswort: „Wenn ihr nicht werdet wie die Kinder, werdet ihr nicht ins Himmelreich eingehen!" „Wollt Ihr meinen Vorschlag hören und ihn ... meinem Vater vortragen?" Er lächelt ihr ermutigend zu. „Vor einiger Zeit ist der Tagelöhner Adam beim Roden tödlich verunglückt, wie Ihr wißt. Er hat seine Frau und einen verkrüppelten Sohn hinterlassen. Könnte seine Witwe nicht Köchin im Armenhaus werden und den lahmen Sohn mitbringen? Schwester Sophia würde die Frau so lange unterstützen, bis ihre Kochkenntnisse für die große Schar ausreichen." „Ein ausgezeichneter Vorschlag", lobt er. „Ihr tragt wohl die Not aller in Eurem Herzen, Mater Regina?" Eine Antwort wird ihm nicht zuteil. Die hätte er auch gar nicht erwartet. Nur eine leichte Röte ist in die schmalen Wangen der Ordensfrau gestiegen. Not und Sorgen haben ihre Spuren im Antlitz der Dreiunddreißigjährigen hinterlassen. „Läuft es eigentlich gut mit Euren geistlichen Konferenzen, liebe Mater?" Mit einer etwas hilflosen Geste breitet

174

sie ihre Hände aus. „Ich versuche mein Bestes, um die Schwestern mit dem Geist unserer Gemeinschaft und unserer Regel zu erfüllen. Ob es aber ausreicht, was ich zu ihnen sage, das weiß Gott allein." Er beruhigt sie. „Meint Ihr etwa, es würde mir mit meinen Predigten anders gehen? Aber die beste Auslegung der Ordensregel ist Euer Tun, Euer Beten und Arbeiten und vor allem Eure große Liebe zu Gott, zu Euren Töchtern und zu den Menschen, die wegen ihrer Armut und ihrer Gebrechen von vielen ausgegrenzt werden." Seine freundlichen Worte scheinen das Gegenteil zu bewirken. Sie senkt ihren Kopf, um die Tränen zu verbergen, die ihr in die Augen steigen. Ihre sonst so feste Stimme klingt zitterig vor unterdrücktem Weh.

„Wie Ihr wißt, sollen und wollen wir nach dem Jahr der Erprobung unserer Regel die Profeß ablegen. Fast alle Schwestern sind in Treue diesem Ziel zugestrebt, aber bei einer Schwester kann ich nicht mein Ja dazu sagen. Meine beiden Ratsschwestern teilen meine Meinung." Es fällt ihr schwer, das Endgültige auszusprechen. Sie schweigt, bis Pater Paulus sie auffordert: „Bitte, fahrt fort, Mater Regina!" „Ach, Vater, zu ihr kann ich keinen Zugang finden. Sie wehrt all mein Bemühen zornig ab. Es ist Schwester Irmgard aus Wormditt. Anfangs schien sie voller Begeisterung und Eifer. Sie ist ein kluger, begabter Mensch mit vielen Fähigkeiten. Sie kann sich bei der Arbeit mit Hingabe und Ausdauer einsetzen wie kaum eine andere. Aber im Gemeinschaftsleben ist sie mit allem unzufrieden. Sie will alles besser wissen als ihre Mitschwestern. Sie beurteilt jeden nach ihren Maßstäben und verachtet die weniger fähigen oder auch nur anders gearteten Schwestern. Unsere Frömmigkeit scheint ihr zu gefühlsbetont. Mittlerweile führt sie bei den Rekreationen im Schwesternkreis das große Wort. Manche lassen sich durch ihr selbstbewußtes Auftreten regelrecht einschüchtern – sogar eine so tief religiöse Person wie unsere gute Schwester Elisabeth. Ich habe Schwester Irmgard zu mir gerufen und versucht, ihr all das klar und sanft auseinanderzulegen. Um der Liebe Christi willen – so habe ich sie gebeten – möge sie von ihrem Eigenwillen ablassen und sich in den Geist der Schwesterngemeinschaft von St. Katharina einfügen. Es war vergeblich. Sie machte mir herbe Vorwürfe. Ich wäre ein herrschsüchtiger Charakter, bilde mir etwas auf meine Herkunft ein. Sie wäre kein Kind mehr und keine Leibeigene. Wenn sie als reifer und urteilsfähiger Mensch für uns unerträglich wäre, wolle sie gehen. In Wormditt würden die Eltern und Geschwister sich von Herzen freuen, wenn sie heimkommen würde. Habe ich dieser Schwester Irmgard gegenüber nicht kläglich versagt? All mein Beten und Büßen für sie bleibt ohne Antwort." „Gott hat Euch die Antwort gegeben, die Ihr braucht, Mater Regina. Diese Irmgard hat offensichtlich keinen Ordensberuf. Willfahrt ihrem Wunsche und schickt sie in ihren Heimatort zurück! Vielleicht wird sie dort ihren eigentlichen Beruf finden und wird eine gute Frau und Mutter.

Da es sich aber dieses Mal um eine Schwester handelt, die bereits längere Zeit im Konvent verbracht hat, wäre es mir lieb, wenn Ihr die Angelegenheit auch unserem Hochwürdigsten Herrn vortragen und seine Meinung einholen würdet." Bischof Kromer teilt die Meinung von Pater Paulus, nachdem Mater Regina ihm den Fall vorgetragen hat. „Wahrscheinlich ist diese Schwester Irmgard sogar in dem gutem Glauben, sie sei wirklich berufen, zu Euch gekommen und hat erst im Laufe der Zeit gespürt, daß ihr eigentlicher

Platz zuhause ist. Bringt sie selbst nach Wormditt und schaut dabei das Beginenhaus an, das ich Euch zugedacht habe!" Er schmunzelt. „Und weil Ihr schon einmal in Heilsberg seid, spaziert wenigstens zum Fluß und am prächtigen Fachwerkhaus der Beginen vorbei. Auch dort möchte ich über kurz oder lang Katharinenschwestern antreffen!"

Nach der Rückkehr von Heilsberg geht Mater Regina sofort klug und sachlich voran. Sie sorgt dafür, daß Irmgard ihre Truhe mit ihrer bäuerlich reichen Mitgift vollständig mitbekommt. Sie tut ein Übriges und begleitet sie mit Schwester Sophia auf der weiten Fahrt über holperige Straßen. Pater Paulus hat einen Wagen und einen Fahrer aufgetrieben, wenn auch Mater Regina nichts davon ahnt, daß er dafür die Hilfe von Peter Protmann in Anspruch genommen hat. Fahrer und Fahrzeug stammen von einem befreundeten Kaufmann in Heilsberg. Das Wetter ist günstig. Die beiden Gäule bewegen sich ziemlich gemächlich. Der Fahrer ist ein wortkarger Mann. Auch die drei Frauen, die im Wagen auf der großen Truhe sitzen, schweigen zunächst und betrachten die schöne Heimat, das weite, flachgewellte Land mit seinen Wiesen, Wäldern und Äckern, an dem sie langsam vorüberziehen. Irmgard trägt bereits wieder ihr bäuerliches Gewand und hat ihre langen blonden Zöpfe aufgesteckt. Mit einem Mal sagt sie zu Mater Regina: „Eigentlich müßt Ihr mir doch sehr böse sein, Mater, weil ich soviel Unfrieden in den Konvent gebracht habe, nicht wahr?" Mater Regina sieht sie an. Ihre Augen schauen mütterlich und gütig auf das Mädchen, das nun beinahe wie ein Kind wirkt, das etwas angestellt hat und weiß, daß es Strafe verdient hat. „Nein, liebe Irmgard, ich zürne Euch nicht. Ihr hättet mir nur eher sagen sollen, daß Ihr Euch bei uns unglücklich fühltet! Es wäre schön gewesen, wenn Ihr mir dieses Vertrauen geschenkt hättet." Irmgard senkt den Kopf. „Dazu war ich viel zu feige. Ich … ich wollte von Euch weggeschickt werden, weil... Ich bin im Unfrieden von zuhause fortgegangen, denn meine Familie und … mein Bekannter haben es mir auszureden versucht. In einer Predigt hatte ein Franziskaner das Ordensleben so begeistert geschildert, daß ich vorübergehend meinte, ich wäre auch dafür geeignet." Mit einer gütigen Geste hebt Mater Regina den Kopf des Mädchens an. „Und dann habt Ihr in Braunsberg erfahren müssen, daß das Klosterleben eine recht harte und nüchterne Sache ist. Irmgard, Ihr seid von Gott in anderer Art berufen. Als Frau und Mutter könnt Ihr segensreich wirken, denn Ihr seid eine Frau mit großer Tatkraft und Klugheit. Könnte es in Wormditt nicht jemanden geben, der auf Euch wartet?" Irmgard errötet und lächelt. „Ja, der Berthold. Ich war ihm bereits versprochen... Ach, Mater Regina, ich hatte in Braunsberg furchtbares Heimweh … und war auch darum so ungebärdig." „Wir wollen es gut sein lassen, Irmgard! Der Aufenthalt im Katharinenkloster hat Euch auf keinen Fall geschadet. Bewahrt Euch nur ein mitfühlendes Herz für die Armen und Kranken. Daran wird auch Wormditt sicher keinen Mangel haben." „In unserem Ort existiert an der Drewenz ein altes Fachwerkhaus, das früher zahlreiche Beginen bewohnten. Lange Zeit haben diese braven Frauen für die Armen getan, was sie konnten. Jetzt scheint dieser Konvent auszusterben. Es sind nur noch wenige Beginen, und sie sind alt und gebrechlich."

Die Pferde traben gemächlich weiter. In der warmen Mittagssonne werden die drei Frauen müde. Bald fallen Schwester Sophia und Irmgard in einen leichten Halbschlaf. Mater Regina schläft nicht. Sie hat wieder neuen Grund zum Nachdenken und zur Frage an Gott, ob er ihr mit dieser Fahrt einen neuen Auftrag geben will? Bisher hat die überreiche Arbeit in Braunsberg sie daran gehindert, dem Wunsche des Fürstbischofs Kromer zu entsprechen und ein Tochterhaus zu gründen. Ja, er hat seinerzeit Wormditt genannt, aber auch Heilsberg und Rößel. Ist es Zufall oder Fügung, daß ihr Weg sie nun nach Wormditt führt? Vielleicht war Irmgard auch nur ein Werkzeug in Gottes Plan.

Irmgards Familie nimmt die beiden Schwestern herzlich auf. Sie hören aus dem Munde der heimgekehrten Tochter nur Gutes über das Kloster in Braunsberg. Mater Regina und Schwester Sophia müssen unverzüglich das stattliche Besitztum, den großen Bauernhof, bewundern. Am Abend lernt Mater Regina auch den besagten Berthold kennen, einen etwas ungeschlachten, gutmütigen Burschen. Der junge Mann ist überglücklich, daß Irmgard wieder heimgekehrt ist. Er bedankt sich sogar bei Mater Regina dafür. Berthold und Irmgard werden bestimmt bald ein Paar. Um den Schwestern einen Dienst zu erweisen, nimmt er deren Wagen und Fahrer mit auf seinen Hof. „Seht Euch nur in aller Ruhe bei uns in Wormditt um, Mater Regina! Ich beherberge Euren Fahrer und das Gespann gerne einige Tage."

Nach einer guten Nacht, die Mater Regina und Schwester Sophia in einer Kammer verbracht haben, die wesentlich besser ausgestattet ist als die Stuben im neuen größeren Kloster in der Kirchgasse, wohnen die Schwestern dem Gottesdient in der Kirche bei. Der Priester staunt sichtlich über ihre Anwesenheit. Er kann es nicht unterlassen, ihnen ab und zu einen neugierigen Blick zuzuwerfen. Nach der heiligen Messe verrichten sie wie in Braunsberg ihre Gebete und gehen dann erst ins Freie. Dort wandert der Herr Pfarrer von Wormditt mit einem Buch in der Hand auf und ab. Wahrscheinlich hat er auf sie gewartet, denn er kommt nun mit raschen Schritten auf sie zu. Er begrüßt sie freundlich und fügt aber gleich die neugierige Frage hinzu: „Sind die beiden ehrwürdigen Schwestern vielleicht Katharinenschwestern aus Braunsberg? Ja? Welche Freude, daß Ihr zu uns gekommen seid! Bei meinem letzten Besuch in Heilsberg machte mich unser Hochwürdigster Herr Fürstbischof auf Eure Gemeinschaft aufmerksam. Es ist sein Wunsch, daß Ihr den hiesigen Beginen-Konvent übernehmt." Langsam fragt Mater Regina, der die Aussage des Priesters zu glatt und unkompliziert vorkommt: „Wie meint Ihr das, Hochwürden? Einfach übernehmen? Damit dürften die Beginen sicher nicht einverstanden sein." Er wird sichtlich verlegen und dreht und wendet sein frommes Buch in unruhigen Händen. „Hm, das sind die Beginen bisher allerdings nicht. Ich habe einige Male mit ihnen gesprochen. Sie wollten nichts von einer solchen Änderung wissen. Dabei sind es nur noch einige gebrechliche ältere Frauen. Mit zusätzlichen Beginen können sie nicht rechnen. Sie müßten einsehen, daß sie nur mit Euch und durch Euch ein gesichertes Alter haben. Sie leben jetzt ausschließlich von den Almosen der Gemeinde, und die fließen manchmal recht spärlich." „Eine traurige Lage für diese ehrwürdigen Frauen, die früher Wormditt und seinen Kranken gewiß viel Gutes getan haben", sagt Mater Regina traurig. In Gedanken fügt sie hinzu: ‚Und nun, wo ihre Kräfte nachlassen, kennt die Gemeinde keinen Dank.' Dann wendet sie sich wieder dem Pfarrer zu. „Wir wissen um den Wunsch des Hochwürdigsten Herrn, der für uns zwar verbindlich ist, aber wir werden die Beginen zu nichts zwingen. Wir werden im Laufe des Tages mit ihnen sprechen."

Die beiden Katharinenschwestern gehen am Ufer der Drewenz entlang. Schnatterndes Entenvolk äugt zu ihnen herüber. „Die Beginen wissen natürlich längst, daß wir hier sind. Irmgards Heimkehr hat sich rundgesprochen", sagt Mater Regina, und Schwester Sophia fügt hinzu: „Außerdem haben sie uns in der Kirche gesehen. Wie unbehaglich muß ihnen zumute sein, Mater!" „Ja",seufzt sie, und der Seufzer kommt aus ihrem Herzen. „Es muß unheimlich schwer sein, ein Lebenswerk in andere Hände zu legen. Es wird ihnen nichts anderes übrigbleiben, aber ich lasse ihnen jede Zeit, die sie wünschen. Kommt, liebe Schwester, bringen wir es hinter uns. Das ist ein Gehorsamsauftrag, der mir schwer wird." Mater Regina faltet kurz ihre Hände. Mit langsamen Schritten gehen sie zu einem Fachwerkhaus an der Drewenz. Von außen wirkt das Gebäude freundlich und einladend, wie das Beginenhaus am Flußufer zu Heilsberg. Die Haustüre wird geöffnet, ohne daß sie anklopfen. Im Türrahmen steht eine etwas gebeugte, dunkelgekleidete Frau mit hellen Augen im faltenreichen Gesicht und mit straff zurückgekämmtem Haar unter einem schlichten weißen Häubchen. „Gott zum Gruße, ehrwürdige Schwestern!" „Gott zum Gruße, Frau Begine", antworten die Schwestern mit einer kleinen Verneigung. „Ich habe Euch in der Kirche gesehen und mir gedacht, daß Ihr zu uns kommen würdet. Darf ich Euch ins Haus bitten?" Die Begine führt sie in ein sauberes, ärmlich eingerichtetes Zimmer. „Gewiß seid Ihr durstig?" Ehe die beiden Katharinenschwestern dankend ablehnen können, gießt sie aus dem bauchigen Tonkrug zwei Becher Dünnbier ein. Höflich nippen sie an dem schalen Getränk. Die hellen Augen der Begine betrachten die beiden Katharinenschwestern mit unverhohlener Neugier. „Ihr seid noch jung", seufzt sie nach einer Weile. Was soll man darauf antworten, zumal beide Schwestern die Jugend bereits hinter sich haben. Das Schweigen wird ungemütlich, weil es zu lange anhält. Mater Regina begegnet dem musternden Blick der Begine und schaut ihr fest in die Augen. Sie nippt noch einmal an dem wässerigen Dünnbier, räuspert sich kurz und sagt: „Wir sind Katharinenschwestern aus Braunsberg, Schwester Sophia und Schwester Regina. Euch ist wahrscheinlich der Wunsch unseres Hochwürdigsten Herrn Fürstbischofs bekannt..." Das eben noch wohlwollende Gesicht der Begine verschließt sich, wird abweisend und bitter. „Katharinenschwestern aus Braunsberg? So, so", murmelt sie, und es klingt wie ein geheimer Vorwurf. „Wir haben hier Jahrzehnte in Frieden gelebt und gearbeitet, Schwester. Wir haben miteinander gebetet, Kranke gepflegt und Armen geholfen. Und nun sind wir alt geworden. Eine nach der anderen wird gebrechlich und pflegebedürftig. Jüngere Beginen gibt es scheinbar nicht mehr. Und nun sollt Ihr, uns völlig fremde Schwestern, einfach alles übernehmen? Wir sollen nach Eurer Regel leben? Könnt Ihr verstehen, daß sich in uns alles dagegen sträubt? Warum läßt man uns nicht in aller Ruhe so lange hier leben, bis die letzte Begine gestorben ist?" Wieviel Not und Bitterkeit haben in diesen Worten der alten Frau gelegen! Mater Regina ist erschüttert und voller Verständnis für die Lage des aussterbenden Beginen-Konventes. Dennoch hat sie den Mut, nach einer Pause zu antworten: „Die Menschen in Wormditt brauchen gewiß Eure betenden Hände, aber sie brauchen auch helfende Hände, und dazu seid Ihr ja nicht mehr in der Lage. Außerdem möchte unser Hochwürdigster Herr Euch gerade für Eure alten und kranken Tage in einer grösseren Gemeinschaft, geborgen wissen, einer Gemeinschaft, die für Euch sorgen kann. Es liegt mir aber völlig fern, Euch zu etwas zu zwingen, das Euch so widerstrebt. Man soll Gott stets aus einem freien Entschluß heraus folgen. Er will keine Sklaven, die sich widerwillig unter ein Joch beugen. Einen freudigen Geber hat Gott lieb. Das sage ich oft meinen Schwestern." „Euren Schwestern?" Die ältere Begine beugt sich vor, damit ihre kurzsichtigen Augen Mater Regina besser betrachten können. „Euren Schwestern? Seid Ihr am Ende Mater Regina Protmann, die Begründerin des Konventes von St. Katharina?" Schwester Sophia bestätigt es begeistert. Sie würde für ihre Mater Regina durchs Feuer gehen. Wenn ihre Oberin über diese Einmischung, die spontan und ohne Überlegung erfolgt ist, etwas verärgert ist, läßt sie es sich nicht anmerken. Die Begine wird nun wesentlich zugänglicher. „Darf ich Euch und Eure Mitschwester zu unserem Mittagsmahl einladen und würdet Ihr den anderen Beginen ein paar gute religiöse Worte sagen, Mater Regina? Sie sind förmlich ausgehungert danach, denn unser Herr Pfarrer läßt sich kaum noch bei uns blicken." „Ich muß nur kurz mit unseren Gastgebern und dem Fuhrmann darüber sprechen, ob es von ihnen aus möglich ist. Wir wollten eigentlich zeitig wieder abfahren. Wenn ich alles regeln kann, kommen wir gerne zu Euch."

Als die Schwestern zum Bauernhof gehen, läuft ihnen Irmgard über den Weg. Mater Regina erzählt ihr von der Einladung. „Was sollen wir machen? Ich würde gerne mit den Beginen sprechen, weil das auch im Sinne unseres Hochwürdigsten Herrn ist, aber unser Fuhrmann wartet bestimmt sehnsüchtig auf unsere Abreise." Irmgard lacht fröhlich. „Ach was, er wird gewiß mit Freuden einen faulen Tag anhängen. Er hat es bei Berthold gut." Während die beiden Schwestern an den Ufern der Drewenz ihren Rosenkranz beten und ihre Meditation halten, ist Irmgard voll beschäftigt. Mit einer Magd bringt sie allerlei Köstlichkeiten von ihrem elterlichen Hof in das Beginenhaus. „Bewirtet mir Mater Regina gut! Die verdient das Beste vom Besten!" Betroffen schaut die Vorsteherin der Beginen sie an. „Wie? Ist die Mater so verwöhnt? Was haben wir ihr denn schon zu bieten?" Irmgard lacht wieder ihr helles, ansteckendes Lachen. „Mater Regina verwöhnt? Ich glaube nicht, daß Ihr hier so arm gelebt habt wie Mater Regina. Sie sorgt stets für die anderen zuerst und denkt zuletzt an sich." Über den arg zerschrammten Refektoriumstisch legt Irmgard eine weiße Leinendecke und stellt einen Krug mit Blumen aus ihrem Bauerngarten darauf. „So etwas Schönes haben wir schon lange nicht mehr gesehen!" staunt die Vorsteherin der Beginen. „Ihr könnt Euch jederzeit aus unserm Garten bedienen", verspricht Irmgard großzügig. Sie ist gerade rechtzeitig aus dem Hinterausgang des Beginenhauses geschlüpft, als die beiden Schwestern an der Vordertüre anklopfen. Dieses Mal werden sie freundlich willkommen geheißen von der kleinen Schar der älteren Frauen und mit einem gewissen Stolz in das Refektorium geführt. Staunend betrachten sie die Blumen, das Tischtuch, die Scheiben weißen Brotes in geflochtenen Körben. „Hoffentlich habt Ihr Euch selbst nicht Dinge abgezogen, um uns zu bewirten", meint Mater Regina beinahe gerührt. „Nein, nein", gesteht die Vorsteherin ehrlich. „Wir haben die meisten dieser Herrlichkeiten der Irmgard zu verdanken." Es wird eine fröhliche Mahlzeit. Alle lassen sich das außergewöhnlich gute Essen mit sichtlichem Vergnügen munden. Die Gespräche sind heiter. Erst nach dem Dankgebet bittet die Vorsteherin Mater Regina, von Braunsberg und dem Leben im Kloster der Katharinenschwestern zu erzählen. Sie tut es mit einfachen Worten, aber auch mit Hingabe und Wärme. Man spürt, wie ihr die Gesellschaft der heiligen Katharina von Alexandrien, der Katharinenschwestern, am Herzen liegt. Sie berichtet über die Entstehung, das Wachsen und über das geistliche Leben im Konvent. „Schwester Sophia wird Euch nun von unseren Tätigkeiten erzählen!" Aufmerksam und mit zunehmender Bewunderung verfolgen die Beginen den Bericht über die Arbeit im Hospital, in den Häusern und Hütten der Kranken und Armen und in der kleinen Schulklasse für minderbemittelte Mädchen. „Nun wißt Ihr alles über unser Leben, ehrwürdige Frauen", sagt Mater Regina abschließend. „Wir wollen Euch in keiner Weise zu einem Entschluß drängen. Geht miteinander zu Rate und überlegt, was Ihr tun wollt. Wir werden in Braunsberg für Euch beten."

Die Beginen in Wormditt brauchen Zeit, bis sie sich zu einem Entschluß durchringen. Beinahe ein ganzes Jahr vergeht, ehe sie durch einen Boten Mater Regina mitteilen lassen, daß sie bereit sind, sich den Katharinenschwestern anzuschließen. Wieder begibt sich Mater Regina auf die Reise. Dieses Mal hat sie drei Begleiterinnen bei sich mit ihrer geringen Habe. „Ihr habt die Ehre, die erste Filiale, das erste Tochterhaus der Katharinenschwestern, mit zu begründen. Seid recht behutsam im Umgange mit den Beginen. Sie bringen ein großes Opfer, wenn sie sich in ihrem Alter unserer Regel unterwerfen. Ich werde einige Zeit bei Euch bleiben, bis sich das Zusammenleben eingespielt hat."

Die Beginen sehen dem Wechsel mit ängstlicher Sorge entgegen. Voll Liebe nimmt sich Mater Regina ihrer an. Langsam zerstreut sie ihr Mißtrauen und ihren Widerwillen gegen das Neue und führt sie behutsam in den Geist der Regel ein. Eine Begine nach der anderen gibt ihre abwehrende Haltung auf. Endlich fühlen sie sich als Katharinenschwestern und geloben, die Regel treu zu halten. Niemand in Wormditt freut sich mehr über das alte und zugleich neue Kloster in Wormditt als Irmgard, die Ehefrau des Berthold. Sie tut alles, um den Schwestern einen Weg zu ihren Mitbürgern zu bahnen. Ihre Sinne sind seit ihrer Zeit im Kloster geschärft für fremde Not und für verschämte Armut. Lobt jemand ihren Einsatz und ihre Hilfsbereitschaft, so lautet ihre Antwort stets: „Das habe ich im Kloster gelernt!" Mater Regina kehrt nach Braunsberg zurück, aber nicht für längere Zeit. Der Bischof ruft sie nach Heilsberg. Dort leben drei ältliche Beginen in einem Eckhaus gegenüber der Wohnung des Erzpriesters. Sie verdienen ihren Lebensunterhalt recht und schlecht durch den Verkauf von selbstgegossenen Wachskerzen, durch Näharbeiten und kleinere Dienste in der Krankenpflege. Ihr Einkommen ist gering. Das Strohdach ihres Hauses fault über ihren Köpfen. Es regnet durch. Mäuse hausen im Gebälk. Gewissenlose Menschen haben ihnen zwei ihrer drei Gemüseäcker abgenommen. Auf Wunsch des Bischofs übernehmen die Katharinenschwestern die Nachfolge der zum Aussterben verurteilten Gemeinschaft. Sie erhalten ein neues Haus samt Ackerland und werden von allen Abgaben befreit. Auch ein Stück Gartenland am Ufer der Simser wird ihnen übereignet. In erster Linie widmen sie sich auch in Heilsberg der Krankenpflege und Armenfürsorge. Ihnen und den Schwestern in Wormditt hat Mater

Regina eine Abschrift der Ordensregel mitgegeben. Die von den kleinen Konventen selbst gewählte Hausoberin ist verpflichtet, die Schwestern in der Ordensregel zu unterweisen. Aber die mütterliche Sorge der Gründerin reicht noch weiter. Sooft sie es einrichten kann, sucht sie selbst die Schwestern in Wormditt und in Heilsberg auf. Sie spricht mit jeder einzelnen Schwester, ermutigt, tröstet und ermahnt sie und bittet sie, treu im Geiste der Katharinenschwestern auszuharren.

Auch in einen dritten Beginenkonvent, der erstarrt und unfruchtbar geworden ist, führt Mater Regina auf Wunsch des Bischofs ihre Schwestern nach innerem Ringen. Das geschieht im Jahre 1593. Die dortigen Beginen sträuben sich jahrelang gegen die ‚Kromersche Regel', wie sie sagen, und gegen die Anwesenheit der Katharinenschwestern, obwohl sie selbst nichts Wichtiges mehr tun können. Es kommt zu unguten Spannungen, unter denen Mater Regina und die Schwestern in Rößel leiden. Erst nach dem Tode der letzten Begine im Jahre 1597 wird das Haus in Rößel wirklich zu einem Kloster der Katharinenschwestern.

In diese Zeit fällt ein trauriges und einschneidendes Ereignis für das Ermland. Leider stirbt der Freund und edle Gönner der Katharinenschwestern nach kurzer, schwerer Krankheit. Von seinen Diözesanen tief betrauert, geht Bischof Martin Kromer heim zu Gott.

Nach dem Tod des Bischofs bitten die Geistlichen des Bistums, man möge der Diözese wieder einen Bischof deutscher Herkunft geben. Aber in Rom hält man es angesichts des beängstigenden Vordringens der neuen Lehre für besser, dem Drängen des treukatholischen Polenkönigs Stephan nachzugeben und dem Ermland dessen Neffen Andreas als Fürstbischof vorzusetzen und ihn gleichzeitig zum Kardinal zu ernennen. Kardinal Andreas kommt mit den besten Absichten in sein Bistum, aber die Geistesart der Ermländer ist ihm fremd. Als er von Braunsberg erfährt, daß es dort Schwestern gibt, die ohne strenge Klausur leben und zu den Armen und Kranken und in die Spitäler gehen, ist er darüber empört. „Das werde ich auf der Stelle ändern! Schickt mir diese Mater Regina in mein Palais nach Heilsberg!" Einer seiner Mitarbeiter warnt ihn. „Eminenz, diese Katharinenschwestern arbeiten mit kirchlicher Erlaubnis. Euer hochseliger Vorgänger, Bischof Kromer, hat ihre Regel approbiert und somit ihre Lebensweise gutgeheißen." Kardinal Andreas zieht die Brauen hoch. „Und was sollte mich daran hindern, die Approbation der Regel aufzuheben und diese Frauen in die strenge Klausur zu bringen, wohin sie gehören?"

Mater Regina hat ein ungutes Gefühl, als sie sich nach Heilsberg begibt, weil der Kardinal sie zu sich bestellt hat. Zudem ist sie sehr geschwächt, weil sie nach längerer Zeit, die sie wegen einer fiebrigen Krankheit im Bett verbringen mußte, erstmals wieder aufgestanden ist. Sie kann kaum einen klaren Gedanken fassen und hat Mühe, das Zeremoniell des Kniens und Ringküssens hinter sich zu bringen. Kardinal Andreas legt auf diese Äußerlichkeiten großen Wert. Mit kritischer Miene betrachtet er die blasse, übermüdet aussehende Person mit den halbgeschlossenen Augen. Sie sieht aus, als würde sie jeden Augenblick umfallen. „Setzt Euch", sagt er mit einer herablassenden Handbewegung. „Ich habe viel von Euch gehört, Mater Regina. Nicht alles davon hat meinen Beifall gefunden. Doch zunächst möchte ich etwas Erfreuliches mit Euch besprechen. In Rößel steht das ehemalige Augustinerkloster leer. Es ist ein weitläufiges, guterhaltenes Gebäude mit Gärten, Wäldern und Äkkern. Wie wäre es, wenn Ihr Euer Mutterhaus von Braunsberg nach dort verlegen würdet? Ich würde Euch den Besitz übereignen..." Erwartungsvoll blickt er in ihr Gesicht. Es bleibt unbewegt. „Rößel ... Augustinerkloster ... Gärten, Wälder, Acker..." Die Worte dringen einzeln in ihren müden Kopf. Sie kann sie aber nicht in einen Zusammenhang bringen. „Habt Ihr mich etwa nicht verstanden, Mater? Ihr sollt mit Euren Schwestern von Braunsberg in das ehemalige Augustinerkloster nach Rößel ziehen. Ich wünsche das!" sagt er streng. Alles Höfliche und Joviale ist aus seinem Antlitz und seiner Stimme verschwunden. Der Kirchenfürst befiehlt. „Außerdem habt Ihr eine entscheidende Änderung vorzunehmen: Ihr werdet in allen Euren Klöstern die strenge Klausur einführen!" Mater Regina wird totenblaß. Ihr Mund zittert unkontrolliert. Ihre Augen schauen voller Entsetzen in das Gesicht des Kardinals. „Die strenge Klausur ... aber ... aber!" Er unterbricht ihr Gestammele. „Da gibt es kein Aber! Ich bin Euer Bischof und habe so entschieden. Die ganze unwürdige Lauferei in die Spitäler hört auf!" Mit blassen Lippen murmelt sie bittend: „Darf ich wenigstens mit meinen Ratsschwestern und den übrigen Schwestern zuvor darüber sprechen, Eminenz?" Unwillig runzelt er die Stirne. „Ich wüßte nicht, was es da noch zu besprechen geben würde, aber meinetwegen, meinetwegen. Ich will Euch zwei Wochen Zeit geben. Dann erwarte ich Eure positive Antwort!" Mater Regina denkt gar nicht daran, daß sie die Schwestern im Konvent von Heilsberg aufsuchen könnte, um sich etwas zu erholen. Wie eine uralte Frau kriecht sie über die zerfurchte Landstraße nach Braunsberg. Jeder Schritt ist eine Qual. Soll mit einem Schlag alles aus sein, was in opfervollen Jahren aufgebaut worden ist? Strenge

Klausur … keine kranken Menschen mehr pflegen dürfen, keine Siechen und Bestraften trösten, keine Armen mehr beköstigen? Die Worte des Kardinals dröhnen wie Hammerschläge durch ihren Kopf. Endlich erreicht sie die Stadt. Sie schleppt sich so elend dahin, daß die Leute stehenbleiben und ihr nachschauen. Was ist denn nur mit dieser Mater Regina los? Nun hat sie St. Katharina erreicht. Sie muß sich an den Bänken festhalten, während sie nach vorne geht. Dort endlich bricht es aus ihr heraus. Sie wird von einem haltlosen Schluchzen geschüttelt. „Herr, mein Herr, kann das Dein heiliger Wille sein? Sind wir all die Jahre einen Irrweg gegangen? Herr Jesus Christus, hab' Erbarmen mit mir, und tue mir Deinen Willen kund!" Dann bricht sie lautlos auf den Fliesen zusammen. Erschrockene Kirchgängerinnen finden sie, betten sie auf eine Bank und holen Schwestern aus dem Kloster in der Kirchgasse. Tagelang liegt sie auf ihrem Lager, blaß und stumm. Sie reagiert nicht darauf, wenn die Schwestern sie ansprechen. Nur mit Mühe können sie ihr etwas Flüssigkeit einflößen. Sie rufen Pater Paulus herbei. Er beugt sich über sie und hört sie murmeln: „Dein Wille, Herr? Dein Wille, Herr?" Er richtet sich auf. „Sie war in Heilsberg bei Kardinal Andreas, bevor sie in diese seltsame Starre verfallen ist. Ich nehme mit gutem Recht an, daß sie dort einen Schock erlitten hat." Er äußert sich nicht weiter, sondern kniet sich nur hin zum Gebet und segnet dann die Kranke. Sein Pater Superior hat einen Brief aus Heilsberg bekommen, in welchem ihm der Kardinal seine Absichten bezüglich der Katharinenschwestern mitgeteilt hat. Pater Paulus ist bereit, sich dem Kampf zu stellen. Mit seinen Brüdern wird er ein hochgelehrtes, theologisch unanfechtbares Schreiben an den Herrn

Fürstbischof aufsetzen. So leicht gibt er sich nicht geschlagen.

Während er noch dabei ist, seine diesbezüglichen Schriftstücke zu ordnen und in einwandfreies Latein zu bringen, läutet plötzlich dumpf und schwer die Totenglocke von St. Katharina. Welch wichtige Persönlichkeit ist da gestorben? Er eilt aus seinem Zimmer. Auf dem Flur begegnet er dem Pater Superior. „Kardinal Andreas II. ist in Heilsberg überraschend einem Schlagfluß erlegen!" Pater Paulus gibt eine seltsame Antwort: „Der Herr sei seiner Seele gnädig. Jetzt wird Mater Regina wieder gesund."

12
Dämmerung

„Wie Gott will", sagt Mater Regina nur, als sie nach ihrer Genesung erst richtig begreift, daß eine große Gefahr von ihrem Werk abgewandt worden ist. „Aber es wird immer wieder Kämpfe für uns geben. Wir müssen treu an unserem Auftrag festhalten. Ich gestehe ein, daß ich beinahe schwankend geworden wäre. Der Herr hat mit meiner Schwäche Mitleid gehabt. So müssen auch wir miteinander Mitleid haben und barmherzig sein, wenn wir erleben, daß eine unserer Mitschwestern sich irgendwie verfehlt. Sollten wir zu jenen gehören, denen in einem Amt Macht über andere gegeben worden ist, so wollen wir mit diesem gefährlichen Instrument ganz vorsichtig umgehen. Wir dürfen nie versuchen, einer Schwester oder einem anderen uns anvertrauten Menschen etwas aufzuzwingen, indem wir als Willen Gottes interpretieren, was wir persönlich durchsetzen wollen. Ihr wißt, liebe Schwestern, wie sehr die Israeliten sich gescheut haben, den Namen Gottes auch nur auszusprechen, weil fromme Ehrfurcht es ihnen verbot. Wie sehr wird Gott dann erst mit einem Menschen, einem Christen, ins Gericht gehen, der seinen Namen mißbraucht, um selbstsüchtige Ziele zu erreichen! Beten wir jeden Tag beharrlich für jene unter uns, denen Macht über andere verliehen worden ist! Und erforschen wir uns täglich ernstlich vor dem Herrn, ob wir auch nicht den kleinsten Macht-

*Der päpstliche Nuntius Rangoni bestätigt 1602 die Übereinstim-
mung der Regel mit den Beschlüssen des Reformkonzils von Trient.
Seit dieser Zeit sind die Katharinenschwestern eine Kongregation
päpstlichen Rechts.*

*Nach zähen Verhandlungen kann mit einer großzügigen Spende
sogar die erste eigene Kapelle gebaut werden.*

mißbrauch betrieben haben. Wer von uns etwas zu verwalten hat, und seien es auch nur Kleinigkeiten wie die Ausgabe von Putzlappen, der kann oder könnte seine Macht mißbrauchen. Das tut er bereits, wenn er mißmutig und ungern den Wunsch einer Mitschwester erfüllt oder sie abweist mit dem häßlichen Wort: ,Kommt wieder, ich habe jetzt keine Zeit!' Liebe Schwestern, unsere Zeit gehört nicht uns, sie gehört Gott, und er will, daß wir sie ihm zurückgeben in Liebe und Barmherzigkeit. Noch einmal lege ich Euch allen und mir selbst ans Herz: Hüten wir uns vor jeglichem Mißbrauch der Macht!"

Auf ihrem Krankenlager hat Mater Regina viel gebetet und meditiert. Gott hat ihr manche Einsicht geschenkt und ihre Sicht der Dinge weiter vertieft. Nun gibt sie ihre inneren Erfahrungen in ihren Unterweisungen an die Schwestern weiter. Alle spüren den heiligen Ernst in ihren Worten und fühlen sich dadurch tief bewegt. Dabei nimmt sie auch willig das schwere Joch der Arbeit und Sorge wieder auf sich. Pater Paulus muß mehr als einmal ihren Eifer zügeln. „Ihr seid nicht mehr die Jüngste, Mater, und müßt Euer Tun auf das Wesentliche beschränken! Für Arbeiten, die viel Kraft beanspruchen, habt Ihr inzwischen genügend junge Schwestern, die sie übernehmen können und die sie – gestattet mir die Offenheit – leichter und besser ausführen können." Sie lächelt ihm zu und nickt. „Ihr habt recht, Pater Paulus. Ihr seid ein tüchtiger Medicus im geistlichen Leben, aber Eure Medizin ist bitter."

Das Ermland hat in Petrus Tilicki einen neuen Bischof erhalten. Er zeigt wieder volles Verständnis für die Arbeit, die Ziele und die Art des geistlichen Lebens der Katharinenschwestern. Er beläßt das Mutterhaus in Braunsberg, und er erfüllt eine Bitte von Mater Regina. Sie trägt ihm bei einer persönlichen Audienz den Wunsch der Schwestern vor, die kurze ‚Kromersche Regel' zu erweitern und in einigen Punkten umzuarbeiten. Bischof Petrus Tilicki gibt dem Plan sofort seine Zustimmung. In Zusammenarbeit mit den Vätern der Gesellschaft Jesu wird die erste Regel überprüft, neugefaßt und in manchen Punkten abgemildert. Die Neufassung erhält die Approbation durch Bischof Tilicki und durch den Apostolischen Nuntius, Claudius Rangoni, am Königshof von Wilna. Nun ist die Gründung der Mater Regina eine Kongregation päpstlichen Rechtes.

Die Zeiten sind unruhig. Man braucht viel Gottvertrauen, um in ihnen, wie Mater Regina es tut, unbeirrt auf dem einmal eingeschlagenen Wege zu bleiben. Im Osten droht dem Ermland der übermächtige lutherische Nachbar Ostpreußen. Die katholische Enklave, das Fürstbistum Ermland, ist den dortigen Machthabern ein Dorn im Auge. Immer wieder werden lutherische Wanderprediger losgeschickt, um die Menschen in den Städten und Dörfern des Ermlandes für die ‚Freiheit des Christenmenschen' vom kirchlichen Joch zu gewinnen. Manches hört sich recht gut an und ist nach dem Geschmack der Menge, etwa die These von der Gleichheit aller, die durchaus auch Lehre der katholischen Kirche ist, wenn sie zum Beispiel deutliche Worte des heiligen Apostels Paulus in ihren Predigten zitieren läßt, aber die Beherzigung dieser Lehren fällt bereits manchem einfachen Kleriker im täglichen Leben schwer. In der Praxis der Seelsorge zeichnet sich eine deutliche Bevorzugung der Besitzenden oder der Studierten gegenüber dem gewöhnlichen Volk ab. So fällt manches Wort der lutherischen Wanderprediger auf fruchtbaren Boden. Einmal verirrt sich ein solcher sogar in das Kloster der Katharinenschwestern in der Kirchgasse. Mater Regina hat Mitleid mit dem elend gekleideten und vom vielen Umherwandern geschwächten Eiferer. „Spart Euch Eure Worte, guter Mann, aber nehmt von uns einen Teller Suppe und ein Stück Brot an! Eßt nur getrost und laßt es Euch schmecken. Ich werde derweil einmal nachschauen, ob wir unter den geschenkten Sachen ein besseres Wams und einen wärmeren Mantel für Euch finden." Der Wanderprediger ist so verblüfft über ihre unerwartete Güte und Menschenfreundlichkeit, daß er sich still verhält und gehorsam ißt und trinkt. Er bekommt ein ordentliches Gewand und einen Mantel und weist beides nicht zurück. Er staunt nur und sagt: „Dabei hatte ich erwartet, Ihr würdet Feuer und Schwefel auf mich herabwünschen oder mich zumindest sofort des Hauses verweisen, Ihr, eine katholische Nonne." „Würdet Ihr das für christlich halten, mein Herr? Ihr seid ein Mitchrist, auch wenn Ihr vieles anders seht als wir", erwidert Mater Regina mit ruhiger Gelassenheit. Der Wanderprediger verneigt sich vor ihr. „Der Herr möge Euch segnen! Würden nur viele in unseren Landen so denken wie Ihr, so würde es wohl nicht zu all dem Schweren kommen, das uns wahrscheinlich bevorsteht. Ihr seid Christin!" Pater Paulus ist nicht aufgebracht, als sie ihm den Vorfall berichtet. „Dieser Mann handelt bestimmt nach bestem Wissen und nach seinem Gewissen. Er möchte auf seine Weise dem Herrn dienen. Der Herr allein schaut in die Herzen. Vielleicht hat mancher katholische Fürst oder reiche Handelsherr weniger edle Beweggründe als dieser lutherische Wanderprediger. Die Unterscheidung der Geister ist heute besonders schwer. Wir müssen mehr denn je beten und wachsam sein. Sprecht immer wieder zu Euren Schwestern in diesem Sinne, hier im Mutterhaus, aber auch in den

Töchterhäusern Wormditt, Heilsberg und Rößel! Laßt Euch bei dieser Arbeit nicht vertreten. Eure Schwestern hören auf Euer Wort. Ihr sagt stets das, was der Heilige Geist Euch eingibt, Mater Regina, und in Euren Worten schwingt das Lieben Eures Herzens mit."

Mater Regina sieht den greisen Pater an, der all die Jahre ihr treuer Weggefährte gewesen ist. Auch von ihr haben die Jahre des Kampfes und der harten Arbeit ihren Tribut gefordert. Ihr hageres Antlitz wird von Falten und Furchen durchzogen. Ihre Bewegungen sind langsamer geworden. „Die Reisen zu unseren Häusern, besonders die Fahrt nach Wormditt und Rößel, fordern von mir und von meiner jeweiligen Gefährtin viel Zeit und Kraft. Hier in Braunsberg kann ich mich fast gar nicht mehr an den Arbeiten und am Liebeswerk unserer Gemeinschaft beteiligen. Wenn ich heimkehre, muß ich mich nämlich zuerst ausruhen." Den letzten Satz hat sie leise und beschämt gesagt. Jetzt runzelt Pater Paulus seine weißen Brauen. „Na und? Das ist die natürlichste Sache der Welt. Haltet Ihr Euch etwa bei allem, was in Braunsberg durch Eure Schwestern geschieht, für unentbehrlich, liebe Mater? Eure beiden Ratsschwestern, Schwester Barbara und Schwester Elisabeth, führen das Mutterhaus stets in Eurem Geiste, wenn Ihr abwesend seid. Eure Schwestern dienen, wie Ihr es jahrzehntelang getan habt, treu und unermüdlich den Armen und den Kranken. Also – Ihr seid keineswegs unersetzlich. Wäret Ihr das nicht, so würde Euer Werk bei Eurem Tod zusammenbrechen. Gottes Heiliger Geist war in Jesus Christus stets der eigentliche Obere und Leiter Eurer Gemeinschaft. Ihr seid und waret nur ein Werkzeug Gottes." Diese scheinbar harten Worte können Mater Regina nicht erschrecken. Sie nickt zustimmend. „Ihr kennt mich, Vater. Trotz meiner zupackenden Art, die sich mit Gottvertrauen dem Alltag stellt und die Sachen so sehen mochte, wie sie wirklich sind, gibt es in mir auch das ängstliche Sorgen einer Mutter, die für ihre Kinder die Wege in die Zukunft ebnen möchte." „Ihr braucht nur einen einzigen Weg zu ebnen, Mater Regina! Bereitet den Weg des Herrn und machet eben seine Pfade in Eurem Herzen und in den Herzen Eurer Schwestern."

Nach diesem ernsten Gespräch geht Mater Regina, wie sie es so oft in ihrem Leben getan hat, in die Kirche der heiligen Katharina. Sie braucht den Kirchenraum nur zu betreten, und sofort teilt sich ihr etwas vom Frieden, von der Gottesnähe mit. Hier fällt es ihr leicht, mit Gott ins Gespräch zu kommen, zu beten. Zuerst läßt sie die Stille auf sich wirken. Dann verweilt sie lange in innigem Gebet, das sich wie ein Strom aus ihrem übervollen Herzen ergießt. „Mein Herr Jesus Christus, Du eine und einzige Liebe meines Lebens, Dir möchte ich das Wenige schenken, was ich noch zu tun vermag. Ich weiß, daß sich die Dämmerung langsam herabsenkt, und ich bin mir jetzt, da meines Lebens Tag sich seinem Ende zuneigt, meiner eigenen Armut und meiner leeren Hände mehr denn je zuvor bewußt. Aber ich vertraue mich Deiner barmherzigen Liebe an. Du hast das Scherflein der Witwe nicht verschmäht, und Du wirst Dich auch meiner erbarmen…"

Im Mutterhaus wartet ihre erste Stellvertreterin, Schwester Barbara, sehnsüchtig auf sie. Ihre Frage überrascht Mater Regina. „Wo habt Ihr heut' nacht geschlafen, Mater?" Die Gründerin sieht verlegen an ihr vorbei. Sie findet so rasch keine Antwort. „O, Ihr braucht mir nichts zu sagen. Ich weiß es nämlich längst von Schwester Sophia. Ihr habt wieder einmal Euer Bettzeug an eine Bettlerin verschenkt und auf der bloßen Erde geschlafen, Ihr mit Eurem armen Leib, den Gicht und andere Beschwerden plagen. Ist das rechtens?" Sogleich kniet Mater Regina nieder. „Wenn ich damit gegen die heilige Armut verstoßen habe, so legt mir bitte eine geziemende Buße auf!" Schwester Barbara muß sich der Tränen erwehren, die in ihre Augen steigen wollen. „Bitte, steht auf, liebe Mater! Meine Worte sollten keinesfalls als Tadel gedacht sein. Nur die Sorge um Euch ließ mich so sprechen. Wenn Ihr Euch auch nicht darüber äußert, weiß ich, daß es Euch seit einiger Zeit nicht gut geht. Und zudem, liebe Mater Regina, seid Ihr nicht manchmal zu gutgläubig, wenn Euch ein Bettler sein Sprüchlein geläufig vorträgt? Was hatte denn diese Frau für ein Gebrechen?" „Sie war schwanger, Schwester Barbara, und sie wird um die Weihnachtszeit ihr Kind gebären. Sie bat mich nicht um Bettzeug. Sie bat nur um etwas frisches Stroh und eine Decke. Ihr Mann hat sie verlassen und sich in Elbing der neuen Lehre verschrieben. Die Arme haust mit ihren beiden Kindern in der Fährmannshütte an der Passarge und bedient die Fähre, solange es ihr Zustand erlaubt." „Wollen wir nicht Schwester Sophia zu ihr schicken und sie nach dem Rechten schauen lassen? Sie ist ja selbst in einer solchen Hütte aufgewachsen und wird besonders gerne helfen. Später werden wir uns um das Christkind des Jahres 1612 besonders kümmern, Mater Regina, und der Frau jede erdenkliche Hilfe leisten. Aber noch haben wir Herbst. Wir konnten eine reiche Obst- und Getreideernte einbringen und haben viel Treibholz und Bruchholz gesammelt für den Winter. Unsere fleißigen Schwestern an den Spinnrädern, den Webstühlen und in der Nähstube und auch Marjanka beim Körbeflechten haben auf Ihre Art eine reiche Ernte erzielt. Seit Marjanka bei uns weilt, ist sie viel verständiger geworden. Sie kann zwar nie unserer Gemeinschaft angehören, aber sie ist allen eine liebe Hausgenossin geworden. Nebenher betreut sie mit Schwester Klara unsere stattliche Hühnerschar. Unsere Kerzengießerinnen haben schöne Kerzen...“ Mit einer leichten Handbewegung bittet Mater Regina sie, in ihrer Aufzählung innezuhalten. „Verzeiht, daß ich Euch unterbreche, Schwester Barbara! Ich fühle, daß Ihr mir außerdem etwas ganz anderes, etwas Unangenehmes sagen wollt und es in Eurer behutsamen Art in all das Gute eingekleidet habt.“ Schwester Barbara schaut vor sich nieder und faltet unwillkürlich die Hände. Wie gerne würde sie der Mater das Unangenehme ersparen! Aber sie kann nichts vor ihr verbergen. „Ja, Mater Regina, ein Bote aus Wormditt hat mir einen Brief gebracht. Die Hausoberin unseres Konventes bittet dringend um Euer Kommen. Wie Ihr wißt, macht eine der Schwestern dort bereits seit einiger Zeit Schwierigkeiten. Nun ist es mit dieser Schwester Christophera so schlimm geworden, daß auch die anderen Schwestern niedergeschlagen und verwirrt sind.“ Einen Augenblick lang schließt Mater Regina die Augen und unterdrückt mit einiger Mühe einen Seufzer. Sie ist sehr müde und hat Schmerzen in Beinen und Schultern. Auch das Herz tut ihr weh. Sie hatte gehofft, sich einmal eine längere Ruhepause in Braunsberg gönnen zu können. Energisch preßt sie die Lippen zusammen, faltet die mageren, stark geäderten Hände und strafft die Schultern. „Wie Gott will!“ Ihre Rätin hat sie aufmerksam beobachtet. Sie weiß, wie es um den Gesundheitszustand der Gründerin bestellt ist, aber sie weiß auch, daß Mater Regina es sich nie verzeihen würde, wenn sie sich dem Hilferuf aus Wormditt versagen würde. Der Brief ist viel kläglicher ausgefallen, als Schwester

Barbara es geschildert hat. Nun beginnt sie behutsam: „Ihr werdet es mir nicht verübeln, daß ich mit Schwester Elisabeth bereits vorüberlegt und vorgesorgt habe. Zunächst bitten wir, daß Ihr Euch ein paar Tage gründlich ausruht. Eure neue Bettstatt ist bereits gerichtet. Am Donnerstag wird Fuhrmann Heinrich uns nach Wormditt bringen." „Uns?" wendet Mater Regina ein. „Ja, wenn Ihr nichts dagegen habt, möchten Schwester Sophia und ich Euch begleiten", sagt Schwester Barbara und fährt rasch fort, um einer neuen Frage der Gründerin zuvorzukommen. „Heinrich ist der Schwager des Tuchmachers Robert, dessen Kind Ihr so hingebungsvoll gepflegt habt. Weil Ihr damals nichts von ihm annehmen wolltet, ist er froh darüber, uns auf diese Weise seinen Dank abzustatten." An Mater Reginas Miene kann sie ablesen, daß diese sich noch nicht für den klug durchdachten Plan begeistern kann. „Und nun seid Ihr um Eurer Schwestern und um Euer selbst willen verpflichtet, diese Hilfe ohne Widerstand anzunehmen. Der Fußweg nach Wormditt wäre für Euch viel zu anstrengend." Jetzt lächelt Mater Regina. „Ich gebe mich geschlagen und tue alles so, wie meine klugen Rätinnen es sich ausgedacht haben... Sonst würdet Ihr gewiß Pater Paulus zur Hilfe holen."

Im kleinen Konvent an den Ufern der Drewenz freuen sich die Schwestern über die Ankunft ihrer drei Mitschwestern aus Braunsberg. Mit Irmgards Hilfe verschafft Schwester Barbara dem Fuhrmann ein gutes Quartier im Ort. „Erhole dich gut, Heinrich, denn wir werden deine Hilfe auch für eine Fahrt nach Heilsberg und Rößel in Anspruch nehmen müssen! Die Mater schafft keinen dieser Wege mehr zu Fuß, obgleich sie es am liebsten tun möchte." „Das habe ich mir gedacht, als ich ihr vom Wagen geholfen habe. Sie ist so leicht wie eine Feder." Mit einem traurigen Lächeln nimmt Schwester Barbara die Übertreibung des guten Mannes hin. „Leicht wie eine Feder", murmelt sie traurig. „Ob der Wind des Heiligen Geistes diese Feder nicht bald von uns fortwehen wird?" Als Dank für die glückliche Ankunft der Gäste aus Braunsberg singen die Schwestern ein Magnifikat im kleinen Oratorium des Hauses. Dann lädt die Hausoberin sie mit sichtlichem Stolz zu einem Festessen ein. „Die gute Frau Irmgard hat sich nicht nehmen lassen, es für uns zu richten!" Wahrlich, es ist ein Festessen, wie es sonst in der Klausur nicht geboten wird: Braten, Schinken, Gemüse, Salat, Obst- und Getreidemus, weißes Brot, Butter, Eier, Käse und als Abschluß frisches Obst, Äpfel und Birnen. Mater Regina probiert nur sparsam von all den Speisen, aber sie freut sich am gesunden Hunger ihrer Schwestern. Sie hat das Stillschweigen aufgehoben. Bald sind rege Gespräche zwischen den Braunsberger und den Wormditter Schwestern im Gange. Sie haben sich viel zu erzählen und greifen dabei herzhaft zu. Es ist ein fröhliches, schwesterliches Miteinander. Nur die junge Schwester Christophera hüllt sich in düsteres Schweigen. Sie verzieht nicht einmal den Mund zu einem Lächeln, wenn die anderen über eine heitere Anekdote herzlich lachen. Sie stochert auf ihrem Teller herum und hält ihre Augen gesenkt. Unter dem Tisch legt Mater Regina heimlich ihre Hände zusammen. Sie betet still für sich: „Gott, Heiliger Geist, gib mir die rechten Worte ein und lasse mich das tun, was dieser armen Schwester und unserer Gemeinschaft zum Heile gereicht!" Sie fährt mit diesem Gebet fort, als sie sich nach dem Essen zu einer kurzen Ruhepause zurückzieht. Aber es hält sie nicht lange auf ihrem Lager. Sie verläßt rasch das Haus und begibt sich zur Drewenz. Dort am Ufer wandert Schwester Christophera ruhelos auf und ab. „Als Ihr heiliger Namenspatron Christopherus, wie es die Legende berichtet, ein Kind am Ufer eines Flusses stehen sah, willigte er lachend ein, dieses Kind über den Fluß zu tragen. Er nahm es bereitwillig auf seine Schultern und schritt mutig voran. Anfangs wird er wohl mit dem Kind gesprochen und gescherzt haben, weil er ein solches Leichtgewicht gar nicht zu spüren vermeinte", sagt Mater Regina freundlich zu der überraschten Schwester und zieht sie mit sich zu einer Bank unter den Trauerweiden. Noch ist das Antlitz der Schwester verschlossen und unbewegt, so als wolle sie sagen: ‚Was geht mich diese Legende an?‘ Scheinbar unbefangen fährt die Mater fort: „Mitten im Wasser merkte er, daß das Kind schwerer und schwerer wurde. Ja, er konnte die Last dieses Kindes kaum bis zum anderen Ufer schleppen. Christopherus hatte den Herrn getragen... Als Ihr, meine liebe Tochter, Euch entschlossen habt, Katharinenschwester zu werden, schien Euch in der ersten großen Begeisterung Eurer Liebe zu Christus die Last des Ordenslebens so leicht wie dem heiligen Christopherus anfangs das Kind auf seinen Schultern. Je länger Ihr aber durch das Wasser schrittet, durch die unerbittlich gleitende Zeit des nüchternen und manchmal harten klösterlichen Alltags, desto härter und schwerer dünkte Euch die freiwillig übernommene Last. Die erste Begeisterung war von Euch gewichen, und die Last schien Euch mit der Zeit unerträglich zu werden. Die Last ist da, und sie drückt bisweilen schwer, ja sogar überschwer auf unsere armen, schwachen Schultern. Aber es ist und bleibt der Herr, der sie Euch auferlegt und dem Ihr in den Armen und Kranken, in den Eigenarten Eurer Mitschwestern und im täglichen Einerlei der Arbeiten und Mühen begegnet.

Ihn sollt Ihr ans andere Ufer tragen. Aber er, der Herr, ist auch täglich mit Euch, wenn Ihr das Dennoch der Liebe und Treue sprecht, und er schenkt die Gnade und Kraft zum Tragen und zum Durchhalten. Glaubt mir, liebe Tochter, auch die Beschwerden des Alters sind eine zunehmende Last. Man möchte sich ihrer gerne entledigen, aber auch in dieser Last findet man den Herrn, wenn man sie willig trägt." Die Bäume rauschen im Wind. Die kleinen Wellen plätschern sanft ans Ufer, und die Entenschar zieht mit leisem Schnattern an den beiden Ordensfrauen vorbei. Mater Regina wartet geduldig. Sie betet still. Da vernimmt sie mit einem Male einen Laut wie ein ersticktes Schluchzen. Schwester Christophera kniet vor ihr, küßt ihre Rechte und benetzt sie mit ihren Tränen. „Mater Regina, ich … ich…" „Still, Kind! Ihr braucht mir nichts mehr zu sagen", meint die Gründerin gütig und legt ihr die Hand auf das gebeugte Haupt. „Zwischen uns bedarf es keiner Worte mehr. Ich weiß, daß Ihr unseren Herrn ans andere Ufer tragen werdet." Sie zeichnet ihr ein Segenskreuzchen auf die Stirn. „Sagt den anderen Schwestern bitte, daß ich noch ein Weilchen an der Drewenz bleiben möchte."

Still und gelassen gleitet das Wasser dahin. Sonnensternchen tanzen auf der klaren Flut. Wie herrlich ist Gottes Schöpfung und voll geheimer Wunder… Die Drewenz mündet in die Passarge, die zum Haff, zur Ostsee hinfließt. Nun ist bereits Frühherbst 1612. Anno Domini 1612… Sie fährt sich mit der Hand über die Stirn. Soll es wirklich schon vierzig Jahre her sein, daß sie, das Mädchen Regina, das reiche Elternhaus verlassen hat und dem mächtigen Ruf der Gnade gefolgt ist? Vier Jahrzehnte des Betens und Arbeitens, des Darbens und Dienens, des Kämpfens und des Gewinnes für die Sache Christi, aber auch vierzig Jahre mit manchen Niederlagen, Mißerfolgen, Demütigungen und eigenem Versagen...

„Danke, danke, Herr Jesus Christus, daß ich Dir dienen durfte und daß Du mich in Deiner überreichen Güte gerufen hast! Danke, daß Du mir Kraft gegeben hast und mich in der Treue erhalten hast, in der Treue zu Dir und Deinem Auftrag! Alles war und ist Gnade! Danke, Herr, für eine jede Katharinenschwester, die Du uns geschenkt hast!" Es ist eine Stunde innigen Dankens für alle Führungen und Fügungen eines langen Ordenslebens, für das Werden und Wachsen der Kongregation, für deren geistliche und weltliche Wohltäter und Gönner, für die Hilfe und Unterstützung der Jesuiten, aber auch für die Schar der Armen, der Kranken, der Krüppel, der Behinderten und der Kinder...

Der Dank und der Jubel in Mater Reginas Herz werden so übermächtig, daß sie meint, das Gefühl nicht länger ertragen zu können. Sie will sich erheben, hat aber keine Kraft dazu. Wie gebannt, bleibt sie auf der Bank unter der Trauerweide sitzen. Sie blickt auf den Fluß und sieht die hellen Sonnensternchen auf dem Wasser tanzen und glitzern. Mit einem Male ist das alles verschwunden, aufgesogen von einem Leuchten, einem strahlenden Licht, das sie ganz umfängt. Es blendet nicht und schmerzt nicht, obwohl sie mit weit geöffneten Augen hineinschaut. Eine wunderbare Ruhe kommt über sie. Sie ist daheim, sie ist geborgen. Alles andere ist versunken und unwesentlich geworden. Wie lange sie in diesem Lichte weilt, weiß sie nicht, denn es gibt auch keine Zeit mehr für sie. Nun hat sie das gefunden, wonach sie ihr Leben lang gesucht hat, wonach sie sich oft schmerzlich gesehnt hat. Sie ist am Ziel. „Herr, mein Herr", vermag sie irgendwann mit blassen Lippen zu stammeln. Dann zieht sich das Licht langsam und beinahe unmerklich zurück. Sie empfindet Trauer und Schmerz, aber sie kann das Licht nicht festhalten. Sie wird sich ihres eigenen Körpers wieder bewußt, der vom langen Sitzen auf der harten Bank am Ufer der Drewenz schmerzt. Sie fährt sich über die Stirn. War das alles nur ein Traum? Da vernimmt sie leise wie ein Windhauch und doch deutlich ein Wort, das ihr die Trauer nimmt: „Bald!" Schwerfällig erhebt sie sich und begibt sich ins Haus. Ihr Antlitz ist von einer durchscheinenden Blässe, aber in ihren Augen liegt ein Widerschein des Leuchtens.

13
Abend

Als Mater Regina ins Haus kommt, findet sie eine junge Frau mit drei kleinen Kindern vor, die sie glückstrahlend begrüßt. „Mater Regina, nun kann ich Euch meine Kinder vorstellen – mein Töchterchen Regina und meine Zwillinge Reinhard und Robert. Berthold und ich sind sehr glücklich geworden." Die Ordensfrau lächelt ihr zu. „Ihr seid damals den richtigen Weg gegangen, als Ihr heimkehrtet, Frau Irmgard. Gott hat Euch in Euren Kindern gesegnet. Ich danke Euch dafür, daß Ihr unseren Schwestern hier in Wormditt so treu zur Seite steht! Übrigens haben mir Eure Liebesgaben beim Mittagessen vorzüglich gemundet." Sie legt der kleinen Regina liebevoll die Hand auf den blonden Lockenkopf. „Bleibt Ihr länger hier, Mater Regina? Werde ich Euch in der Kirche sehen, oder muß ich mich schon von Euch verabschieden?" „Wir werden in zwei Tagen abreisen, Frau Irmgard. Ich muß mit den Schwestern einiges besprechen und ein wenig Ausruhen tut mir auch gut." Frau Irmgard sieht die Mater prüfend an. Sie ist so blaß, aber ihre Augen leuchten. Ob sie irgendwie krank ist? Jedenfalls ist sie gealtert. ‚Lieber Gott, laß sie uns noch lange, lange!' betet sie spontan im stillen. „Nun kommt nach Hause, Kinder! Mater Regina hat sicher viel zu tun." Das kleine Mädchen klammert sich an die Hand der Mutter. Die Buben trotten hinterher.

„Wo wart Ihr so lange, Mater Regina?" fragt Schwester Sophia, als sie ins Haus kommt. „Ich habe Eure Stube leer gefunden und mir Sorgen um Euch gemacht." „Das müßt Ihr Euch abgewöhnen, liebe Schwester!" erwidert sie mit einem leisen Tadel. „Bei dem schönen Wetter zog es mich an die Drewenz. Geht auch einmal etwas nach draußen! Unter den Trauerweiden am Ufer steht eine schöne Bank. Dort könnt Ihr in Ruhe beten oder Euch einfach an der Natur erfreuen." Sie begegnet der Oberin des Hauses. „Kann ich Euch einmal kurz sprechen, Schwester? Ich habe nämlich eine Bitte an Euch. Ja, kommt nur mit in mein Zimmer!" Nachdem beide sich gesetzt haben, spürt Mater Regina die ängstlichen Blicke auf sich ruhen. „Eine Bitte habe ich gesagt, liebe Schwester, nicht eine Trauerkunde! Im Gegenteil – ich habe eine gute Nachricht für Euch: Schwester Christophera hat einen neuen Anfang gemacht. Sie ist wieder auf dem rechten Wege. Laßt nun alles Vergangene auch wirklich vergangen sein. Greift nichts mehr von dem auf, was gewesen ist. Solche Krisen können in jedem Ordensleben kommen. Wenn man sie mit Gottes Hilfe durchsteht, geht man so gestärkt daraus hervor, als habe man den Weg Christi eben erst begonnen." Spontan ergreift die Schwester ihre Hände. „O, ich danke Euch, Mater Regina!" „Dankt dem guten Gott, meine Tochter! Sein Heiliger Geist hat mir jene Worte eingegeben, die ich zu ihr sagen durfte."

Nach zwei Tagen nehmen die Braunsberger Schwestern Abschied von Wormditt. „Bitte, kommt bald wieder, Mater", sagt die Oberin im Namen aller. „Wie Gott will!" Mit ruhiger Hand zeichnet Mater Regina jeder Schwester ein Segenskreuz auf die Stirn. „Gott sei mit Euch, liebe Schwestern! Ihr alle habt einen festen Platz in meinem Herzen."

Die Pferde ziehen an, der Wagen mit den Braunsberger Schwestern rollt gemächlich davon. Die Schwestern aus Wormditt winken zum Abschied. Sie stehen
immer noch vor dem Haus, als der Wagen ihren Blik-
ken bereits entschwunden ist. Schwester Christophera spricht das aus, was alle denken: „Ob wir unsere Mater noch einmal wiedersehen werden?"

Im Mutterhaus gibt es mancherlei zu erledigen und
zu besprechen. Seltsamerweise drängt Mater Regina,
die das Kloster sonst nicht gerne für längere Zeit verläßt, nun selbst darauf, daß sie bald wieder reisen.
„Heilsberg und Rößel warten auf uns!" „Dann wird
Heinrich uns wieder fahren", antwortet Schwester Barbara. „Nach Heilsberg könnten wir aber zu Fuß gehen", wendet Mater Regina ein. „Nein, das können wir
nicht", erwidert Schwester Barbara ernst. Das Antlitz
der Mater zeigt immer noch jene beinahe durchschei-
nende Blässe wie am ersten Tag in Wormditt.

Auf der Fahrt nach Heilsberg erinnert sich Mater
Regina an ihren mühseligen Fußmarsch nach der be-
drückenden Audienz bei Kardinal Andreas. „Damals
war ich nahe daran, unsere eigentliche Berufung aufzugeben und mich dem Willen des Kardinals zu beugen. Gottes Güte hat mich davor bewahrt", sagt sie zu
ihren Gefährtinnen. Mit frohen Augen betrachtet sie
die leuchtenden Farben des Herbstes in Wäldern und
Gärten. „Sie dankt gewiß für alles, was sie sieht", flüstert Schwester Barbara. „Oder sie verabschiedet sich
davon", antwortet Schwester Elisabeth, die dieses
Mal mitgefahren ist, ebenso leise. Die scharfen Linien
im blassen Antlitz der Gründerin wollen ihr nicht
gefallen. Ob Mater Regina Schmerzen hat?

Im Konvent zu Heilsberg bildet Mater Regina den
ruhigen und freundlich gelassenen Mittelpunkt der jungen, lebhaften Klostergemeinde. Sie sieht mit Wohlge-

fallen in die eifrigen Gesichter ihrer Katharinenschwestern und weiß, daß sie Gutes vollbringen werden. „Seid einig in heiliger Liebe! Wir sind Menschen und stoßen uns an unseren eigenen Grenzen und an den Grenzen anderer. Es ist manchmal schwer, die Eigenart einer Mitschwester zu ertragen und Tag für Tag in Liebe durchzutragen. In jeder Mitschwester, aber auch in jedem Armen, Kranken, in jedem Bettler und in einem jeden Kind begegnet uns der Herr. Ihm gilt unser Gutsein, unser Dienen, unser Lieben. Aber ihn würde auch unsere Ablehnung, unser Zorn, unsere Kritik und unsere Lieblosigkeit treffen. Geben wir in den Menschen ihm, was ihm gebührt: unsere Liebe, unsere Treue und unseren Dank. Mit dem heiligen Apostel Johannes möchte ich Euch zurufen: ‚Kindlein, liebet einander!' Er sagte es den Seinen als sein Vermächtnis." Sind diese Worte auch das Vermächtnis der Mater Regina an ihre Schwestern in Heilsberg und wenige Tage später in Rößel? In beiden Tochterhäusern empfinden die Schwestern, daß ihr Abschied dieses Mal etwas Endgültiges an sich hat. Sie versuchen, diese bange Ahnung zu verdrängen. Aber keine der Schwestern vermag, Mater Regina trockenen Auges von hinnen ziehen zu lassen.

Auf der Heimfahrt nach Braunsberg gibt Mater Regina ihre straffe Haltung auf. Sie sinkt in sich zusammen. Schwester Elisabeth fragt: „Sollen wir anhalten, Mater? Es geht Euch doch nicht gut." Sie schüttelt den Kopf. „Nein, bitte weiterfahren!" Ein Lächeln spielt um die blassen Lippen. Die Augen leuchten. „Ich bin auf dem Weg nach Hause, Schwester Elisabeth."

Am Nachmittag erreichen sie Braunsberg. Bei St. Katharina läßt sie den Wagen anhalten. „Helft mir aus dem Wagen, liebe Schwestern! Ich möchte in St. Katharina beten. Vielen Dank für die gute Fahrt, Heinrich!" Sie gibt ihm die Hand. Schwester Elisabeth und Schwester Barbara führen sie in ihre Kirche, die sie seit früher Jugend liebt und in der sie so viele Male gebetet hat. Wie immer kniet sie auf den Fliesen nieder. Sie betet innig, die Augen auf das Kreuz gerichtet. Ihr Antlitz verrät nichts von dem, was sie innerlich bewegt. Nimmt sie auch von dieser vertrauten Stätte Abschied? Ihr Gebet dauert lange. Dann gibt sie den Schwestern durch einen Wink zu verstehen, daß sie ihr aufhelfen möchten.

Langsam gehen die drei Katharinenschwestern durch die vertrauten Straßen zum Mutterhaus in der Kirchgasse. Unterwegs werden sie freundlich und achtungsvoll gegrüßt. Die Zeit, da die Braunsberger sie verspotteten und verachteten, ist längst vorüber. Die Mutterhauskommunität begrüßt die Heimgekehrten mit aufrichtiger Freude, der Schwester Sophia Ausdruck gibt: „Alles ist in diesen Tagen bestens gelaufen, aber wenn unsere Mater nicht bei uns ist, fehlt unserer Gemeinschaft der Mittelpunkt." Bei der Abendmahlzeit ist Mater Regina wie immer – gütig, freundlich, offen und bestimmt. Sie wirkt nur manchmal etwas gedankenverloren. In der anschließenden Rekreation läßt sie Schwester Barbara und Schwester Elisabeth das Neuste von den Schwestern aus Heilsberg und Rößel berichten.

Über Nacht ändert sich das Wetter. Herbststurm tobt um die Dächer der Stadt Braunsberg. Er reißt die bunte Blätterpracht von Bäumen und Büschen und jagt die tiefhängenden Wolken über den Himmel. Als er verstummt, beginnt es zu regnen. Die Schleusen des Himmels haben sich geöffnet. Es gießt wie mit Eimern. Ungepflasterte Straßen und Wege werden zu morastigen Schlammpfützen. Am Morgen zeigt sich die Sonne nicht. Dichter Nebel verhüllt die Welt. In der engen Kirchgasse kann man das gegenüberliegende Haus kaum noch ausmachen. Die Glocken von St. Katharina tönen geisterhaft durch die verhüllte Welt.

Beim Morgengebet fehlt Mater Regina. Sie ist im allgemeinen so pünktlich, daß sie die erste Beterin ist. Hat sie sich an diesem grauen Novembertag verschlafen oder will sie sich von den Anstrengungen der Reisen ausruhen? Vielleicht hat ihr der wütende Herbststurm die Nachtruhe geraubt. Schwester Barbara beunruhigt sich noch nicht, aber nach dem gemeinsamen Frühstück will sie doch einmal nach ihr schauen. Es ist so ungewöhnlich, daß sie bei einer gemeinsamen Mahlzeit fehlt. Nun treibt die Sorge um das Wohlergehen der Mater die Ratsschwester förmlich zu deren kleiner Stube. Vorsichtig klopft sie. Sie lauscht und vernimmt keinen Laut. Sie klopft kräftiger und hört wieder nichts. Da öffnet sie behutsam die Türe. Mater Regina liegt auf ihrem Lager. Ihr Antlitz ist blaß. Ihre Augen sind geschlossen. In ihren mageren Händen hält sie das Kreuz. Erschrocken verharrt Schwester Barbara auf der Schwelle. Ist Mater Regina in dieser Nacht gestorben? Hat der Herr seine treue Dienerin heimgeholt? Zögernden Schrittes tritt sie an das Bett und faßt nach der fieberheißen Hand. Mater Regina lebt! Aber sie muß schwer krank sein. Endlich öffnet sie ihre blauen Augen einen schmalen Spalt breit und flüstert: „Bitte … Wasser!"

Die Schwestern unterrichten am gleichen Tage den Fürstbischof in Heilsberg von der ernsten Erkrankung der Gründerin. Er schickt umgehend seinen Leibarzt, der auf schweißnassem Gaul in Braunsberg eintrifft. Er untersucht sie lange und sorgfältig. Er kann nichts Genaues feststellen, aber es geht ihm sichtlich nahe, sie leiden zu sehen. Schließlich holt er sich einen Stuhl und setzt sich an ihr Bett. „Liebe Mater

Regina, Ihr habt jahrzehntelang unzähligen Menschen geholfen, und ich habe Euch, wenn auch aus der Ferne, immer bewundert. Nun muß ich zugeben, daß ich Euch nicht helfen kann…" Sie lächelt schwach. „Macht Euch darüber keinen Kummer, Herr Medicus. Meine Zeit ist einfach gekommen, und mein Arzt…" – sie zeigt auf das Kreuz – „wird meine Leiden beenden. Darauf könnt Ihr Euch verlassen. Reitet getrost heim! Dank für Euer Kommen. Grüßt den Hochwürdigsten Herrn von mir. Ich bete für ihn."

Der Zustand der Kranken ändert sich wenig. Sie nimmt kaum feste Nahrung zu sich und leidet vor allem unter ihrer stetig zunehmenden Schwäche. Sie muß sich waschen und füttern lassen. „Das ist gut für die Demut, wenn man wie ich zeitlebens alles selbst tun wollte", flüstert sie. „Wahrscheinlich müssen wir wieder ganz Kind werden, ehe wir heim zum Vater dürfen."

Vorübergehend bessert sich ihr Zustand. Einmal versucht sie sogar aufzustehen, aber sie hat kaum die Beine aus dem Bett und die Füße auf dem Boden, als ein Schwindelanfall sie zwingt, sich sofort wieder hinzulegen. „Nun kann ich gar nichts mehr tun", gesteht sie ihrer ersten Rätin mit leiser Wehmut. „Noch spüre ich einen Zwiespalt in mir. Ich möchte mich ergeben, aber ich möchte mich auch um alles kümmern und etwas tun!" „Wollen wir einen Kompromiß machen, Mater Regina? Ich berichte Euch getreulich alles über unsere Schwestern und die uns Anvertrauten, und Ihr tut dann das, was unser Herr Jesus Christus Euch nun zu tun heißt: Ihr betet und leidet für sie. Ja, Ihr seid unser betender Moses. Wir können Euer Gebet wohl gebrauchen. Aus dem garstigen Herbst ist ein strenger Winter geworden mit viel Schnee, Ostwind und klirrender Kälte. Die Kinder freuen sich über den

Das Leben der Gottseeligen
Jungfrawen

Regin Brot„
manns/

Stiffterinnen der Löblichen
Gesellschafft Sanct Catharineü/
Jungfrawen vnd Martyrinen/ durch
einen glaubwürdigen Prie-
ster beschrieben.

**Gedruckt zu Braunsberg/ im Jahr
1 7 2 7.**

*1623 erschien erstmalig eine Biographie Regina Protmanns,
gedruckt in Krakau. Die 2. Auflage wurde in Braunsberg gedruckt
1727.*

Mater Regina Protmann,
gemalt von einer Katharinenschwester

Schnee und schlittern auf den zugefrorenen Bächen. Bewußt hat sie zuerst das Vergnügliche des Winters geschildert. Sie weiß ohnehin, woran die Mater sorgenvoll denkt. Schon kommt die erwartete Frage über die blassen Lippen im hageren Antlitz: „Unsere Armen? Haben wir jeden Tag eine warme Suppe für sie bereit? Können wir Brennholz, Decken und Wolltücher ausgeben?" Beruhigend legt Schwester Barbara ihr die Hand auf die Rechte. „Es ist für alles gesorgt, Mater! Ihr wißt ja um die gute Ernte in diesem Jahr. Wir können mit vollen Händen geben!" Sie verrät ihr nicht, daß aus der Stadt jeden Tag reiche Geld- und Sachspenden im Kloster eintreffen, seit sich rundgesprochen hat, daß die Gründerin schwer erkrankt ist. „Dann darf ich getrost ausruhen", flüstert Mater Regina dankbar und nimmt den Rosenkranz zur Hand. Sie ist eine liebe und geduldige Kranke, dankt für den kleinsten Dienst und stellt keine Ansprüche. Die Schwestern lassen sie selten allein, und sie drängen sich förmlich danach, bei ihr weilen zu dürfen, auch wenn sie auf etwas anderes verzichten müssen – auf Schlaf, auf die Rekreation. „Ich muß immer wieder an Gunda denken", meint Schwester Elisabeth. „War es bei der guten Magd nicht so ähnlich wie bei unserer Mater, auch wenn es Jahrzehnte zurückliegt? Sogar die Jahreszeit war die nämliche. Wißt Ihr noch, wie sehr Gunda sich nach dem Weihnachtsfest sehnte?"

Kurz vor den Festtagen gelingt es Berthold, dem Ehemann der Irmgard aus Wormditt, mit seinem Pferdeschlitten bis nach Braunsberg durchzukommen. Ein Brief vom dortigen Konvent enthält gute Nachrichten. Man lebt wieder in Eintracht und Harmonie. Schwester Christophera ist fröhlich und fleißig. „Ihr habt damals an der Drewenz an ihr ein Wunder gewirkt, Mater!" meint Schwester Barbara, die ihr den Brief vorgelesen hat. „Ich? Ein Wunder? Nein, nein, Schwester, an der Drewenz hat der Herr an mir ein Wunder gewirkt", flüstert sie glücklich. Die Worte bleiben für die Schwester voller Rätsel, aber sie fragt nicht. Bauer Berthold nimmt einen Brief mit nach Wormditt, den Schwester Barbara geschrieben hat: „Der Erdenweg unserer geliebten Mater Regina wird bald vollendet sein. Sie freut sich darauf. Sie läßt jede Schwester innig grüßen, wünscht ihr ein friedvolles Weihnachtsfest und betet für sie."

An den Festtagen scheint sich der Zustand der Gründerin etwas zu bessern. Sie kann mit Hilfe von stützenden Polstern und Kissen aufrecht sitzen und nimmt feste Speisen zu sich. Mit kindlicher Freude lauscht sie den Weihnachtsliedern und summt sogar die Weisen ein wenig mit. Pater Paulus, nun ein ehrwürdiger Greis, müht sich über die vereiste Straße und bringt ihr den Leib des Herrn. Er weilt lange an ihrem Lager und führt mit ihr ein ausführliches Gespräch. Als er sie verläßt, nimmt er besondere Grüße mit. Er geht in das Haus des hochbetagten Peter Protmann, den das Alter ans Haus fesselt, und überbringt ihm die Grüße und Segenswünsche seiner Tochter Regina.

Am folgenden Tag bittet Mater Regina ihre erste Ratsschwester, daß sie zu genehmer Stunde alle Schwestern des Mutterhauses in ihr Krankenzimmer schicken solle. „Zu genehmer Stunde", wiederholt sie leise und lächelt sogar dabei ein wenig. „Ich möchte keine Schwester von ihrer wichtigen Arbeit abhalten." Forschend und zugleich betroffen blickt Schwester Barbara in ihr blasses Antlitz. Ist das der endgültige Abschied? Mater Reginas Augen sind klar und haben wieder jenes helle Leuchten wie in Wormditt. Behutsam verläßt Schwester Barbara das Stübchen und geht von Schwester zu Schwester, um ihr Mater Reginas Bitte zu überbringen. Sie will die Klosterglocke nicht läuten.

Leise und schweigend machen sich die Schwestern auf den Weg. Still warten sie auf dem Flur, bis alle beisammen sind. Die meisten beten den Rosenkranz. „Dürfen die Schwestern eintreten, Mater Regina?" fragt Schwester Barbara. Sie winkt sie heran. „Könntet Ihr mich ein wenig höher hinsetzen, liebe Schwester Barbara? Ich möchte einer jeden in die Augen sehen können." Mit Schwester Elisabeth erfüllt sie den bescheidenen Wunsch der Gründerin.

Polster und Kissen ermöglichen es ihr, daß sie beinahe aufrecht sitzen kann. „Nun zündet die Kerze an! Ich möchte ein letztes Mal im Namen Gottes zu Euch, meinen Schwestern, sprechen." Sie stehen im Halbkreis um das Bett, die Augen fest auf das bleiche Antlitz der Gründerin geheftet. Sie schaut eine Schwester nach der anderen an. Ihr Blick ist liebevoll, eindringlich und beschwörend. Ihre Stimme ist leise und dennoch klar. „Meine lieben Schwestern, ehe ich heimgehe, möchte ich Euch in aller Demut eine mütterliche Ermahnung geben. Wandelt allezeit getreu vor Gott, dem Herrn, unserem geliebten Bräutigam Jesus Christus, und vor allen Menschen in Zucht und Ehrbarkeit, in aufrichtiger Demut, wahrhaftiger Geduld, vollkommenem Gehorsam und christlicher Liebe. Tötet nicht nur die sehr schädlichen Begierden in Euch ab, sondern auch alle Kleinlichkeit, Unordnung und geringeren Dinge, die euren Beruf und Stand schaden. Laßt das unnütze Reden, vertreibt argwöhnische und böse Gedanken. Seid nie faul und müßig oder albern. Liebt einander schwesterlich und herzlich – aber strebt auch den Frieden mit allen Menschen an. Wenn Ihr so handelt, wird Euch der gütige Gott in allem helfen und segnen." Nach diesen Worten, die Mater Regina als ihr Vermächtnis ernst und eindringlich, aber auch mit großer Anstrengung und Mühe gesprochen hat, sagt sie nur noch: „Deo gratias" und segnet mit zitternder Hand die leise weinende Schwesternschar. Auf Zehenspitzen verlassen die Schwestern den Raum. Die Kranke schließt die Augen.

Einige Tage scheinbarer Besserung sind Mater Regina vergönnt. Manchmal singt sie sogar. Einmal hört Schwester Sophia sie singen: „Salve Regina, mater misericordiae..." Verstohlen winkt Schwester Sophia andere Schwestern herbei. Sie stehen vor der Türe und lauschen mit gefalteten Händen. Sie singt bis zu den Worten: „Et Jesum, benedictum fructum ventris tui, nobis post exsilium ostende..." Das Lied bricht ab, und Mater Regina sagt mit lauter und kräftiger Stimme: „Danke, danke, Mutter meines Herrn! Danke, danke, mein geliebter Herr Jesus Christus!" Dann wird es drinnen still, ganz still. Mit stürmischem Herzklopfen öffnet Schwester Sophia die Türe. Die Mater liegt klein und schmal wie ein Kind in den stützenden Kissen. Ihr Antlitz ist regungslos und schneeweiß. Ist sie...? Behutsam schleicht Schwester Sophia näher, während ihre Mitschwestern ängstlich durch die offene Türe spähen. „Nein, liebe Schwester Sophia", haucht die Kranke, ohne ihre Augen zu öffnen. „Meine Stunde ist noch nicht gekommen. Aber bald ist sie da! Deo gratias!"

Am 18. Januar 1613 holt der Herr seine treue Dienerin Regina Protmann heim in seine ewige Herrlichkeit. Alle Schwestern des Braunsberger Mutterhauses erleben tief ergriffen mit, wie der Friede der Ewigkeit das Antlitz ihrer Gründerin und Mater von den Furchen durchgestandener Leiden glättet. Die Mater lächelt ein wenig, und ihre Hände halten Sterbekreuz und Rosenkranz. „Wir wollen nicht weinen und klagen, meine lieben Schwestern!" sagt Schwester Barbara, während ihr Tränen über die Wangen laufen. „Unsere Mater Regina ist bei Gott. Dort wird sie unsere Fürsprecherin sein. Wir wollen ihr danken, indem wir als treue Katharinenschwestern ihr Werk fortsetzen und den Menschen Jesus Christus und seine Liebe bringen!"

14
Geht mit Gott

Im März 1945 finden die drei Katharinenschwestern in einem kleinen Ort Unterkunft im Wartesaal des beinahe gänzlich zerstörten Bahnhofes. Keiner der wenigen Dorfbewohner war bereit, den abenteuerlich gewandeten Flüchtlingen Obdach zu geben. „Geht in den Wartesaal. Der ist stehengeblieben, als sie den Bahnhof bombardierten." So sind die Katharinenschwestern müden Schrittes durch den Schlamm der von Bomben umgepflügten Straße zum ehemaligen Bahnhof gegangen. Verbogene Schienen strecken ihre Metallarme in die Luft, als wollten sie um Hilfe rufen. Das Stationsgebäude ist ein Trümmerhaufen. Dieser Anblick kann sie kaum berühren. Sie haben auf ihrer langen Flucht zuviel Elend, zuviel Trümmer gesehen und haben innerlich eine Art Panzer, eine Schutzschicht gegen Gefühle des Schreckens und Grauens, entwickelt. Irgendwo, in einer Dorfkirche, durch deren löcheriges Dach der Wind pfiff, haben sie noch einmal kommunizieren können. Sie sind unbeirrt weitergezogen, haben sich nach und nach weggeworfene Uniformmäntel der Deutschen Wehrmacht, Decken, Stiefel und eine mit Tarnfarben bemalte Plane gesichert. Sorgfältig haben sie von den Mänteln alles entfernt, was an das Dritte Reich erinnerte, vor allem den Adler mit dem Hakenkreuz. Die Mäntel hängen sie beim Gehen lose über ihre arg mitgenommene Ordenstracht. In die Plane hüllen sie ihre wenige Habe. Ihre Begleiter, der einarmige Bauer mit seiner schwangeren Frau, sind bereits im Winter in einer Stadt geblieben, deren Krankenhaus nicht zerstört war. „Bleiben Sie hier", hat der Arzt gesagt, „Sie können bei uns arbeiten." „Nein, wir müssen unsere Schwestern finden", war dort wie überall ihre Antwort gewesen, und sie sind weitergewandert.

Nun gehen sie im Dämmerlicht des Vorfrühlingsabends in den Wartesaal. In der Natur regt sich neues Leben. Sie haben erstes Grün an Büschen und dicke Knospen an Bäumen gesehen und Anemonen, Leberblümchen und Veilchen im Unterholz. Durch die leeren Fensterhöhlen pfeift der Wind. Gott sei Dank ist dieser Märzabend ziemlich mild. Im Raum selbst riecht es nach Moder und nassem Zement. An der Wand hängt ein Fahrplan der Bahn von Januar 1945. Hier werden keine Züge mehr fahren. Die anderen Wände sind geschmückt mit schmutzigen Plakaten, auf denen Nazi–Parolen zu lesen sind: „Räder müssen rollen für den Sieg!" und „Pst, Feind hört mit!" und „Kohlenklau, das Ungeheuer, sucht ein neues Abenteuer!" und „Adolf Hitler ist der Sieg!" Sie starren die Plakate an und machen sich nicht einmal die Mühe, sie abzureißen. Sie essen von dem harten Brot, das ihnen ein Bauer geschenkt hat, und trinken dazu Wasser aus gefundenen Feldflaschen. Nach kurzem Gebet rollen sie sich einfach in ihre Decken, die Uniformmäntel unter dem Kopf und schlafen. Sie wagen es nicht, die klobigen Stiefel auszuziehen, obwohl ihre Füße brennen. Man weiß ja nie, wie plötzlich man wieder aufbrechen muß! Eine von ihnen, die Älteste, bleibt lange wach. Sie starrt in das Dunkel ihrer zugigen Unterkunft. Wie soll und wird es weitergehen? Ihre Kraft reicht bald nicht mehr dazu, den beiden Mitschwestern Mut zu machen, sie zum Weitergehen aufzufordern. Sie wird zunehmend schwächer und müder. „Herr, erbarme Dich unser!" flüstert sie und tastet nach der Burse. In einer winzigen Blechbüchse verwahrt sie darin immer noch eine Partikel vom Allerheiligsten. Sie fällt in einen unruhigen Halbschlaf und schreckt auf, als sie Motorengeräusch hört. Ein Auto brummt heran und hält am zerstörten Bahnhof. Sind es Russen? Sie sitzt kerzengrade da. Ihr Herz klopft wild. Dann hört sie Stimmen, deutsche Laute. „Einige Schuppen sind heil geblieben", sagt ein Mann. „Da drüben könnte die Garage gewesen sein. Sollen wir mal nachsehen?" Schritte entfernen sich, kommen wieder zurück. „Schwein gehabt! Eine ganze Menge Benzinkanister. Wahrscheinlich hat der Stationsvorsteher sie von Sendungen für die Front abgezweigt, und wir saßen vorne ohne Sprit. Na, Hauptsache, wir haben sie jetzt! Damit kommen wir bis zu den Amerikanern." Die beiden anderen Schwestern sind längst wachgeworden und lauschen. „Sollen wir uns nicht melden?" flüstert eine. Die Entscheidung wird ihnen abgenommen. Mit einem Mal leuchtet eine starke Taschenlampe in den Wartesaal, und eine Männerstimme ruft erstaunt: „Ja, wen haben wir denn da?"

„Was seid ihr denn für komische Vögel?" Die Schwestern blinzeln ins Licht. „Wer seid ihr?" ruft eine andere Männerstimme barsch. „Drei Katharinenschwestern aus Braunsberg im Ermland", antwortet eine der Schwestern. „Donnerwetter, drei Nonnen! Braunsberg, liegt das nicht da oben nahe beim Haff? In Heilsberg habe ich 'mal im Quartier gelegen. Seid wohl vor dem Iwan ausgerissen?" Sie nicken stumm. „Und ihr seid bis hier getippelt? Das hätte ich Nonnen nicht zugetraut. Moment mal!" Das blendende Licht verschwindet. Sie hören, daß die Männer draußen miteinander beraten. „Mitnehmen? Die? Drei Nonnen? Bist du verrückt!" „Willst du, daß sie doch noch dem Iwan in die Finger fallen?" „Wir haben Platz genug! Wir nehmen sie mit. Basta!"

„Kommen Sie! Steigen Sie auf die Ladefläche des LKWs! Wir wollen versuchen, bis zu den Amerikanern durchzustoßen und uns dort in Gefangenschaft zu begeben." Nun geht es ganz rasch. Die Soldaten helfen ihnen, ihre kümmerliche Habe in den LKW zu tragen. Kaum sitzen sie dort, da knattert das Fahrzeug auch schon mit abgeblendeten Scheinwerfern durch die Nacht. Es schlingert und schwankt auf ausgefahrenen und lehmigen Wegen. „Wenn es hell wird", hat ihnen einer der Soldaten gesagt, „gehen wir in Deckung. Der Iwan schickt noch immer seine Tiefflieger aus." Sie fahren, bis es hell wird. Dann kriechen sie in einem Gestrüpp unter. Ihre Nerven bleiben angespannt. Einige Male brummt ein Flugzeug über ihnen. Eins fliegt so niedrig, daß sie den roten Stern erkennen können. Einmal vernehmen sie fernes Maschinengewehrfeuer. „Wen mögen die jetzt wieder erwischt haben?" brummt der Unteroffizier. Die Schwestern teilen mit den Soldaten hartes Kommißbrot und trinken Wasser aus einem nahen Bach. Sie füllen ihre Feldflaschen wieder und warten, warten. Der Tag scheint endlos zu sein. Gerne möchten die Schwestern die klobigen Stiefel eine Weile ausziehen und die Füße im Bach baden, aber sie wagen es nicht. Der Aufbruch könnte plötzlich erfolgen.

In der ersten Dämmerung fahren sie weiter mit der gleichen Kühnheit bei abgeblendeten Scheinwerfern. Inzwischen machen die Schwestern die schlingernden Bewegungen des Fahrzeugs irgendwie mit. Sie schaffen es, dabei im Halbschlaf etwas vor sich hinzudösen und wenigstens etwas abzuschalten. Der zweite Tag

verläuft wie der erste. In ihrem Unterstand – wieder
ist es ein kleiner Wald – singen die Vögel bereits ihre
Frühlingslieder. Ist es grausam oder ein Geschenk,
daß in der Natur alles weitergeht wie immer?

In der dritten Nacht setzt mit einem Mal der Motor aus. Die Soldaten fluchen wie wild, steigen aus
und arbeiten am Motor. Die Schwestern halten ihnen
abwechselnd die Taschenlampen. Erst gegen Morgen
kommt der LKW wieder in Gang. So ist es bereits hell,
als sie das schützende Gestrüpp verlassen.

„Stop! Stop!" ruft ein Soldat in fremder Uniform.
„Stop at once!" Von allen Seiten kommen fremde Soldaten auf das verdreckte, schlammbespritzte Fahrzeug
der Deutschen Wehrmacht zu. „Gott sei Dank! Amerikaner!" sagt der Unteroffizier. Dann klettern die
drei deutschen Soldaten aus dem Fahrerhaus, heben
ohne Aufforderung ihre Hände zum Zeichen ihrer
Ergebung. In einem Gemisch aus Deutsch und ameri-
kanischem Englisch fragt sie ein Sergeant nach ihrem
Woher und Wohin und nach ihrer Einheit aus. Andere Soldaten durchsuchen sie nach Waffen. Mit einem
Mal ruft ein Soldat der Amerikaner erstaunt aus:
„My goodness! What's that?" Er hat die hintere Plane
des LKW geöffnet und starrt auf die drei abenteuerlich vermummten Gestalten mit Stiefeln und Uni-
formmänteln, die auf einer alten Wehrmachtsplane
sitzen. Diese seltsamen Wesen haben schwarze
Tücher um ihren Kopf gewickelt. Durch energische
Handzeichen macht er ihnen klar, daß sie aussteigen
sollen. Mühsam schälen sie sich aus ihren Mänteln,
stehen steifbeinig auf und rutschen unbeholfen die
Rampe hinunter. Etwas schwankend stehen sie auf fe-
stem Erdboden. Noch einmal stöhnt der Amerikaner,
der sie entdeckt hat: „Oh, my goodness! Nuns!" Eine
der Schwestern besinnt sich auf ihr Schulenglisch und

verdeutlicht den sie gaffend umstehenden Amerikanern, daß sie wirklich katholische Schwestern wären. „Wir sind vor den Russen geflohen und wollen zu unseren Schwestern in den Westen." Verstehen die Amerikaner ihr ziemliches Gestotter nicht? Die Soldaten sehen sich an und zucken mit den Achseln. Ob das stimmt, was die Frau da erzählt hat? Jedenfalls müssen sie mit. Sie müssen wieder einsteigen. Ein Soldat steigt zu ihnen und bewacht sie. Warum? Glaubt man ihnen nicht? Halt, sie haben ja ihre Personalausweise bei sich...

Nach längerer Fahrt kommen sie in ein größeres Dorf, das von amerikanischen Truppen besetzt ist. Die drei deutschen Soldaten werden zum Verhör abgeführt. Die Schwestern erfahren, daß sie zunächst im LKW bleiben sollen. „Hungry?" fragt ihr wortkarger Wächter. Sie nicken eifrig. Er ruft etwas nach draussen. Sie erhalten herrlich duftende Fleischbrühe, Weißbrot, Wurst und ein dunkles, aromatisch süßes Getränk in Büchsen. Sie kennen es nicht, aber es weckt ihre Lebensgeister.

Dann fordert man sie höflich auf, den LKW zu verlassen, und leistet ihnen beim Aussteigen Hilfe. Der Standortkommandant betrachtet mit großen Augen die seltsame Beute, die eine amerikanische Patrouille neben drei deutschen Soldaten gefangengenommen hat. Das wollen katholische Ordensschwestern sein? Sie sehen reichlich verwahrlost aus. Sein Blick ist mißtrauisch. Haben nicht SS-Leute in den seltsamsten Verkleidungen zu fliehen versucht? Eben will er den Befehl zur Leibesvisitation aussprechen, da reicht ihm eine der Schwestern drei zerknitterte Personalausweise. Er studiert sie eingehend. Dann verändert sich mit einem Male sein Gesicht. Er ist überzeugt, daß die Aussagen der Schwestern auf Wahrheit beruhen.

Er lächelt sie an, nestelt an seiner Uniform und holt ein kleines Kreuz hervor. „Ich bin selbst Katholik", meint er dann in gutem Deutsch. „Ich bin bei katholischen Schwestern in die Schule gegangen. Bitte, kommen Sie mit mir und erzählen Sie mir genau, woher Sie kommen und wohin Sie wollen!" Sie wollen nach ihren Bündeln greifen. „Lassen Sie die Sachen nur liegen. Ein Soldat bringt sie Ihnen nach." Sie kommen sich vor wie in einem wunderbaren Traum, aus dem sie jederzeit erwachen können. Nach Wochen und Wochen der Flucht unter den primitivsten Bedingungen können sie sich im Quartier des Standortkommandanten waschen und frischmachen. Sie schrecken selbst zurück vor den hohlwangigen Gesichtern mit den tiefliegenden, dunkel umrandeten Augen, die ihnen aus dem Spiegel entgegenblicken. Wie gut tut es, Wasser über die Hände laufen zu lassen und mit einer Bürste den schlimmsten Schmutz, Spinnweben, trockenen Schlamm von dem Gewand und dem Schleier zu entfernen! Sie entschuldigen sich bei dem Offizier, daß es so lange gedauert hat. Er winkt ab. Bei einer Tasse mit echtem, duftendem Bohnenkaffee müssen sie erzählen, und sie berichten abwechselnd ihre beinahe unglaubliche Geschichte ihrer langen Flucht. Sie sprechen offen zu ihm, auch von den Greueln, die sie unterwegs gesehen haben, von ihrer Furcht, von ihrer Müdigkeit, von Hunger und Hoffnungslosigkeit, die aber nicht zur Verzweiflung wurde. Sie legen auch ein gutes Wort für die drei Landser ein, die sie mitgenommen haben… Er schweigt und starrt auf eine Landkarte, die er vor sich ausgebreitet hat. Haben sie etwas Falsches gesagt? Da schrickt er auf. „Excuse me… Ich habe in Gedanken alles mit Ihnen erlebt. Es ist wie ein Wunder, daß Sie bis hierher gekommen sind. Ihre drei Retter sind auf dem Weg in

224

den Westen. Sie bleiben in amerikanischer Gefangenschaft. Und was soll ich nun mit Ihnen machen?" Er sieht sie der Reihe nach an. „Hier bleiben Sie besser nicht, denn unsere Regierung hat mit dem Kreml vereinbart, daß wir uns wieder zurückziehen. Leider ... Sie wissen nicht sicher, wo sich Ihre Schwestern im Westen befinden? Nein? Das ist schade, aber ich werde dafür sorgen, daß Sie nach ein paar Ruhetagen nach drüben kommen. Dort werden amerikanische Stellen dafür sorgen, daß Sie Ihre Schwestern finden. Ein Soldat bringt Sie zu Ihrem Quartier. Dort warten Ihre Bündel bereits auf Sie. Erholen Sie sich gut, bis ich Sie rufen lasse." Mit einem Soldaten gehen sie durch den Ort. Die Leute starren die seltsamen Gestalten an, Ordensfrauen mit klobigen Militärstiefeln an den Beinen. Die Blicke sind nicht allzu freundlich. In einem kleinen Haus mit Garten begrüßt sie eine alte Frau. „Ihre Einquartierung!" sagt der Soldat und verabschiedet sich mit einem Tippen an seinen Helm. „Na ja, ich hatte schon gehofft, daß ich verschont bleiben würde", murmelt die Frau unfreundlich. „Aber die Sieger haben das Sagen! Sind Sie amerikanische Nonnen?" fragt sie neugierig, als sie ihnen ein Zimmer mit zwei Betten und einer Liege zeigt. Wieder müssen die Schwestern erzählen. Die Frau sitzt bei ihnen in der gemütlichen Wohnküche, eine schnurrende graue Katze auf dem Schoß. Sie lauscht und staunt. Als sie dann den Proviant auspacken, den der Kommandant ihnen mitgegeben hat, herrliche Dinge, welche die Deutschen nur vom Hörensagen kennen, und meinen: „Das reicht auch für vier Personen!", ist die Frau wie verwandelt. Verlegen meint sie: „Entschuldigen Sie, daß ich zuerst so unfreundlich zu Ihnen war! Ich habe mit Evakuierten und mit Flüchtlingen allerlei Unangenehmes erlebt. Sie ... Sie können das Bad benutzen. Wir müssen das Wasser dafür allerdings auf dem Herd heißmachen. Sicher wollen Sie auch Ihre Sachen waschen."

Vier herrliche Tage sind ihnen vergönnt, in denen sie sich wirklich erholen und ihre Kleidung in Ordnung bringen können. Sie flicken und stopfen, so gut es geht, nachdem sie alles gründlich gewaschen haben. Die alte Frau ist rührend besorgt um sie und treibt im Tausch gegen die Militärstiefel sogar Schuhe für sie auf, getragen zwar, aber gut erhalten und einigermaßen passend.

Ihr Gebet ist ein Dank, ein einziger Dank für das Wunder ihrer Rettung. Am vierten Tag kommt der Standortkommandant persönlich in ihr Quartier. Sie helfen gerade der Frau beim Kartoffelschälen. „Oh, Sie schauen schon viel besser aus! Ich bringe Ihnen auch gute Nachrichten. Eigentlich wollte man Sie in ein Flüchtlingslager stecken, ein sogenanntes Auffanglager für Flüchtlinge. Das habe ich Ihnen nicht antun wollen. Ich war inzwischen in dem Gebiet, das wir Amerikaner besetzen werden, und habe ein Krankenhaus Barmherziger Schwestern gefunden. Diese guten Schwestern sind bereit, Sie bei sich aufzunehmen. Sie können dort arbeiten und nach Ihren Schwestern Ausschau halten. Was sagen Sie dazu?" „Wir sind glücklich, daß es in diesem furchtbaren Krieg so viel Menschlichkeit gibt!" ruft eine der Schwestern spontan aus. „Wie sollen wir Ihnen nur danken?" „Indem Sie für meine Familie beten. Meine Frau erwartet in diesen Tagen unser zweites Kind. Wenn es ein Mädchen wird, nennen wir es Catherine." Nach diesen Worten legt er wieder ein inhaltsreiches Päckchen auf den Tisch. „Ihr Proviant!" An der Türe wendet er sich um und lächelt. „Sie werden morgen noch einmal auf einer Ladefläche hinter einer Plane sitzen müssen. Eigent-

226

lich dürfen wir keine deutschen Flüchtlinge befördern.
Go on! Go on with God on His Way!" Geht weiter
voran! Geht mit Gott auf seinem Weg! Sie sehen ihm
nach und haben seine Worte noch im Ohr. Ja, sie werden mit Gott weitergehen, und es wird im Westen
neu erstehen, das Werk der Mater Regina Protmann.

Die drei Katharinenschwestern wissen, daß aus dem
Mund des amerikanischen Offiziers auch jener gesprochen hat, in dessen Dienst sie stehen. Der Herr
will, daß das Werk der Mater Regina seinen Fortgang
nehmen wird. „Wie Gott will!" hat die Gründerin in
allen Lagen ihres Lebens gesagt. „Wie Gott will!", so
sagen ihre drei Schwestern auch jetzt. Als sie ihre geringe Habe zusammenlegen, finden sie im Proviant-
päckchen, das ihnen der amerikanische Offizier geschenkt hat, eine Kerze. Sie zünden sie an und knien
nieder. Spontan beginnt die älteste Schwester zu beten: „Herr Jesus Christus, wie könnten wir Dir besser und inniger danken, als daß wir in Treue und
Liebe den Menschen dienen, wie es unsere Mater
Regina getan hat? Hilf Du uns, daß wir ganz und alle
Tage Katharinenschwestern sein können, wohin uns
Dein Weg auch führen mag. – Und Du, unsere liebe
Mater Regina, sei Du unsere Fürbitterin! Wir vertrauen uns und unsere Schwachheit Deinem mütter-
lichen Beistand an. Amen."

Zeittafel

Geschichte der Schwestern von der heiligen JUNGFRAU und MARTYRIN KATHARINA

1552	Geburtsjahr von Mater Regina Protmann.
1571	Regina verläßt ihr Elternhaus, um in ihrer Heimatstadt Braunsberg mit zwei Gefährtinnen ganz für Gott und den Nächsten zu leben.
1583	18. März. Bischof Martin Kromer approbiert die erste Regel unserer Kongregation.
1586	Es entsteht die Kommunität in Wormditt.
1587	Es entsteht die Kommunität in Heilsberg.
1593	Die ersten Katharinenschwestern kommen nach Rößel.
1602	12. März. Die revidierte Regel erhält durch den Nuntius Claudius Rangoni die päpstliche Approbation.
1613	18. Januar. MATER REGINA geht in die ewige Heimat.
1613	23. Juli. Erstes Generalkapitel unter Vorsitz von Bischof Rudnitzki.

1623	Erste Biographie von MATER REGINA PROTMANN in Krakau.
1645	Gründung des ersten Katharinenkonvents in Krakés/Litauen.
1825	Einführung der allgemeinen Schulpflicht in Deutschland.
1850-70	Die Katharinenschwestern übernehmen die Schultätigkeit in folgenden Orten: Seeburg, Bischofsstein, Mehlsack, Wartenburg, Guttstadt, Bischofsburg, Allenstein, Frauenburg, Tolkemit, Königsberg, Rößel.
1863	Übernahme der Tätigkeit im ersten Krankenhaus und Altenheim in Frauenburg.
1870-71	26 Katharinenschwestern arbeiten in Lazaretten.
1871-77	Kulturkampf – Die Katharinenschwestern werden aus allen Schulen entlassen. Die 4.837 Schüler bleiben ohne christliche Erziehung.
1897	16. Juni. Die Schwestern Rosa Wojwod, Crescentia Bleise, Daria Beckmann, Irmengard Preuschoff kommen in Brasilien an, gründen eine Schule in Petropolis/RJ und entwickeln auch andere missionarische Tätigkeiten.
1898	Gründung der Provinz Petropolis.

1903 23. Mai. Papst Leo XIII. approbiert die Regel gemäß kirchlicher Vorschriften.

1908 16. Januar. Gründung der Provinz Novo Hamburgo.

1908 18. September. Die ersten Schwestern gehen nach Berlin und arbeiten in der „Corpus Christi"-Gemeinde.

1932 25. November. Die dem neuen Kirchenrecht angepaßte Regel wird in Rom bestätigt von der Religiosenkongregation.

1933 Gründung der Provinz Litauen.

1934 Dezember. Der Heilige Stuhl erteilt die Erlaubnis zur Errichtung von zwei Provinzen: Ermland und Berlin.

1936 Weihe der Schwestern an die Gottesmutter. Alle Schwestern erhalten den Namen Maria.

1937 8. September. Bischof Maximilian Kaller weiht die ganze Kongregation der himmlischen Mutter und bestimmt zum Eigenfest der Kongregation das Fest „Maria Heimsuchung".

1945 Russische Invasion in Ostpreußen. 102 Katharinenschwestern finden den Tod. 420 Schwestern kommen nach vielen Strapazen mit der Generaloberin nach Westdeutschland.

1946	Die Ermländische Provinz wird polnische Provinz mit Sitz in Braniewo.
1949	18. Februar. Die ersten Schwestern in Rom. Sie arbeiten im Colleg S. Casimiro.
1951	2. Januar. Erlaubnis der Religiosen-Kongregation zur Errichtung des Generalates in Grottaferrata.
1961	Vom 6. April 1961 bis zum 29. Januar 1964. Informationsprozeß zur Seligsprechung der Dienerin Gottes Regina Protmann in der Diözese Tusculana/Frascati – Roma.
1978	18. Januar. Approbation der Konstitutionen durch die Religiosen-Kongregation für 10 Jahre.
1980	5. - 15. August. Zweiter Plenarrat in Braniewo, Polen
1983	7. April. Unsere Konstitutionen erhalten eine Verlängerung der Approbation für zwei Jahre – bis zum nächsten Generalkapitel.
1983	19. August. Die ersten Schwestern gehen nach Togo/Afrika. Schwester M. Laurencja Kulak und Schwester M. Lucja Jaworska aus der Provinz Braniewo/Polen fliegen nach Lomé und übernehmen die missionarische Arbeit in Guerin-Kouka/Togo.
1983	3. bis 30. September – Ordentliches Generalkapitel in Grottaferata/Roma. Die vorläufige

Anpassung der Konstitutionen an das Neue Kirchenrecht wird vorgenommen.

1983   27. November. Das Neue Kirchenrecht tritt in Kraft, veröffentlicht am 25. 01. 1983, und verlangt von allen Kongregationen die Anpassung der Konstitutionen.

1985   25. November. Schwester M. Josefa Krause wird zur Postulatorin des Seligsprechungsprozesses der Dienerin Gottes Regina Protmann ernannt.

1985   13. Dezember. Pater Michael Machejek OCD wird zum Relator des Seligsprechungsprozesses der Dienerin Gottes Regina Protmann ernannt.

1989   29. August bis 3. Oktober. Ordentliches Generalkapitel im Provinzhaus Münster/Westf./Deutschland. Unsere Konstitutionen werden nach langer, ernsthafter Revision überarbeitet und den veränderten Zeitverhältnissen und dem Neuen Kirchenrecht angepaßt.

1990   18. März. Unsere Konstitutionen erhalten die definitive Kirchliche Approbation unter dem Pontifikat Papst Johannes Pauls II. – Prot. Nr. V 57-1/89.

1990   20. November. Die Provinz Litauen erhält nach vielen Jahren erneut die Staatliche Anerkennung durch die Republik Litauen.

1991	20. April. Auffindung der ersten Reliquie Mutter Reginas in Mamonovo, früher Heiligenbeil.
1991	17. Mai. Auffindung der übrigen Reliquien Mutter Reginas in Mamonovo.
1992	27. Oktober. Die Historische Kommission der Kongregation für Heilig- und Seligsprechung gibt ein positives Urteil ab über die „POSITIO SUPER VIRTUTIBUS" der Dienerin Gottes Regina Protmann.
1994	25. – 29. April. Diözesan-Prozeß über das Wunder des João Luiz de Souza, der durch das Gebet auf die Fürbitte der Dienerin Gottes Regina Protmann geheilt wurde im Hospital Santa Catarina in São Paulo/Brasilien, im Jahr 1961.
1999	Seligsprechung Mater Regina Protmanns durch Papst Johannes Paul II.

Das Bistum Ermland

1243	Gründung der preußischen Bistümer Ermland, Samland, Pomesanien und Kulm.
1250-78	Anselm, Priesterbruder des Deutschen Ordens, erster Bischof von Ermland.
1280	bis ca. 1400 – Besiedlung des Ermlandes.
1328-88	Errichtung der Kathedrale in Frauenburg.

1466	Der Frieden von Thorn beendet den 13-jährigen Städtekrieg; vom Deutschen Orden geht die Schirmherrschaft über das Hochstift Ermland auf den König von Polen über.
1495	Nicolaus Copernicus wird ermländischer Domherr.
1512	Der Petrikauer Vertrag räumt dem König von Polen Einfluß auf die Besetzung des ermländischen Bischofsstuhls ein.
1565	Kardinal Stanislaus Hosius ruft Jesuiten zur Ausbildung der ermländischen Jugend nach Braunsberg.
1571	Die Braunsberger Bürgertochter Regina Protmann gründet die Kongregation der Katharinerinnen, die in der Jugenderziehung und Krankenpflege tätig werden.
1772	Anschluß des Ermlands an das Königreich Preußen.
1808-36	Bischof Joseph von Hohenzollern erneuert das kirchliche Leben und das ermländische Bildungswesen.
1873-86	Passiver Widerstand des katholischen Ermlandes gegen die Bismarckschen Kulturkampfgesetze.
1933-45	Kampf der Nationalsozialisten gegen die Kirche Ermlands.

1945   Bischof Maximilian Kaller muß mit den deutschen Diözesanen das Ermland verlassen;
nach seinem Tod 1947 bleibt der ermländi-
sche Bischofsstuhl bis 1972 unbesetzt.